I0540368

PONTUS EUXINUS
MAR NEGRO

ARMÊNIA

• TRAPEZUS (TREBIZONDA)
• CERAZU: • SATALA

APOLLÔNIA
PÔNTICA
BORYSTHENES

SINOPE
ARMENE

PONTUS

CIMOLIS OTAMI AMISUS • NEOCAESAREA
CROMNA • CYTORUS
ERYTHINIA

• SEBASTEA

AMASTRIS •
TIEUM • PAPHLAGONIA

• AMASIA
• ZELA

• POMPEIÓPOLIS

• HERACLEA • GANGRA

CAPPADOCIA

• MELITENE

• CLAUDIÓPOLIS

• CAESAREA CAPPADOCIAE

MESOPOTÂMIA

BITHYNIA
• NICOMEDIA
• NICAEA
• PRUSA

GALATIA

CILÍCIA

SYRIA

• EDESSA

ÁSIA

TARSUS •

SELÊUCIA

• ANTIOQUIA

ASSYRIA

PARTHIA

PSÍDIA

LOADICEA •

APHAMEA • PALMYRA

• PHILADELPHIA
CÁRIA • LAODICÊIA
• MAGNESIA
ALIS

PAMPHYLIA
ATTALIA • PERGE

LARISSA •
ANTARADUS •
TRIPOLIS •

• EPIPHANEA
• EMESA

LYCIA • MYRA

BERYTUS •

• DAMASCUS

• CNIDUS PÁTARA

PAPHUS •

CYPRUS

PHOENICIA • SIDON ITUREA

RHODUS

TYRUS •

• BETSAIDA GALILEA
• CAFARNAUM
• NAZARETH BATANEA

PTOLEIMADA •
CAESAREA •

MAR GRANDE

JOPPE •

JUDEA
• BETE-ARABÁ
• JERUSALÉM
ETÂNIA

PEREA

PALESTINA

IDUMAEA

ARÁBIA

ALEXANDRIA •

MEMPHIS •

AEGYPTUS

MAR
VERMELHO

• TEBAS

PONTUS EUXINUS
MAR NEGRO

CYTIA

MOESIAE

DÁCIA

EPIRUS
MACEDÓNIA
THESSALONICA
NEAPOLIS
THRACIA

GRÉCIA
ATHENAE
CORINTHUS
ACHAEA

MAR JÓNICO

CRETA

MAR GRANDE

DYRRHACHIUM

MAR EGEU
TROADE
ASSOS
MYTILENE
PROPONTIDE
CHALCEDON
APHAMEA
CYZICUS
MYSIA
ADRAMYTTIUM
PERGAMUM
THYATIRA
PHILADELPHIA
SMYRNA
LYDIA
SARDIS
CÁRIA
EPHESUS
MAGNESIA
TRALIS
SAMOS
PATMOS
MILETUS
KOS
CNIDUS
RHODUS

PHRYGIA
ÁSIA
PRUSA
NICAEA
NICOMEDIA
BITHYNIA
HERACLEA
CLAUDIÓPOLIS

LAODICEA
PSIDIA
PAMPHYLIA
PERGE
ATTALIA
LYCIA
MYRA
PATARA

HERACLEA
SINOPE
ARMENE
CIMOLIS
CROMNA
POTAMI
CYTORUS
AMISUS
ERYTHINIA
PAPHLAGONIA
AMASTRIS
TIEUM
APOLLÓNIA
PÓNTICA
BORÓSTHENES
ISTRIA
NEOCAESAREA
AMASIA
ZELA
POMPEIOPOLIS
CANGRA

GALATIA

CAPPADOCIA
CAESAREA CAPPADOCIAE
MELITENE

PONTUS
CERASUS
SATALA
TRAPEZUS (TREBIZONDA)

ARMÉNIA

CILÍCIA
TARSUS
SELEUCIA

CYPRUS
PAPHUS

ANTIAHADIS
LARISSA
LOADICEA
BERYTUS
TRIPOLIS
PHOENICIA
TYRUS
PTOLEMAIDA
CAESAREA
IOPPE

SYRIA
ANTIOQUIA
APHAMEA
EPIPHANEA
EMISA
PALMYRA
DAMASCUS
SIDON
ITUREA
BETSAIDA
GALILEA
CAFARNAUM
BATANEA
NAZARETH
BETE-ARABA
JUDEA
JERUSALÉM
PEREA
BETÂNIA
PALESTINA
IDUMAEA

MESOPOTÂMIA
EDESSA

ASSYRIA
PARTHIA

IGNÁCIO
DE ANTIOQUIA

IGNÁCIO
DE ANTIOQUIA

Episódios históricos do
Cristianismo primitivo

PELO ESPÍRITO THEOPHORUS

PSICOGRAFIA DE
GERALDO LEMOS NETO

SERVIÇO EDITORIAL

Belo Horizonte
2016

VINHA
DE LUZ
SERVIÇO EDITORIAL

EDIÇÃO: Vinha de Luz Serviço Editorial
Departamento Editorial da Casa de Chico Xavier
Av. Álvares Cabral, 1777 | 20º andar | Sala 2006
Santo Agostinho | 30170-001 | Belo Horizonte | MG
(31) 2531-3200 | 2531-3300 | 3517-1573
www.vinhadeluz.com.br — informacoes@vinhadeluz.com.br
www.casadechicoxavier.com.br — informacoes@casadechicoxavier.com.br

REVISÃO DOUTRINÁRIA
Antônio Roberto Fontana
Arnaldo Rocha
Ivanir Severino da Silva

COORDENAÇÃO EDITORIAL
Célia Maria de Oliveira Soares
Geraldo Lemos Neto
Luiz Augusto da Costa

PROJETO GRÁFICO | CAPA, MAPAS, ILUSTRAÇÕES e DIAGRAMAÇÃO
Luiz Augusto da Costa

VINHETAS ILUSTRATIVAS
Da obra de Gustave Doré (1832 | 1883)

DIGITAÇÃO
Silvana Amaral da Costa

REVISÃO TÉCNICO-CIENTÍFICA
Célia Maria de Oliveira Soares

1ª edição - 5.000 exemplares | 2005
2ª edição - 2.000 exemplares | 2009
3ª edição - 2.000 exemplares | 2012
4ª edição - 1.000 exemplares | 2016

Dados Internacionais de Catalogação na Publicação (CIP)
(Câmara Brasileira do Livro, SP, Brasil)

Theophorus (Espírito).
    Ignácio de Antioquia : episódios históricos do
cristianismo primitivo / pelo Espírito Theophorus ;
psicografia de Geraldo Lemos Neto. -- 4. ed. --
Belo Horizonte : Vinha de Luz, 2016 .

    Bibliografia.

    1. Cristianismo – Antiguidade 2. Espiritismo
3. Psicografia 4. Romance espírita I. Lemos Neto,
Geraldo. II. Título.

16-01398   CDD-133.9

Índices para catálogo sistemático:
1. Romance espírita : Espiritismo   133.9

© 2005, Geraldo Lemos Neto | 2009 - 2. ed. | 2012 - 3. ed. | 2016 - 4. ed. Direitos autorais e de publicação
cedidos à Vinha de Luz Serviço Editorial Ltda.. Proibida a reprodução, armazenamento ou transmissão de partes
deste livro, através de quaisquer meios, sem prévia autorização por escrito da Editora. Os recursos advindos da
venda desta obra serão destinados à manutenção das atividades promovidas pelo Grupo Espírita Scheilla de Pedro
Leopoldo, Minas Gerais.

DEDICATÓRIA

A Francisco Cândido Xavier,
nosso preito de eterno amor e
gratidão!

SUMÁRIO

SUMÁRIO

SEGUNDA PARTE
CRESCIMENTO - MATURIDADE

Sumário

Terceira Parte
FRUTIFICAÇÃO - MADUREZA | IMORTALIDADE

Sumário

À GUISA
DE PREFÁCIO

Hoje é chegado o momento oportuno de apresentar-mos o fruto simples e despretensioso de um esforço conjunto de recapitulação de fatos e ocorrências do Cristianismo nascente.

Nos últimos 24 meses, contamos com a colaboração de amigos da vida física e do plano espiritual na consecução deste objetivo comum: o de amealhar notícias constantes das tradições da Espiritualidade Maior acerca da vida e da obra do valoroso servidor do Cristo **Ignácio de Antioquia**, o discípulo lamentavelmente esquecido para a memória da maioria dos habitantes da Terra.

Generosos benfeitores de nosso plano estiveram colaborando conosco no escopo desta obra de registro histórico, reconstituindo para todos nós os memoráveis exemplos de renúncia e amor, fraternidade e sacrifício, perdão e devotamento, perseverança e fidelidade de inúmeros missionários dos primeiros tempos da vida cristã na face do mundo.

Não pretendemos, com este singelo cometimento, enaltecer a personalidade de quem quer que seja, conscientes de que todos nós, os seres humanos em constante processo de burilamento íntimo e evolução espiritual, somos criaturas eivadas de imperfeição e, consequentemente, falíveis.

Ao centrarmos nossa narrativa na figura de **Ignácio de Antioquia**, pretendemos acompanhá-lo em sua trajetória de fé e esforço próprio de superação nas lutas terrestres, auscultando-lhe o coração devotado que, ao longo de nove décadas de existência, soube, como poucos, se inflamar do amor de Cristo.

Neste percurso, encontramo-nos com veneráveis figuras das mais altas tradições do Cristianismo.

Revemos, compungidos, os luminosos dias da presença do Mestre de todos os mestres ensinando os discípulos amados às margens plácidas do Tiberíades.

Sofremos com o dia tenebroso do calvário, mas também nos tomamos de esperança pelas luzes da celeste ressurreição de Jesus, demonstrando-nos a vida eterna.

Enternecemo-nos com a figura amorosa de Maria de Nazareth, sua mãe extremosa, com seus testemunhos silenciosos, e, junto dela, admiramo-nos com as extraordinárias figuras femininas de Maria Marcos, Maria de Magdala e Ruth de Cafarnaum.

Verificamos a atuação preponderante do discípulo amado do Senhor, João Boanerges, filho de Salomé e de Zebedeu, com sua humildade comovente, cujas lutas e testemunhos da primeira hora restam ainda hoje esquecidos pela Cristandade.

Acompanhamos o grande movimento de semeadura da Boa Nova do Cristo nos corações dos povos gentios, iniciado por José Barnabé de Cyprus e Paulo de Tarsus da Cilícia, e, mais tarde, desdobrado pelo próprio João e seus diversos seguidores: Johannes, Erasto, **Ignácio**, Heleno, Jacob, Policarpo e outros tantos.

Relembramos as paisagens queridas de Antioquia da Syria, às margens do Orontes, e o devotamento de vários trabalhadores da Vinha do Senhor como Manahen, Tito, Trófimo, Tíquico, Barsabás, João de Cleofas e mais alguns...

A partir de Ephesus, capital da província romana da Ásia, partimos com a inspiração joanina para a evangelização de vários povos e atingimos a Bithynia, a Paphlagonia, o Pontus, a Galatia, a Armênia e outras tantas províncias mais distantes, acompanhando o valoroso concurso de **Ignácio** ao lado de Apolo de Alexandria, Silvano de Nicomedia e Alexandre de Jesus.

Verificamos as mais altas manifestações do intercâmbio espiritual entre os dois planos da vida seguindo a existência dos trabalhadores do Cristo desde Jerusalém e Joppe, da Judea, passando por Antioquia da Syria, Ephesus e Smyrna da Ásia, até atingirmos Lugdunum da Galliae Transalpina.

Nossos personagens sofreram, verteram lágrimas pungentes, estiveram presos, foram perseguidos implacavelmente, souberam se submeter aos superiores desígnios para entregarem o próprio coração em renúncia de si mesmos à extensão da mensagem do Evangelho de Jesus aos povos do porvir.

Pagaram com a própria vida o tributo de suor e sangue que o reino de César lhes impôs como preço de suas descabidas exigências, mas, igualmente, acenderam para o mundo terreno a luz do reino de Deus, iluminando, a partir de seus sacrifícios, o caminho de verdade e vida de quantos lhes seguiriam os exemplos séculos afora, em honra de nosso Senhor Jesus Cristo.

Ao encerrarmos nossas narrativas das vidas missionárias desses primeiros cristãos, leitor amigo, não temos a intenção de fazer a literatura do mundo carregada de vaidosas pretensões. Tampouco desejamos fornecer soluções incompreensíveis ao espírito dogmático das inúmeras escolas religiosas de inspiração cristã, amornecidas em séculos de cálculos e rituais estéreis.

Viemos com a intenção pura e simples de falar ao espírito pela linguagem inarticulada do espírito, tocando os corações e as almas com as verdades mais altas do amor e da sabedoria constantes da Boa Nova de Jesus.

Hoje, finalmente, entregamos a você este esforço humilde, como portadores das notícias de Deus, no dia em que se comemora, para os anais do Cristianismo Redivivo, a presença do Consolador prometido pelo Cristo, a Doutrina dos Espíritos do Senhor, que nos faz lembrar de todos os seus luminosos ensinamentos, restaurando-lhe, por conseguinte, a simplicidade e a pureza de seus primeiros tempos.[1]

Agradecemos o concurso de todos, entregando a Jesus nossos espíritos eternamente reconhecidos por sua compassiva misericórdia para com a nossa pobreza moral.

E do fundo de nossas almas repetimos, ainda uma vez mais, reverentes e confiantes:

"Ave, Cristo! Aqueles que aspiram à glória de servir em teu santo nome te glorificam e saúdam para todo o sempre!"

$\mathcal{T}$heophorus

Prefácio psicografado por Geraldo Lemos Neto,
na noite do dia 18 de abril de 2005,
durante reunião pública no
Centro Espírita Luz, Amor e Caridade,
Belo Horizonte | MG.

---

[1] Nota do autor espiritual: em 18 de abril de 1857, Allan Kardec lançava *O Livro dos Espíritos* na cidade de Paris.

PRIMEIRA PARTE

SEMEADURA
INFÂNCIA | JUVENTUDE

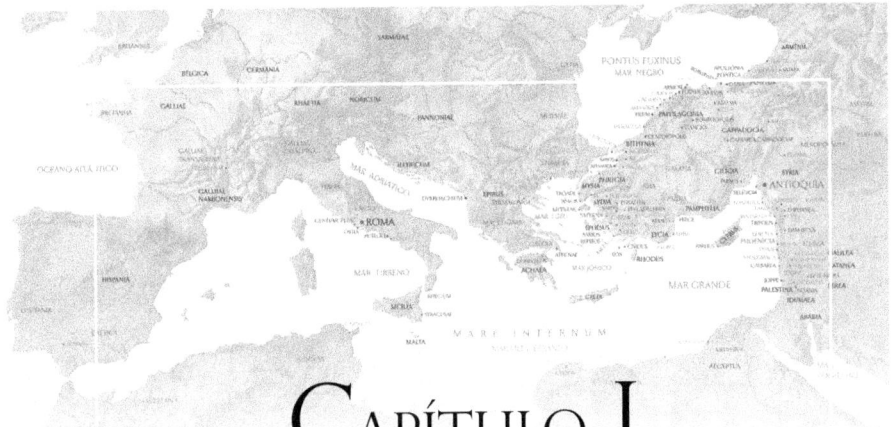

CAPÍTULO I

AMPARO

ANO 29

O sol quente se refletia sobre as águas verdes-
-azuis do lago de Genesareth, denotando a
presença do verão escaldante da Galilea.[1]

Cafarnaum era movimentado entreposto de comércio,
às margens ao norte do lago também conhecido como o Mar
da Galilea ou o Mar de Tiberíades.

A cidade regurgitava no atropelo das gentes de todas as
procedências, cada qual demandando seguir seus objetivos
imediatos, sem preocupar-se com os circunstantes.

No meio da multidão, como a vaguear sem rumo certo,
desventurada mulher tropeçou numa das inúmeras tendas de
comércio instaladas na praça central, à beira do lago.

Malaquias, o comerciante, contrafeito ao ver suas mercadorias espalhadas desordenadamente pelo solo empoeira-
do, exclamou, colérico:

- Safa-te daqui, infeliz! Que fizeste, oh, desvalida mulher?

- Perdoai-me, senhor! - exclamou a pobre Sara. - Com-
padecei-vos de minha desventura!

Olhos esgazeados, refletindo a extrema angústia do coração, continuou:

---

[1] Vide nota especial do médium à página 523.

- Sou pobre viúva, em busca de trabalho honesto que me sustente a choupana humilde e o filhinho desventurado, que a Providência Divina confiou-me aos braços!

Malaquias, embora visivelmente contrariado, sensibilizou-se pela rogativa de perdão. Homem acostumado com a rudeza das práticas comerciais da época, lutando heroicamente para o sustento de sua casa, contando entre os seus a esposa, cinco filhos pequenos e uma irmã solteira, sabia aquilatar os ingentes sacrifícios a que, provavelmente, se submetia uma viúva sem o amparo do esposo. Ofereceu o braço forte, levantando a senhora do chão, recompondo, ao mesmo tempo, as mercadorias de sua tenda de comércio. Reparou com certo desagrado a fácies macilenta da jovem senhora, marcada, quiçá, por sofrimentos acerbos, endereçando-lhe a palavra:

- Mas, por Deus, que se passa contigo, desventurada mulher?

Sara, ardendo em febre insidiosa, quase delirante, respondeu-lhe:

- Senhor, por quem sois, tende piedade de minha desventura e perdoai-me o atropelo inesperado de vossa tenda. Trago o coração ralado de angústia pela morte inesperada do esposo amado, consumido por peste desconhecida, ainda muito jovem. Sem recursos para sustentar-me, e ao filhinho adorado, busco a indicação de algum coração piedoso que me oriente. Sou prendada nos serviços domésticos e estimaria empregar-me honestamente para ganhar o pão de cada dia.

Malaquias amoleceu as fibras mais íntimas do ser, não obstante a confusão momentânea que se apossara de seu pensamento.

Praticante zeloso da fé judaica, lembrou-se intimamente da exortação de Deus ao profeta Zacarias: "Mostrai bondade e misericórdia cada um a seu irmão, não oprimais a viúva, nem o órfão, nem o estrangeiro, nem o pobre, nem intente cada um em seu coração o mal contra o seu próximo".[2]

Àquela lembrança acalmou-se, intimamente buscando algo fazer em benefício da sofredora.

---

[2] Vide nota do autor espiritual à página 525.

- Daniel! - exclamou, resoluto, para o filho mais velho, que o ajudava na venda. - Vai até nossa casa e busca algo de comer para esta pobre senhora, que está a desfalecer!

O jovem seguiu pressuroso as ordenações paternas, retornando a breve tempo com uma cesta de pães e broas, além de pequeno jarro de suco fresco.

Sara agradeceu sensibilizada o recurso inesperado e a bondade daquele senhor, exclamando:

- Bendita seja vossa casa, em nome de Deus Altíssimo!

Malaquias, então, agradecendo aquela bênção, perguntou-lhe:

- Onde está teu filho?

- Ficou dormindo em casa da senhoria grega, que me aluga a humilde moradia...

E antes que pudesse terminar as explicações, Sara perdeu os sentidos e desfaleceu.

Malaquias, assustado com o ocorrido, procurou acudir-lhe de imediato. Ao seu chamado, acorreram a esposa, Isabel, e a irmã, Ruth, que passaram a cuidar da enferma, rogando-lhe a permissão para abrigar a pobrezinha em casa até que recobrasse as forças, no que foram atendidas.

A vivenda de Malaquias não distava muito dali. Embora sem luxo, tratava-se de confortável e espaçosa moradia, situada em pequena elevação de terra, defronte às margens do lago. Ampla videira tomava a casa modesta, muito bem cuidada pelo desvelo de Isabel e de sua cunhada, fazendo sombra acolhedora e amiga ante os rigores do calor do verão.

Sara foi acolhida em leito limpo. Aos poucos, cercada de cuidados, recobrou a consciência. Vivamente agradecida pelos cuidados recebidos, quis levantar-se demandando o próprio lar, mas as forças lhe faltaram.

Estava fraca e enferma. Pensou no filhinho adorado aos cuidados da senhoria e ante o interesse de Ruth expôs-lhe suas preocupações de mãe.

Ruth possuía espírito sensível e nobre. Apiedando-se dos sofrimentos de Sara, prometeu-lhe verificar a sorte do pequeno, bem como a admissão nos serviços domésticos, tão logo recobrasse a saúde plena. Sara não se conteve de alegria e de reconhecimento, e, com os olhos marejados de pranto, mais uma vez bendisse a família de Malaquias:

- Abençoada seja esta casa para sempre, em nome do Pai, Todo-Poderoso!

Leocádia, a senhoria de origem grega, comprometeu--se a cuidar do menino até que Sara retornasse, notícia que tranquilizou a todos.

Por três dias, Sara sofreu os achaques da febre impie-dosa. Isabel chegou a temer pela sorte dos seus, entretanto, Ruth, resoluta e confiante, afastou os temores gerais, reco-mendando todos à proteção de Deus.

A breve tempo, Sara recobrou a saúde perfeita, sensibi-lizada pelo carinho fraternal daquela família piedosa.

Ao quarto dia, acordou com o semblante refeito, toma-da de íntimo júbilo. Levantou-se do leito mais cedo que todos e, num transporte de gratidão e reconhecimento, pôs-se no afã do trabalho de limpeza doméstica. Quando Malaquias, Isabel e Ruth acordaram, a casa já estava limpa e arrumada. Na sala de refeições, pães e frutas estavam dispostos à mesa, enquanto Sara preparava o chá para todos.

Satisfeitos pela melhora da enferma e reconhecendo--lhe a face corada e bem disposta, combinaram a contratação de seus serviços.

Sara não se continha de alegria. Após concluir os pri-meiros afazeres, acorreu ao seu próprio lar, saudosa por abra-çar o filhinho adorado.

O menino, de pouco mais de dois anos de idade, sorriu de felicidade ao reconhecer a mãezinha.

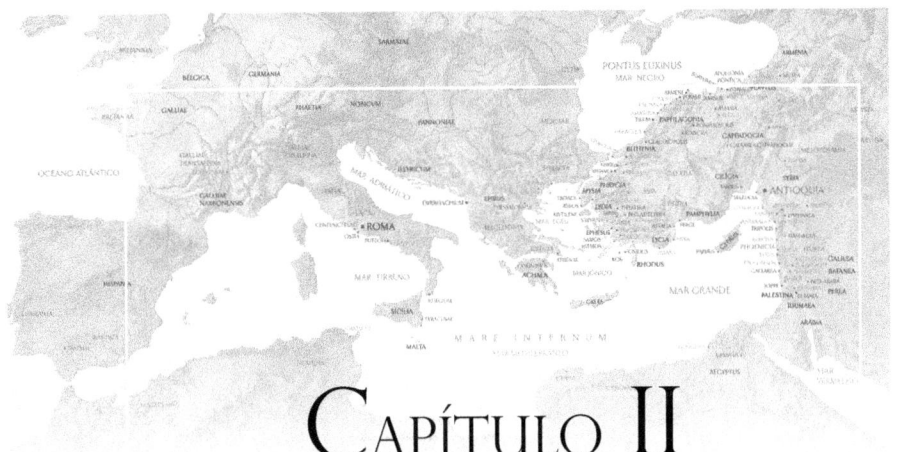

Capítulo II

Serviço
ANO 30

Alguns meses correram céleres na movimentada Cafarnaum. A cidade era palco de grande burburinho religioso. Todos os seus habitantes, de uma sorte ou de outra, já haviam tido notícias do novo Profeta a operar maravilhas em toda a Galilea. Discussões acaloradas vez por outra dominavam o ânimo dos filhos mais apegados às tradições da Casa de Israel. Na residência de Malaquias, o assunto em voga não demorou a aparecer.

A presença de Sara fizera muito bem à convivência familiar. Assumindo os afazeres domésticos mais rudes, na limpeza e na cozinha, Sara possibilitou à Isabel dedicar-se com maior desvelo à criação dos cinco rebentos, que a Providência Divina havia posto sob os seus cuidados de mãe extremosa.

Malaquias não se continha de alegria. A movimentação na cidade aumentara significativamente com os últimos sucessos religiosos. De toda a Judea, da Perea, da Idumaea e da Iturea vinham peregrinos em busca de notícias novas acerca do Profeta nazareno.

A Galilea e, em especial, as cercanias do lago de Genesareth eram os destinos preferidos dos novos peregrinos.

Por ser a mais importante cidade da região, Cafarnaum era parada obrigatória de todos que queriam ter um contato direto com Jesus de Nazareth.

A princípio, a figura do novo Profeta não interessou

de imediato a Malaquias. Acostumado às práticas religiosas do templo e à presença de um que outro pregador de outras terras, pensava, no íntimo, tratar-se de mais um fanático a pregar estultícies. Folgava-lhe, isto sim, ao espírito de índole comerciante, testemunhar o grande aumento no fluxo das gentes de toda origem, favorecendo-lhe a substancial venda de tecidos, bálsamos, perfumes e ervas aromáticas, colocados à disposição dos transeuntes na tenda de comércio de sua propriedade.

Daniel, o filho mais velho, secundava-lhe os esforços cotidianos, fazendo-se o braço direito do pai nas tarefas de cada dia. A prosperidade batera à porta de sua casa e isso era motivo para a manutenção da alegria geral.

Ruth, a irmã de Malaquias, era toda dedicação, em favor de todos. Tornara-se conselheira natural do coração do irmão em todos os assuntos que lhe afligiam as preocupações mundanas. Possuidora de generosos dons artísticos, bordava, com inexcedível competência, lenços, roupas, tecidos de cama, mesa e banho, para os quais utilizava belas linhas, de todos os matizes e nuances, provenientes da Pérsia. Suas criações eram grande sucesso na venda do irmão. Enquanto bordava e tecia no âmbito do lar, sua voz doce e maviosa enchia o ambiente de acordes encantadores. Caras recordações, nos poemas em cantiga, por vezes traziam um ar de melancólica saudade. Cânticos sublimes recordavam os grandes feitos do profeta Davi:[1]

> "O Senhor é o meu pastor, nada me faltará.
> Ele me faz repousar em pastos verdejantes.
> Leva-me para junto das águas de descanso;
> refrigera-me a alma.
> Guia-me pelas veredas da justiça por amor do seu nome.
> Ainda que eu ande pelo vale da sombra da morte,
> não temerei mal nenhum, porque tu estás comigo:
> a tua vara e o teu cajado me consolam.

---

[1] Vide nota do autor espiritual à página 525.

Preparas-me uma mesa na presença dos meus
adversários, unges-me a cabeça com óleo;
o meu cálice transborda.
Bondade e misericórdia certamente me seguirão
todos os dias da minha vida;
e habitarei na casa do Senhor para todo o sempre".

O timbre suave da voz de Ruth era agradável a todos os seus. Nesses momentos de trabalho e consolação, Ruth afeiçoara-se mais fortemente ao espírito de Sara. Enquanto esta se entregava aos afazeres domésticos, a moça, entre uma canção e outra, buscava-lhe a prosa sempre útil e construtiva. Sara, a seu turno, retribuía-lhe a atenção com mais cuidado e carinho.

Num desses colóquios, Ruth falou-lhe:

- Sara, estive pensando na sorte de teu pequeno filhinho. Que idade mesmo tem o menino?

- Ao findar-se a próxima Páscoa,[2] senhora, a luz do meu seio materno completará três aninhos de vida!

- Estive seriamente pensando, Sara, na sorte do pequeno, apartado de teu convívio por longas horas do dia. Em breve estará ele apto às primeiras iniciações de nossa raça e não será justo descuidarmos de sua criação.

- Também preocupa-me o assunto, senhora. No entanto, além dos momentos de nosso convívio à noite não posso dedicar-lhe mais tempo, tendo em vista minhas obrigações nesta casa.

- Pois, então, - redarguiu Ruth, decidida - tenciono propor a meu irmão Malaquias que te mudes em definitivo para nossa casa! Com a graça de Deus, os negócios vão indo bem e creio que não nos será dificultosa a possibilidade de erigirmos novo cômodo ao fundo de nosso quintal, a fim de abrigar o teu coração devotado junto do filhinho querido! Estimaria muitíssimo, de minha parte, poder dedicar a ele algo de meu tempo no campo da sua educação nas bênçãos e sabedoria da lei e dos profetas de nossa raça!

- Ah, senhora! Seria a mais venturosa das mães se pudesse estar com meu filho noite e dia! Mas não desejaria tra-

---

[2] Vide nota da editora à página 525.

zer aos patrões dedicados preocupações extras, nem ser peso morto nesta casa!

— Bobagem, Sara! — disse-lhe Ruth, confiante. — Hoje mesmo conversarei com Malaquias e Isabel a esse respeito. Não creio que dificultarão meu intento, julgando-o pela justeza de propósitos.

Sara endereçou-lhe um olhar de intraduzível reconhecimento e silenciou, desdobrando-se no serviço.

Naquela mesma noite, Malaquias e sua mulher Isabel foram convencidos pela argumentação lúcida de Ruth, aduzindo, satisfeitos, ao seu projeto.

Em breve tempo construíram generoso apêndice à própria residência, onde instalaram, com alegria, Sara e seu filho.

Chegado o dia da mudança definitiva de Sara para a residência de Malaquias, todos da casa folgaram de contentamento.

O pequeno Ignácio contava três anos de idade. Magrinho, corpo franzino, denotando a subnutrição filha da pobreza de sua condição social, trazia os olhos negros de azeviche, redondos, brilhando pela novidade, denunciando-lhe a extrema vivacidade mental.

Chegou nos braços de Leocádia, que, de bom grado, ajudara Sara no transporte da mudança.

Logo após as arrumações de praxe, instalados na nova moradia, Ruth agradeceu o concurso generoso de Leocádia, oferecendo-lhe uma chávena de chá.

A senhoria grega, cansada, aceitou satisfeita o gentil oferecimento e, a breve tempo, juntamente a Ruth e Sara, saboreou a reconfortante bebida à mesa, reparando, entrementes, as estrepolias descuidadas e alegres do menino no quintal.

Leocádia era uma mulher madura, cujos sulcos na face

denunciavam longos anos de vivência. Olhar arguto e percuciente, gostava de provocar contendas entre as diversas facções das tribos de Israel que pousavam em sua hospedaria. Grega de origem, não lhe interessavam os aspectos religiosos da crença judaica. Outrossim, apreciava assistir aos debates acalorados entre as diversas interpretações da lei judaica daquela gente fanática aos seus olhos.

Não demorou muito e comentou, com ares de espanto, reparando as mínimas reações de Ruth:

- Já tiveste contato com o mais novo Messias de teu povo? Os relatos das curas miraculosas não cessam de chegar ao meu conhecimento, lá na hospedaria. Outro dia mesmo soube que Alfeu, velho mendigo entregue à própria sorte no vale dos enfermos pela impiedade dos seus, recobrou a saúde e a alegria de viver tão-só por tocar as vestes do tal Jesus, que se diz príncipe entre todos os príncipes de Israel! Mas não é ele um simples filho de um carpinteiro? - perguntou, endereçando à Ruth um olhar crítico e enigmático.

Sara ruboreceu sobremaneira com a insolência da antiga senhoria e, cortando-lhe a palavra, disse:

- Mas o que é isso, Leocádia? Por que aborrecer minha senhora com assuntos que não nos pertencem? Agradeço o valioso concurso de teu braço amigo, que me ajudou na mudança, mas, por ora, penso que a senhora Ruth terá obrigações inadiáveis e não lhe poderá dispensar maiores atenções.

A senhoria grega desculpou-se contrafeita com a admoestação firme de Sara e despediu-se:

- Naturalmente... também eu tenciono voltar aos meus afazeres na hospedaria, que me aguarda a presença...

Após breves despedidas de cortesia, Leocádia partiu, deixando Ruth e Sara em silenciosa meditação.

CAPÍTULO III

DESÍGNIO

ANO 30

O calor dos dias de verão da Galilea deixava a todos irrequietos. A brisa suave, proveniente do lago, embalde chegava aos aposentos simples de Sara e do filhinho adorado. Naquela noite, especialmente, nossa personagem agitava-se no leito, como que experimentando estranho encontro.

No dia seguinte, acordou exausta. A fácies pálida denotava o torpor vivenciado durante a noite. Muito embora cansada, a dedicada servidora, logo pela manhã, estava a postos no serviço, preparando a refeição matinal dos patrões.

Ao acordar, Ruth espantou-se com a aparência de Sara:

- O que aconteceu, Sara? Pareces-me aflita!

- Ah, senhora, não é nada não! - redarguiu Sara, desapontada.

- Como não? - inquiriu Ruth, lançando mais detidamente o olhar sobre a servidora amiga. - Confia teu coração ao meu, Sara! O que te sucedeu? Por que este semblante de abatimento?

- Senhora Ruth, por quem sois, estou confusa!

A admoestação carinhosa de Ruth havia-lhe desarmado as defensivas e Sara deixou correr as lágrimas de preocupação que lhe inundavam o espírito inquieto.

Ao enxugar o pranto, disse:

- Essa noite fui acometida de estranho pesadelo. Não saberia explicar o sucedido, mas guardo no coração a certeza de ter recebido a visita do esposo morto, que retornou do túmulo para chamar-me.

- Conta-me como foi esse sonho, Sara. - solicitou Ruth, intimamente assombrada.

- Isso mesmo que ouviste, senhora. Não sei por que misterioso processo, ao deitar-me para o repouso de ontem, vi-me recebendo em meu próprio quarto a visita de Isaac, que passou a palestrar comigo como em outros tempos. A princípio, assustei-me com a conversa desenvolvida com um morto, mas Isaac, ao ver meu receio natural, obtemperou: "Acalma-te, Sara, amor de minha vida, acaso poderia eu causar-te algum mal? Não nos devotamos um ao outro o amor sincero e o carinho espontâneo quando partilhávamos a existência terrestre lado a lado? Por que temerias a minha presença agora? Unicamente por ter transposto os umbrais da morte? Lembres tu de nossas mais sagradas tradições da lei e dos iluminados profetas de nossa raça, prometendo-nos a vida verdadeira. Pois é dela que te dirijo a palavra, com o mesmo carinho e o mesmo amor de outrora!"

Ensimesmada, após breve pausa Sara continuou:

- Acalmei-me, confortada, ao reconhecer nele o esposo adorado, e abraçamo-nos num transporte de júbilo. Logo depois, Isaac começou a falar, profetizando acerca de nosso futuro: "Sara, atenta para a ocasião dos dias que correm. O reino de Deus é chegado à Terra e a breve tempo estarás com o Filho do homem. Venho da parte dele informar-te que o Messias tem grande esperança em nosso pequeno rebento do coração!" Então, perguntei-lhe: Mas quem é esse Messias sobre quem me falas, Isaac? Ao que ele respondeu, com serenidade e firmeza: "Guarda o meu aviso na memória, Sara, porque Jesus de Nazareth estará também contigo!" Assustada, inquiri mais uma vez: O profeta galileu? Carinhosamente, Isaac continuou: "Sim, amada de meus dias. Eis que ainda agora estará ele batendo à tua porta, e atenderás ao seu chamado augusto". Num esforço de entender o significado daquela convocação, senhora, insisti nas perguntas: Mas o que tem nosso pequeno Ignácio a ver com esse Jesus, Isaac? "Nosso Ignácio é dos que foram chamados à semeadura do Senhor, Sara. Contudo, prepara-te, por ti mesma, que a breve tempo serás chamada de volta à pátria celeste. Não creias, no entanto, que nosso pequeno estará ao desamparo. Mãos generosas o receberão, em nome do Senhor, preparando-lhe o caminho de lutas redentoras". Nesse momento, uma dor lancinante trespassou-me o peito e nada mais pude ver senão a torrente de lágrimas que me absorveu, engolfando-me na angústia!

Lacrimosa e aflita, Sara concluiu a narrativa para a generosidade de Ruth:

- Ah, senhora Ruth, pobre de mim que morrerei em breve, deixando ao abandono e à orfandade a joia-prima de minh'alma!

Vivamente impressionada, Ruth ouviu o relato. Passados os instantes de surpresa, falou:

- Acalma-te, Sara. Isso foi apenas um sonho. Talvez um mau presságio. Achas-te impressionada com a observação maldosa de tua senhoria grega, Leocádia, sobre os sucessos desse pregador obscuro de Nazareth. Nada a temer, pois. Lembra-te de Deus, que tudo pode.

No íntimo, entretanto, Ruth considerou a importância daquela revelação. "Quem seria a figura controversa do profeta galileu a empolgar o ânimo de todas as gentes? Passaria a prestar mais atenção aos informes de amigos e conhecidos acerca do Nazareno. Seria crível que o tão esperado salvador estivesse na Terra, ali mesmo, na Galilea? Poder-se-ia contar-lhe a presença como sendo a do próprio Messias prometido? E que estranho encontro era aquele a unir Sara ao esposo decesso!" Parecia-lhe identificar um profundo toque de espiritualidade em tudo aquilo.

"Mas e o pequeno que a todos alegrava com sua ingenuidade infantil? Que sorte teria o jovenzinho Ignácio no porvir? Se se sucedesse a partida de Sara, ficaria o pobrezinho órfão, abandonado ao destino de miséria e fome? Certamente que não" - concluía de si para consigo. "Se já lhe estimamos nós, em nossa casa, com a presença de Sara, sua mãezinha, muito mais ainda o amaríamos se alguma tragédia ceifasse sua genitora devotada. Contudo, não era justo aumentar os temores de Sara a respeito do estranho sonho. Importava apenas tranquilizá-la de que tudo não passava do efeito de uma noite agitada ao sabor de preocupações infundadas e do calor causticante."

Sara enxugava o pranto discreto enquanto preparava a primeira refeição de Ruth, que cismava, enigmática e pensativa.

Passados alguns instantes, Ruth perguntou:

- Sara, que me dizes do profeta de Nazareth? Que sabes a respeito dele?

Puxando pela memória, Sara, chorosa, respondeu prontamente:

- Senhora Ruth, quando ainda morava na hospedaria de Leocádia, à noite, na sala de refeições, costumava ouvir as notícias de alguns viajantes de outras terras. Os peregrinos ali nos entretinham, no embalo das últimas horas da noite, com os casos assombrosos dos feitos de Jesus de Nazareth. Pela eloquência de seus relatos, e pela alegria viva a iluminar o olhar dos que chegaram a conhecê-lo pessoalmente, cheguei a pensar que esse homem haveria de ser muito especial mesmo para despertar tanto interesse e tanta emoção! No entanto, na minha condição de humilde mulher pobre, nunca me atrevi a participar diretamente daquelas conversas. Por vezes, o tempo esquentava com a altercação de um que outro hebreu mais ferrenho às nossas sagradas tradições a dizer em altos brados ser impossível que o salvador de Israel fosse um simples filho de um carpinteiro!

Ruth, interessada no desenvolver da conversa, interferiu:

- Mas é mesmo esse Jesus de Nazareth filho de um carpinteiro?

- Sim, senhora Ruth. É o que sei do relato dos peregrinos que chegam de Nazareth, de Betsaida,[1] de Corazim e de outras cidades da Galilea.

---

[1] Vide nota do revisor doutrinário à página 525.

E continuou, animada pelo interesse da patroa:

- Dona Leocádia, sempre vivamente interessada em fomentar o falatório em sua hospedaria, é quem sempre procura notícias novas acerca do profeta. Disse-me ela outro dia que Jesus estava de mudança para Cafarnaum, estabelecendo residência em casa de seus seguidores, não muito longe daqui. Conta-se que em breve tempo na cidade recolheu para o rol de seus seguidores mais diretos cinco discípulos, que o seguiram prontamente, abandonando casa, família, afazeres e obrigações.

- Mas... como assim? - obtemperou Ruth, estupefata. - Que dizer da ordem e do respeito aos antepassados?

- Pois, então, senhora Ruth, soube eu que, entre os pescadores, Jesus Nazareno chamou para a sua pregação a Simão Pedro e a André, seu irmão. Também os filhos de Zebedeu, Tiago e João, largaram a pescaria para segui-lo. E a última novidade, que assombrou a muitos no lugar, é o caso de Mateus, o Levita, que abandonou rendoso provimento para seguir a seu mestre galileu.

Assustada com os informes de Sara, Ruth sentenciou, resoluta:

- É, minha estimada Sara! São impressionantes esses relatos! Não me admira que te influenciaste assim, chegando a sonhar com o marido morto acerca do Messias!...

- Senhora, isso não é nada! Mais impressionantes são os relatos dos feitos desse homem, que uns dizem ser a própria luz! Ao poder de sua palavra, os mudos falam, os cegos veem, os paralíticos andam, os leprosos são limpos, os endemoninhados são libertos do mal, os doentes de toda a sorte são curados por sua misericórdia! Não se admira que, por onde passe, seja ele seguido por uma multidão de doentes, tristes e desesperados!

Vivamente surpresa com a conversação de Sara, Ruth quedou-se em silenciosa meditação.

Sem externar à servidora a emoção que lhe dominava as fibras mais íntimas do ser, pensava, em profundo mutismo: "Quem seria Jesus de Nazareth? Que santos poderes teria o profeta galileu para fazer palpitar tão variados corações por onde quer que passasse?"

No íntimo, decidira-se: haveria de conhecer-lhe pessoalmente a pregação, mesmo que desagradasse ao rigorismo sincero das convicções ortodoxas de seu irmão Malaquias.

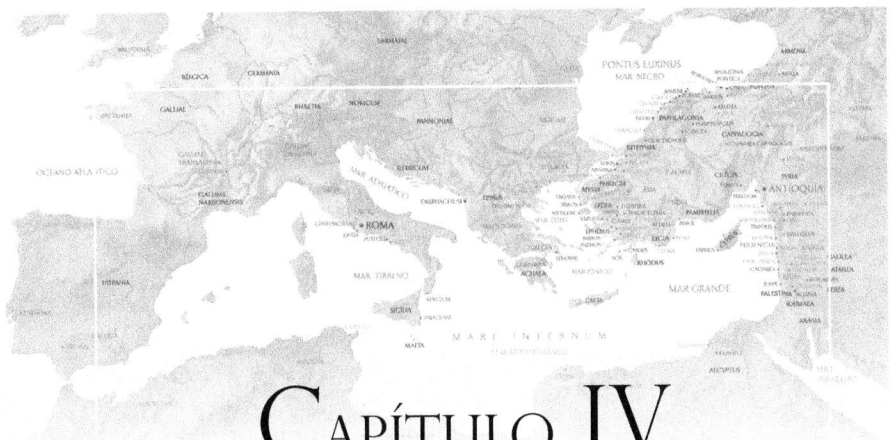

Capítulo IV

Encontro

ANO 31

O tempo corria ligeiro, abraçando as personagens de nossa história com a bênção das experiências do dia a dia.

Cafarnaum envolvia-se em crescente bulício. Peregrinos de todas as partes de Israel ali estavam, ansiosos pelas notícias do Salvador.

As hospedarias da cidade estavam repletas. O comércio fizera-se mais vibrante.

Malaquias não sofreava a satisfação, identificando o sucesso de suas empresas comerciais.

Daniel acompanhava-lhe o regozijo, contando também com o auxílio de Eliel, o segundo filho do casal, mal saído da puberdade.

Isabel devotava-se com seu cuidado costumeiro de mãe zelosa e esposa solícita.

Ruth estava cada vez mais inspirada em suas belas criações artísticas a benefício do irmão.

Sara a todos atendia com devotamento e humildade. Seus olhos, no entanto, vez por outra contemplavam o pequeno Ignácio, com um profundo sentimento de melancolia.

Muito embora fizesse ver à senhora Ruth que não levara em conta o estranho sonho tido meses antes, com o falecido marido, aquelas lembranças confrangiam-lhe o coração. Sentia no íntimo que não se demoraria na Terra e pesava-lhe, com certa angústia, o destino de Ignácio, ainda tão jovem.

A tarde caía em deslumbrantes pinceladas de laranja e vermelho, prenunciando a chegada de mais uma noite calma.

Sara punha-se ao labor de seus afazeres, contemplando, enternecida, a senhora Ruth junto do pequeno Ignácio.

Ruth, com o coração cheio de júbilo sincero e amigo, dedicava-se ao ensino do pobrezinho. Profunda conhecedora da mentalidade infantil, procurava valer-se de imagens ternas e doces lembranças em torno das tradições mais caras ao povo de Judá para transmiti-las com desenvoltura ao olhar atento do garoto.

Ignácio ouvia os contos sagrados em muda expectação. Como se seu coraçãozinho enviasse grata mensagem de atenção, seus olhos mal piscavam, iluminando-se nas lições que Ruth lhe administrava.

Aquele momento jamais deixaria a memória reconhecida de Sara, que a tudo acompanhava de longe.

Antes, porém, que a noite ensombrasse a mansidão da cena doméstica, Ruth dirigiu significativo olhar à servidora, inquirindo-a:

- Sara, tens os últimos informes do profeta de Nazareth?

A digna servidora ruborizou-se, a princípio, mas, recobrando a serenidade, respondeu:

- Ainda hoje pela manhã, senhora, encontrei-me com antiga amiga de minhas relações familiares de Tyrus, que aqui está a serviço de alto dignitário do Império Romano. A gentil amiga, de nome Ana, falou-me com tanta alegria na figura de Jesus Nazareno, que não contive o pranto a umedecer-me os olhos maravilhados por seus relatos!

- Ah! Então conheces alguém que priva da companhia de Jesus?!? E o que relata Ana a respeito dele?

- Senhora, disse-me ela ser Jesus amigo dileto dos sofredores e dos aflitos. Soube que recebe a todos os enfermos e loucos com tal carinho e amor, abraçando-os com tamanha generosidade e apreço, que não raro as enfermidades de que são vítimas desaparecem como que por encanto!

Vivamente interessada no assunto, Ruth enxugou furtiva lágrima a escorrer no rosto.

- Estimaria muitíssimo acertar uma visita aos sítios por onde prega esse benfeitor galileu. Será que tua amiga Ana nos ajudaria nesse intento?

Sara alegrou-se no imo da alma com o pedido da senhora. Ela mesma guardava no coração o desejo sincero de conhecer Jesus, desde o sonho com Isaac.

- Mas, senhora Ruth, - redarguiu preocupada - será que o senhor Malaquias não vai se incomodar com o teu desejo? Não teme ele as novidades dos fanáticos? Não se apega com devotamento ao entendimento farisaico da lei e dos profetas?

- Sim, Sara, já pensei muito sobre essa questão e julgo que não será lícito preocupar meu irmão com solicitações descabidas, tão assoberbado de obrigações cotidianas no comércio, que lhe guarda o empenho. Apenas estimaria encontrar-me em pessoa com o distinto pregador para ouvir-lhe as prédicas. Não sei ajuizar a razão, mas à simples lembrança de seu nome minha sensibilidade se emociona até às lágrimas. Sinto que meu coração está sedento por ouvir-lhe o anúncio de uma nova era. Todos os nossos profetas mais venerados não nos falaram da vinda do Messias? Os cânticos dos Salmos de Davi sempre me enterneceram a alma com a espera do Salvador! A palavra lúcida de Isaías não nos deixa equívocos de que o Messias far-se-ia presente nas terras de Zabulon e Naftali, na Galilea. Não podemos ignorar a preferência de Jesus por estas bandas! Há de haver um sentido maior em tudo isso, eis o que me proponho a descobrir. Se quiseres, poderás acompanhar-me nessa visita. Já senti também o quanto te toca o coração a simples lembrança do profeta!

Sara aquiesceu de bom grado àquela vocativa:

- Amanhã, senhora Ruth, logo cedo, tentarei avistar-me com Ana nos arredores da vivenda do legado Lentulus, onde trabalha na condição de serva devotada da pequena Flávia, infeliz e enferma. Contou-me esta manhã que a mãe da menina, de nome Lívia Cornélia, embora romana, já assistiu às prédicas de Jesus pela cidade, nutrindo, no íntimo, a certeza de que Jesus vem da parte do Alto.[1]

- Pois, então, - afirmou Ruth, convicta - se até os romanos estão se inclinando aos seus ensinos, por que razão haveríamos nós, da Casa de Israel, de desprezar-lhe o convívio? Está decidido! Iremos nós duas ao encalço do profeta! Malaquias não precisará saber de nosso objetivo porque na data aprazada haverei de solicitar a ele permissão para que tu me acompanhes na compra de materiais diversos, dos quais necessito nas tarefas do bordado!

A noite chegou trazendo cariciosa brisa, refrescando o ambiente da vivenda de Malaquias. Após o repasto noturno, tanto Sara quanto Ruth recolheram-se ao sono, em doce expectação.

Os pássaros alegres vieram trazer com seus cânticos as primeiras claridades alvissareiras da manhã. Logo cedo, após servir aos senhores a refeição primeira, pôs-se Sara à procura da amiga. A vivenda dos Lentulus não distava muito da cidade, embora localizada fora do ambiente citadino. Ana, ao seu chamado, respondeu com amizade e alegria, informando solícita que àquela tarde mesmo alguns seguidores das palavras consoladoras de Jesus o ouviriam à beira do lago de Genesareth.

Aquiesceu de bom grado ao pedido de Sara, no sentido de incluir a senhora Ruth e ela própria no grupo que demandaria buscar a presença amorosa de Jesus.

De volta com as notícias do feliz acerto, Sara e a patroa quedaram-se em curiosa ansiedade d'alma.

Ruth providenciou as explicações que julgava necessá-

---

[1] Vide nota do autor espiritual à página 525.

rias ao zelo do irmão e, por volta da primeira vigília,[2] as duas, como se estivessem irmanadas eternamente por ignoto chamado superior, seguiram ao ponto de encontro combinado anteriormente com Ana.

O céu azul encobria a paisagem de beleza indefinível naquela tarde quente.

Generosas brisas refrescavam os sítios próximos ao Mar da Galilea.

Os raios do sol refletiam-se no espelho d'água generoso do lago como a convidar os olhares a descortinarem um novo horizonte de claridades inolvidáveis.

Feitas as primeiras apresentações, respeitosas e sinceras, Ruth, Sara e Ana seguiram pela margem do lago até aos arredores de pequeno monte. Simeão, de Samaria, o velho tio de Ana, guiava o grupo com diligência e zelo.

Atingiram o sítio esperado entre a ansiedade e o contentamento. Fortes emoções entrechocavam-se no espírito de cada qual. Um desejo incontrolável de cantar hosanas e graças pela alegria da oportunidade contrapunha-se, ao mesmo tempo, ao silêncio profundo da alma em firme veneração.

Numerosos assistentes ali estavam também em busca do Mestre divino. Era gente simples, do povo: pescadores, artesãos, anciãos que a cã prateada envolvia a veneranda experiência.

A cena era tocante. Doentes de toda ordem, exibindo discretamente a desventura de suas tragédias pessoais, ali estavam, ansiosos. Mulheres desvalidas traziam filhinhos misérrimos no colo opresso. Cegos tateavam o chão, buscando achar um local o mais próximo possível da passagem de Jesus. Familiares traziam jovens obsedados por triste simbiose espiritual a emitirem grunhidos estranhos.

Naquela assembleia de homens e mulheres sedentos de paz e de luz via-se também um que outro representante das classes mais altas de Israel e de Roma, ainda que procurando esconder a própria condição social misturando-se à turba, envoltos em mantos simples.

---

[2] Vide nota da editora à página 525.

Súbito, grande revoada de pássaros alegremente cruzou os ares, em festiva cantoria e algazarra.

A brisa suave fez-se mais forte, aliviando os rigores do calor da tarde, que esmaecia à medida que o crepúsculo se aproximava.

Ao longe, pequeno grupo de homens caminhando chamou a atenção. Leve burburinho percorreu o ambiente, certificando a todos:

- É Jesus! Jesus de Nazareth!

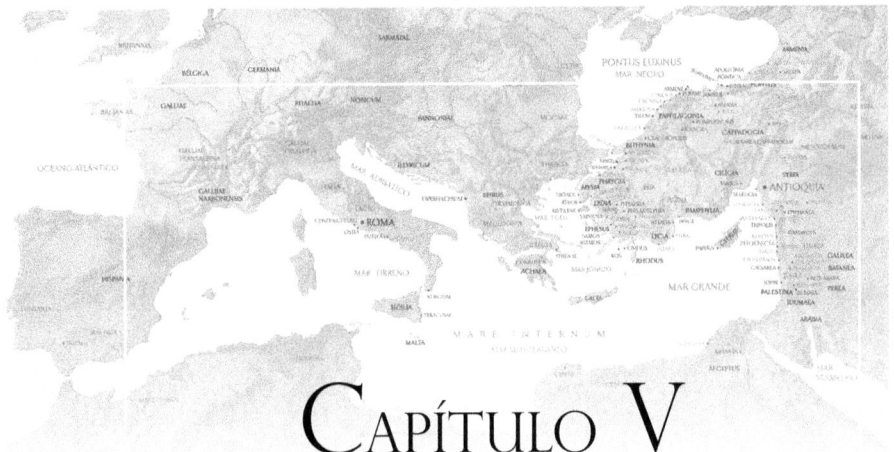

Capítulo V

União

ANO 31

D oces vibrações de alegria e bom ânimo envolveram os corações da pequena assembleia de alunos sinceros.

Margeando o Tiberíades, cinco homens aproximavam-se, decididos. Simão Pedro, Tiago, João e André seguiam Jesus da Galilea.

O Mestre adiantara-se ao cortejo celeste que, do plano espiritual, invisível aos olhos humanos, seguia-lhe o divino ministério de amor.

Mais alguns metros e a passada firme de Jesus chegava ao encontro daquelas almas sedentas de beber-lhe as palavras na fonte das verdades mais santas.

Mansamente, o Senhor acercou-se dos sofredores.

Seu olhar percuciente devassou a pequena multidão de homens e mulheres, encarnados e desencarnados, que lhe aguardava a presença augusta.

Sua estatura, 1 metro e 80 centímetros, altura muito acima da média dos homens de seu tempo, impunha à sua silhueta preponderância relevante sobre todos.

Profundo sentimento de amor e de alegria irradiava de seu coração magnânimo e compassivo.

Uma ignota serenidade envolvia sua face tomada de indefinível beleza.

Um sorriso generoso e largo saudava a todos os presentes, como se quisesse acolher um por um para o seu aprisco.

Os cabelos, longos, à la nazarena, adornavam-lhe a cabeça numa moldura castanho-clara, envolta em sublimes nesgas de luz, de origem desconhecida. Dir-se-ia que provinham das hostes celestes que o seguiam, testemunhando-lhe a divina presença na terra dos homens.

Poderoso silêncio tomou conta daquela gente maravilhada.

As próprias marolas do Mar da Galilea, seguindo a atitude dos pássaros, em nome da natureza, estacaram o seu moto contínuo de movimento.

Simeão, Ana, Ruth e Sara extasiavam-se com aquela imagem dos céus pisando a terra fértil de seus corações, enobrecidos com a bênção daquele ensejo.

O Senhor meneou a cabeça aureolada de luminosidade, como a buscar com seu olhar penetrante reconhecer algumas ovelhas queridas do rebanho de Deus.

Repentinamente, o olhar único de Jesus pousou sobre a pequena caravana em êxtase.

Como se trespassados por um raio de força de celeste procedência, Simeão e as senhoras caíram de joelhos.

Uma profusão de lágrimas ardentes banhou-lhes as faces.

Não saberiam exprimir a grandeza dos sentimentos que lhes inundava os corações.

Queriam gritar algo do fundo de suas almas para exprimir o júbilo que os envolvia, mas quedaram-se imóveis, magnetizados pelo divino Amigo.

Em sua audição espiritual, podiam ouvir sublimes cânticos, entoados por entidades angélicas, quais falenas invisíveis, comemorando-lhes a alegria do divino encontro.

Jesus sorriu-lhes, afável e carinhoso.

Sim, ali estavam semeadores do novo mundo!

A compacta massa passou, então, a ouvir-lhe a voz terna e amorosa:

- É chegado o reino de Deus! Rejubilai-vos porque a Bondade dos Céus vos convidou para o sublime banquete da luz! Os tempos da redenção espiritual vos felicitam a senda de progresso e ascensão, e sois os corações que aprouveram ao Pai e ao Seu Filho amado chamassem para a Sua vinha de luz no dia de hoje. Alegrai-vos em espírito e verdade porque o reino de Deus já está dentro de vós! Exultai-vos neste banquete celeste! Recebestes o divino convite de comparecer de bom grado ao meu chamado de amor. Eis que o Filho do homem aqui está. Comei o pão divino da luz! Bebei o cálice da água viva do amor! Alegrai-vos! Quer Deus Pai que participeis do propósito augusto da repartição de Suas bênçãos superiores aos homens de boa vontade. Bem-aventurados sois vós porque viram a luz!

Um encantamento eletrizante imprimia em todos os espíritos uma doce sensação de paz. Os mais afoitos, contudo, findaram aqueles momentos de silencioso arrebatamento. Eram os doentes e aflitos, que buscavam tocar as vestes do Senhor.

Jesus acolhia a todos com benemerência e bondade.

Aos poucos, seus passos decididos foram percorrendo a distância que o separava de nossa pequena caravana.

Simeão e as senhoras permaneciam de joelhos, olhos cravados no Infinito, agradecendo a alegria do sublime encontro.

Em dado instante, o Mestre nazareno estacou diante deles, levantando-os com afabilidade e doçura.

Simeão, humildemente, enxugou as lágrimas e osculou respeitosamente a destra de Jesus, que lhe falou, com bondade:

- Eu te abençoo, Simeão, em nome de Deus. Prepara-te para o testemunho da verdade. Eis que precisarei muito em breve de tua renúncia extrema por amor à verdade que rasga toda a iniquidade do mundo com o sangue dos justos na regeneração dos pecadores. Meu Pai, que está no céu, quer que busquemos as ovelhas perdidas de Seu aprisco. Por isso espero, em nome Dele, o teu concurso!

Depois de abençoar igualmente à Ana, que ali estava, desfalecida de emoção, o Senhor dirigiu-se à Sara:

- Filha, nada temas porque foste escolhida. O meu reino não é deste mundo e importa considerar que cada um é chamado no desempenho da tarefa que o Pai lhe ofertou. O reino dos céus é semelhante a grande vinhedo. Há os semeadores da vinha, há os cultivadores do campo, há os colheitadores, há os pisadores da uva e os que coletam o líquido perfeito, há os que armazenam o vinho nos odres na casa do senhor da vinha. Todos concorrem para a glória de Deus. Tu já semeaste, filha. Ouve o que te revelo e não te assombres porque ao Senhor da Vinha importa que retornes à Sua casa o quanto antes.

Prorrompendo em convulsivo pranto, Sara exclamou:

- Senhor, e Ignácio?

- Mulher, já não te disse que tu semeaste? Isaac te espera na casa de Deus para que ambos cuidem de armazenar o bom vinho. Eis que tenho grandes esperanças na vossa semente. Não se perturbe o teu coração. Confia em Deus, Todo-Poderoso, e crê em minha palavra.

Lançando significativo olhar em direção à Ruth, que a tudo ouvia espantada, disse-lhe, com voz firme e peremptória:

- Ruth, levanta-te! Toma sobre ti o meu alvitre. Tomarás Ignácio como teu filho!

E buscando a destra de João Boanerges, filho de Zebedeu e de Salomé, pousou-a delicadamente sobre a destra de Ruth.

Pela primeira vez, o olhar de ambos fundiu-se numa única direção.

Que ignotas recordações emocionaram as fibras mais íntimas de seus corações!

Cândida melancolia envolveu-lhes os sentimentos como a reconhecerem um ao outro na poeira que os tempos esqueceram.

Jesus, voltando-se para seu discípulo amado, falou:

- João, cuida para que o pequeno Ignácio venha a mim! Serás para ele o que um pai é para o filho.

E, sorrindo, demonstrando grande alegria, rematou convicto, com o olhar devassando o invisível, em tom profético, como a descortinar o futuro:

- Em verdade, em verdade vos digo que em mais de uma semeadura estarão os três convocados no tempo à Vinha do Senhor![1]

No plano espiritual, Isaac abraçava-se jubiloso ao coração de Sara, confortando-lhe o espírito com a mais sagrada esperança, incutindo-lhe fortaleza e coragem, bom ânimo e fé.

Jesus despediu-se carinhosamente da pequena caravana, seguindo sua senda de consolação e amparo, em nome de Deus. Limpava os leprosos. Devolvia a visão aos cegos. Fazia falar aos mudos, ouvir aos surdos. Os paralíticos levantavam-se ao seu influxo generoso. Obsedados tornavam à serenidade ao simples pensamento de sua poderosa vontade.

Aos poucos, o crepúsculo tonificou o horizonte de vibrantes matizes, qual se a atmosfera se transformasse em tela divina, recebendo as celestes pinceladas do Amor Universal.

Agradável brisa confortava o ambiente em torno. Enlevados, Simeão, Ana, Ruth e Sara retornaram silenciosos às suas vivendas em Cafarnaum.

Não repararam, contudo, que a abóbada celeste acendia um manto de estrelas reluzentes das hostes do Infinito.

---

[1] Vide nota do autor espiritual à página 525.

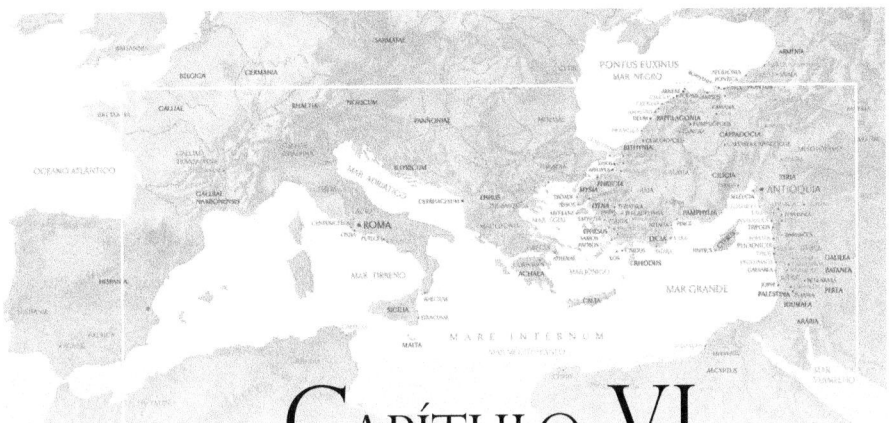

CAPÍTULO VI

REGRESSO
ANO 31

Ao chegarem em casa, já com o adiantado da noitinha, Ruth e Sara depararam-se com a aflição de
Malaquias:

- Onde estivestes? Por que vos ausentastes por tanto tempo de casa?

Ruth, antes que Sara pudesse se envolver no assunto, adiantou-se, explicando ao irmão que, a pedido dela mesma, foram ouvir as prédicas de Jesus de Nazareth.

Malaquias, visivelmente surpreendido com a inusitada resposta, calou-se, cismativo: "O que significava tudo aquilo? Que estranha atração exercia aquele pregador desconhecido na alma das pessoas? Por toda parte, a menção ao nazareno. Que estranhos poderes de persuasão possuía o pregador para fascinar assim as massas desconhecidas?"

Malaquias nada falou. Fez as mulheres entrarem, per-mitindo que retornassem aos seus afazeres domésticos. No âmago, contudo, deixou acender pequena chama de curiosi-dade, desejando também conhecer o disputado Rabi.

De volta às dependências domésticas, Ruth e Sara abra-çaram-se emocionadas.

Não haveria razão para mentir. Estavam livres em suas almas para abençoar o nome de Jesus nos quatro cantos da Terra.

Lágrimas escorriam-lhes pelas faces.

Sara não podia esconder suas mais íntimas apreensões. Olhou enternecidamente para Ruth e suplicou-lhe:

- Senhora, ouviste tudo que foi dito pelo Mestre Jesus.

- Minh'alma não se enganou a respeito da providência divina de suas exortações! - redarguiu-lhe a senhora.

- Justo, senhora Ruth, que me prepare para corresponder-lhe a grande bondade, embora reconheça faltarem-me as forças necessárias para deixar o pequeno Ignácio sozinho neste mundo. Entretanto, ao mesmo tempo que o peito se me constrange com a possibilidade da partida próxima, conforme havia-me profetizado Isaac, o Senhor trouxe-me santas esperanças a respeito de Ignácio. Folgo em pressentir que o teu generoso coração, senhora, estará invariavelmente ligado ao do meu pequenino filho daqui por diante. É como se Deus, em Sua soberana bondade e misericórdia, concedesse ao pequeno uma segunda mãe espiritual e o teu generoso coração haverá de ser para ele o representante dos meus mais profundos sentimentos de amor maternal, qual se fosse o meu próprio coração, fora do peito, em embaixada de luz!

Grossas lágrimas corriam-lhe pelo rosto.

- Não creias, senhora Ruth, esteja chorando de tristeza neste momento sublime que nos une os destinos nas estradas insondáveis do tempo. Estou renovada em minha fé em Deus, Todo-Poderoso, depois desta tarde iluminada pela palavra augusta de Jesus. Elevadas esperanças inundam-me o coração e já não me ocupam a mente os pensamentos de inquietação e de desalento anteriores. Apenas folgaria em solicitar à senhora que, em nome de Jesus, não deixes desamparado o meu pequeno tesouro nesta terra dos homens!

Aquela profissão sincera e cristalina de fé e desprendimento foi feita com tal inflexão de ternura e renúncia que provocou fortes emoções no espírito dedicado de Ruth.

- Ora essa, Sara! - exclamou Ruth em lágrimas. - Sabes que

poderás contar sempre comigo! Nossa afeição mútua e carinhosa amizade prescinde das aparências do mundo para fortalecer-se ainda mais! Contarás comigo no melhor de meus esforços e considerações em torno do futuro de nosso Ignácio. Disso tens desde já a minha palavra, a qual empenho em honra e verdade!

As duas almas, irmanadas na cumplicidade do amor puro e desinteressado de uma e na gratidão imorredoura de outra, abraçaram-se comovidas, selando o compromisso maior que o Alto lhes inspirara.

No repasto da noite, na mesa de refeições da família de Malaquias, a conversação não buscou outros assuntos senão aqueles vinculados aos acontecimentos da tarde à beira do lago.

Jesus de Nazareth foi o centro de todas as atenções.

As mínimas ocorrências do encontro sublime das duas com Jesus foram trazidas à mesa, como se fossem o alimento espiritual bendito servido no banquete da alma.

Isabel, Malaquias, Daniel, Eliel e Rafael traziam os olhos brilhantes de atenção aos detalhes. Poder-se-ia dizer que até mesmo os gêmeos pequeninos, que brincavam alegremente junto a Ignácio no quintal próximo, traziam um sorriso diferente no rosto infantil.

O tempo correu velozmente, absorvendo nossos personagens na esteira de suas obrigações diárias.

Três semanas se passaram.

Era véspera do sábado. Sara encontrava-se atarefada, guardando quitutes e as vasilhas utilizadas na refeição vespertina. Os últimos retoques na limpeza doméstica impunham-se para o fecho do dia.

Ignácio, que dormia já há algumas horas, apareceu de inopino, gritando:

- Mamãe!... Mamãe!... Mamãe!...

O coraçãozinho do pequeno batia descompassadamente, em ritmo forte. Com a espontaneidade característica das crianças, abriu os bracinhos em direção à mãezinha querida, jogando-se ao seu colo.

Sara nada disse, emocionada. Ao lado de Ignácio vislumbrou a figura do esposo morto, Isaac, sorridente, abrindo-lhe também os braços.

Enternecidamente, agarrou-se ao filhinho adorado, osculando-lhe as faces, numa explosão de ternura e amor.

Cada beijo que transmitia ao filho querido transfigurava-se em luz, como se as estrelas do firmamento descessem à Terra num cortejo de saudades indefiníveis.

Sara compreendeu que chegara a hora das despedidas. Abraçou-se mais fortemente ao filho amado e bradou a alta voz:

- Senhor, eis o teu filho!

Em seguida, demandou o aposento humilde onde dormia, acomodando Ignácio ao leito, carinhosamente.

Suave cantiga de ninar desprendeu-se de seus lábios emocionados e o pequenino adormeceu.

A visão espiritual de Isaac não cessara, contudo.

Sentia doer-lhe o peito como se uma mão invisível aos olhos humanos apertasse seu coração, que parecia bater em descompasso. Uma dor sufocante confrangeu-lhe os pulmões e a garganta. A cabeça girava, desnorteando-lhe os sentidos.

Num esforço supremo, ainda pôde gritar por socorro, desfalecendo à beira do quintal:

- Senhora!... Senhora Ruth!...

Pequena algazarra doméstica sucedeu-se.

Ruth apareceu aflita e pressurosa:

- Por Deus! O que houve, Sara?

Sara nada mais pôde dizer. Concentrava todas as suas forças para ainda uma vez mais lançar um olhar em direção ao aposento onde Ignácio dormia. Porém, todo o esforço derradeiro fora em vão. Seus membros tornaram-se hirtos como consequência imediata do fulminante ataque cardíaco que lhe absorveu as últimas forças físicas.

Pôde reparar, no entanto, que Ruth a aconchegava ao peito, em pranto convulsivo.

Compreendeu que a morte chegara. Indefinível sensação de paz a envolveu como por encanto.

Já não mais divisava a paisagem do mundo. Ouvia Isaac a chamar-lhe o nome para o reino de Deus, que Jesus anunciara.

Em plena noite, um manto de claridades desceu sobre o seu espírito. Eram amigos espirituais a felicitar-lhe no limiar da Vida Maior. Inúmeros rostos iluminados traziam-lhe sublime consolação.

Sara meditava: "Quem era ela, pobre mulher servidora, para merecer tamanhas bênçãos?"

Dentre os da falange de luz, de pronto reconheceu a presença inesquecível da mãezinha Raquel, a aconchegar-se ao seu coração.

Dominada pela emoção do reencontro, e pela saudade feita em alegria na Vida Eterna, exclamou, jubilosa:

- Minha mãe! Minha mãezinha!

E o espírito de Raquel respondeu-lhe:

- "Dorme, filhinha! Dorme em meu regaço materno para acordares amanhã no reino da Luz!"

Sara adormeceu no colo da mãe, seguindo para o Mais Além, junto à celeste caravana. Enquanto isso, na vivenda de Malaquias, a noite dominava em tristeza e saudade o coração desolado de todos.

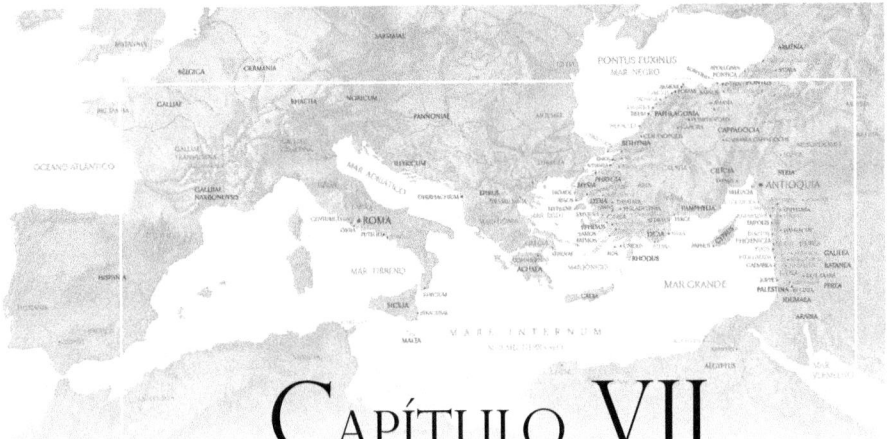

CAPÍTULO VII

PEQUENINOS

ANO 32

Meses transcorreram sem grandes novidades na vida de nossas personagens. Enorme pesar abatera a todos no ambiente familiar de Malaquias e Isabel, após a desencarnação de Sara.

Todos haviam se afeiçoado muito ao seu espírito dedicado. Por isso mesmo, na forja de seus corações, experimentados pela dor da separação, uma ternura saudosa havia restado como aço de sentimento mais purificado.

Desnecessário afirmar que a partida de Sara havia deixado grandes marcas na sensibilidade aguçada de Ruth. Não somente pela sincera amizade que lhe devotou, mas, principalmente, pelas graves responsabilidades que assumira na condução da vida ainda tenra do pequenino Ignácio.

Após os acontecimentos que a levaram a conhecer Jesus e a seus discípulos, Ruth tornara-se outra pessoa. Sentia vibrar em seu íntimo uma energia assaz diferente. Ignotas emoções tangiam-lhe as fibras mais profundas. Compreendera, num relance, as profundas razões da vida na Terra. Tudo, desde então, se lhe afigurava incrivelmente fugaz e passageiro.

Compreendia que todas as atribulações e dores, ainda que fossem das mais pungentes, haveriam de passar como um raio na eternidade do ser. Igualmente, todas as alegrias e conquistas deste mundo mais não eram que transitórias fagulhas de experiências no caminho das almas.

Concluía, com seu entendimento iluminado pela Boa Nova, que todas as ilusões de riqueza e poder, projeção social e destaque, beleza e fama haviam ruído em definitivo no imo de sua alma imortal. Haveria de viver de modo a internar a mensagem cristã no próprio peito. Aguardaria com paciência e resignação o estabelecimento do reino de Jesus no coração dos homens e para tanto estaria desde então disposta a colaborar com o Mestre da Luz, assumindo as próprias responsabilidades com devotamento e atenção. Não perderia tempo com as bobagens e futilidades tão ao gosto das jovens de boa condição social das tribos de Judá.

Os sucessos em torno da morte de Sara haviam-lhe mostrado o quanto era passageira a vida na Terra. Com a partida da serva querida, devotara-se com extremo cuidado e zelosa consideração ao futuro de seu filho Ignácio, deixado à sua guarda. Desdobrava-se, perante o espírito meigo do pequenino, em extremada solicitude na substituição da ausência física da mãezinha. Ignácio, por sua vez, guardara em seu tenro coração de criança a saudade mais acerba. Não compreendia a ausência da mamãe tão querida, embora retivesse com grande interesse a informação de que ela havia partido para o reino de Jesus. Sentia no íntimo que o Mestre nazareno deveria ser muito austero e importante, pois que lhe havia subtraído a presença dos queridos pais por razões superiores, embora não pudesse aceitá-las ou compreendê-las de imediato.

Seu jeitinho risonho e alegre dera lugar a uma inquietação melancólica. Perdera por algum tempo a vontade de brincar alegremente com os gêmeos da casa de Malaquias. Apegara-se com ardor à presença de Ruth, requisitando-lhe a atenção, em todos os instantes.

Ruth esforçava-se para ofertar ao menino o melhor que pudesse. Para tanto, lembrando-se das palavras diretas de Jesus, lançou mão do concurso de João Boanerges, requisitando dele maiores informes sobre a doutrina de amor do Messias.

Sempre que possível, buscava avistar-se com o apóstolo inesquecível. Seus encontros às margens do lago, nas praças singelas ou nos caminhos dos montes em Cafarnaum ficaram indelevelmente registrados em seu espírito.

Uma afinidade indefectível firmara-se entre eles desde que seus olhares se cruzaram, com o beneplácito do Mestre, a lhes unir as mãos. A cada nova tertúlia, em torno dos passos do Cristo, Ruth e João sentiam tanger as fibras mais remotas do seu existir, como se falenas celestes ali estivessem executando sublimes acordes da música do Infinito.

O amor estabelecera-se entre ambos de forma tão natural e espontânea que dir-se-ia haviam recebido dos céus precioso galardão milenar. Contudo, nenhuma expressão afoita, filha das paixões imediatistas, tomou-lhes os sentimentos.

Ambos, no primeiro olhar, compreenderam a extensão das próprias responsabilidades na renúncia de qualquer venturosa união terrena, em favor da difusão da mensagem cristã.

A cada encontro, os olhos fundiam-se na antevisão das alegrias imperecíveis do reino de Jesus, cada qual formulando mutuamente votos de devoção e fidelidade à causa maior do Mestre, na extensão da Boa Nova aos corações de quantos se lhes avizinhassem da senda.

Nesse particular, assumiram com imenso desvelo e carinho a condução espiritual do pequeno Ignácio.

Se Jesus manifestara grande esperança no pequenino filho de Sara e Isaac, tudo fariam para conduzir-lhe a tenra imaturidade no roteiro seguro do Cristo.

Ignácio já contava cinco anos de idade, aproximando-se do sexto ano de vida. Afeiçoara-se grandemente à bondade daquele homem a quem acostumou a chamar de Pai João.

João, por sua vez, regozijava-se imensamente ao identificar o imenso interesse do jovenzinho pelas parábolas de Jesus de Nazareth.

Certo dia, quando João, Ruth e o pequeno Ignácio palestravam despreocupadamente à beira do lago, o menino pediu, súplice:

- Pai João, um dia o senhor me leva para conhecer o Mestre Jesus?

Ao que João, emocionado, aquiesceu:

- Pois, sim, Ignácio! Nosso grupo de doze seguidores acompanhará Jesus a Betsaida. Tão logo regressemos a Cafarnaum levar-te-ei para conhecer o Mestre de todos os mestres!

O garoto sorriu de satisfação! Seu coraçãozinho mal podia esperar pelo grande momento de encontrar-se com Jesus. À noite, não pôde conciliar o sono. Angustiosa ansiedade fazia seu coração bater descompassado. Em vão tentou contar as estrelas do firmamento, a fim de adormecer. Parecia-lhe divisar a figura de Jesus em cada morada celeste, que brilhava na imensidão da noite constelada.

Dois dias transcorreram sem incidentes dignos de nota.

Súbito, Tiago, irmão de João, bateu à porta da vivenda de Malaquias, à procura de Ruth. Após cordiais saudações, inteirou-se Ruth que João pedira a Tiago que levasse o pequeno Ignácio até sua presença.

Ruth cedeu satisfeita, antevendo o momento tão esperado pelo menino de se avistar com Jesus. Na sequência, o menino abraçou-se a Tiago com grande alegria e os dois demandaram a ampla casa de Levi.

Pequenina praça antecedia os portões da vivenda de Mateus, palco de inúmeros ensinamentos ministrados por Jesus aos seus doze discípulos diretos.

Todos haviam regressado de uma peregrinação a Betsaida e às aldeias de Caesarea de Felipe. Já haviam se lavado e se reconfortado com sucos de frutas, figos e pães ofertados pelo anfitrião.

Quando Tiago chegou trazendo o pequenino Ignácio, os onze discípulos já haviam se assentado em derredor de Jesus, que permanecia de pé, na gramínea agreste a emoldurar de verde o ambiente da praça diminuta.

Os olhos de Ignácio, inebriados de júbilo, reconheceram naquela majestosa e meiga figura a pessoa de Jesus, que estava a falar com os discípulos.

Muda expectação dominou-lhe o coração ainda infantil.

Jesus simplesmente sorriu para ele.

Aquele sorriso amplo ficaria para sempre gravado na retentiva espiritual de Ignácio de Antioquia, onde quer que se encontrasse na esteira dos séculos vindouros.

Jesus, voltando-se para Simão Pedro, indagou-lhes:

- De que é que discorríeis pelo caminho?

Mas Simão Pedro, ou quaisquer dos discípulos queridos de Jesus, não respondeu, guardando profundo silêncio.

Na verdade, todos se envergonharam diante da pergunta do Mestre amado, porque durante o caminho pequena contenda havia se estabelecido entre eles, que discutiam entre si sobre quem era o maior no reino dos céus.

Jesus, assentando-se no meio deles, chamou um por um pelo nome, devassando cada qual com seu olhar de profunda advertência. Cada um que era citado nominalmente abaixava a cabeça, tomado de desapontamento, as faces ruborizadas.

Jesus disse-lhes:

- Se alguém quiser ser o primeiro no reino dos céus, será o último e servo de todos!

Em seguida, voltando-se para o pequenino Ignácio, que se encontrava imóvel no colo de João, tomou-o generosamente nos braços e o colocou no meio dos doze.

Acariciando com indefinível ternura os cabelos do menino, continuou:

- Em verdade vos digo que se não vos converterdes e não vos tornardes como crianças, de modo algum entrareis no reino dos céus. Portanto, aquele que se humilhar como esta criança, este é o maior no reino dos céus. E qualquer um que receber uma criança, tal como esta, em meu nome, a mim me recebe; e qualquer um que a mim me receber, não recebe a mim, mas ao Pai que me enviou. Porque aquele que dentre vós for o menor de todos, este é que é grande!

Eflúvios de inefável irradiação de paz dominaram o espetáculo do crepúsculo no horizonte.

Forte emotividade apossou-se do espírito de cada discípulo do Senhor, guardando estes indefinível silêncio ante a lição inesquecível.

Inebriado com a sensação de ignota ventura, Ignácio adormeceu nos braços ternos e amorosos de Jesus.

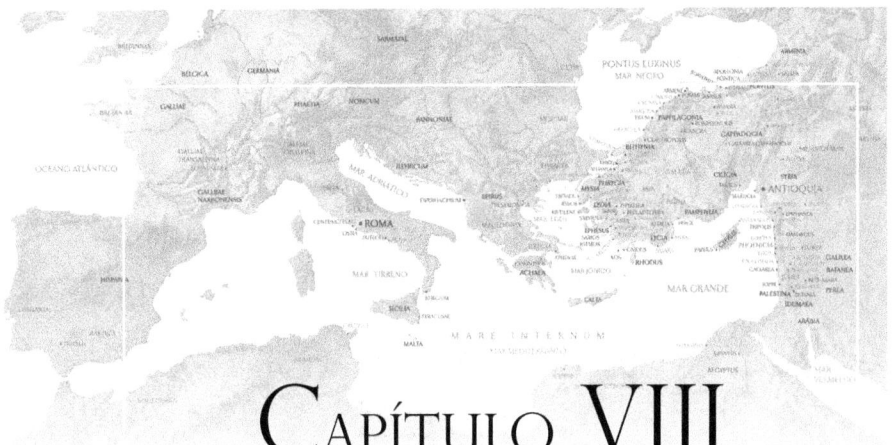

Capítulo VIII

Sacrifício

ANO 32|33

Daí a alguns dias Jesus deixou as paragens da Galilea querida, seguindo para o território da Judea, para além do Jordão.

João, filho de Zebedeu e Salomé, seu discípulo querido, havia devolvido aos cuidados de Ruth o pequeno Ignácio, informando-lhe dos planos do Mestre.

Aquelas duas almas unidas pelos laços do mais puro sentimento de amor despediram-se com o espírito confrangido.

Dentro do peito, intuíam que nuvens de espessas tempestades aproximavam-se de seus sonhos de ventura às margens plácidas do Tiberíades amigo, naqueles inesquecíveis dias ensolarados de fraternidade e de amor com a convivência mais próxima do Mestre adorado.

João, com inexcedível doçura no olhar, generosamente osculou as delicadas mãos de Ruth, dizendo-lhe:

- Ruth, querida, não guardemos ansiedades mundanas, aprisionando nossos sentimentos mais puros de união e de amor sob as bênçãos de Deus, nosso Pai. Nosso coração será a prisão temporária que nos fortalecerá os laços mais sacrossantos de alma para alma, com vistas ao porvir. Não ignoremos de nós mesmos que todos os sonhos meramente terrestres são fugazes relampejos no céu de nossas existências e, certamente, passarão com a velocidade de um raio. A nós nos cabe somente seguir o apelo maior de nosso Mestre e Senhor Jesus na construção espiritual do reino de Deus na terra inóspita dos corações dos homens desviados e infelizes. Guardemos a certeza de que não viemos ao mundo para sorrir de ventura nas alegrias pueris que passam num átimo. Aqui estamos no desempenho de sagradas obrigações para com Jesus. Tudo o que pudermos recolher de melhor em nosso íntimo deveremos ofertar em forma de colaboração e auxílio desinteressado e puro a favor da Boa Nova de redenção que a mensagem do Evangelho preconiza. Pressinto que penosos sacrifícios e árduas renúncias nos esperam no caminho à frente. Sigo para Jerusalém com grande aperto no coração, porque não ignoro que o testemunho está próximo. Não te entristeças, contudo, com minhas palavras francas e sinceras. Não desertarei de meus sagrados compromissos com o teu coração adorado e com a ave tenra abandonada aos teus cuidados. O pequeno Ignácio estará em minhas cogitações de cada dia e em minhas preces a todo instante. Devo aguardar, no entanto, um momento mais propício para ajudá-la no mister iluminado de educá-lo para Jesus. Assim que for possível, retornarei a Cafarnaum ou mandarei um emissário avisar-te de meus passos para que nos reencontremos para a desincumbência de nossos compromissos com o rapazinho querido.

Ruth enxugava as lágrimas serenas que lhe cobriam o rosto. As faces rosadas tinham mais luz emoldurando o brilho intenso de seus olhos lúcidos.

A voz meiga e generosa somente pôde dizer a João:

- Segue, João, com a bênção de Deus amoroso. Confio em teu sagrado mister junto de Jesus. Aguardarei, confiante, o momento de nosso reencontro, para que me ajudes a deliberar acerca do futuro de nosso Ignácio. Apenas temo ficar sozinha nessa tarefa que o Senhor me confiou.

- Não temas, Ruth! Confia e espera. - retrucou-lhe João Boanerges.

- Certa que sim, meu querido! Pede a Jesus que nos abençoe de longe, de onde estiver e, por nossa vez, estaremos fortalecidos!

João sorriu, feliz com a demonstração firme da fé daquela alma sincera e leal.

Despediram-se com os olhos úmidos. João beijou a cabeça do pequeno Ignácio, que ressonava junto ao colo acolhedor de Ruth.

O tempo passou célere, com a vertiginosa força que coloca em ordem, na pauta dos dias incessantes, os acontecimentos marcantes para o amadurecimento da Era do Espírito.

Jesus, o Mestre querido, havia se dirigido para Jerusalém, acompanhado de seus doze discípulos, para pôr termo à sua missão de luz na face escura da Terra dos homens.

Para tanto, seguiu da Galilea para a Judea, atravessando as coletividades pequenas de além do Rio Jordão, demandando Bete-Arabá, Jericó e Betfagé, até entrar triunfante na capital dos judeus.

Em breve tempo, contudo, sombras espessas se abateram sobre a ingênua alegria de seus seguidores mais sinceros.

Os sucessos da traição de Judas Iscariotes, nas armadilhas dos sequazes de Caifás, levaram o Mestre de Amor a expiar a morte infamante na cruz do extremo sacrifício, entre dois malfeitores comuns, no calvário que o imortalizaria nos registros espirituais do coração humano da Terra ingrata.

Dentre todos os discípulos mais diretos, João Boanerges fora o único a seguir-lhe abertamente os derradeiros passos.

Seu coração dedicado não pôde furtar-se à solidariedade extrema, e, intimorato, sem temer quaisquer consequências ignóbeis que se lhe pudessem impingir diante de sua devoção sincera e amorosa, acompanhou Jesus de Nazareth até à hora extrema.

Vez por outra, amparava com seu carinho o espírito exausto de Maria, mãe de Jesus, ralado de angústia.

O Senhor, por diversas vezes, dirigiu a ele significativo e inesquecível olhar de gratidão.

Passada a hora sexta do martírio injusto, à hora nona, o Mestre recobrou todas as suas forças e, após lançar profundo olhar aos que acompanhavam seu pungente desfecho, no alto da cruz da ignomínia, exclamou em tom solene a derradeira mensagem que deixaria ao mundo desviado e enfermo:

- "Eli, Eli, lemá sabactâni!"

Nesse instante, o pequeno e amoroso grupo, que o seguia mais de perto, tendo João Boanerges e Maria, mãe de Jesus, à frente, aproximou-se um tanto mais.

Maria fora amparada em sua dor por sua prima Isabel e pela amizade das que a seguiam mais de perto como Maria de Magdala, Salomé de Zebedeu, mãe de João e de Tiago, o Maior, Maria Cleofas, mãe de Tiago, o Menor, e de José Tadeu, além de Joana de Cusa e de Suzana.

João aproximou-se mais ainda de Jesus, continuando a ouvir-lhe a prece derradeira:[1]

- Deus meu, Deus meu, por que me desamparaste? Por que se acham longe de meu salvamento as palavras do meu bramido?

E passou a balbuciar, quase imperceptivelmente:

- Deus meu, clamo de dia e não me respondes; também de noite, porém não tenho sossego. Contudo, Tu és santo, entronizado entre os louvores de Israel. Nossos pais confiaram em Ti, e os livraste. A Ti clamaram, e se livraram; confiaram em Ti e não foram confundidos. Mas eu sou verme, e não homem; opróbrio dos homens e desprezado do povo. Todos os que me veem zombam de mim; afrouxam os lábios e meneiam a cabeça: confiou no Senhor! Livre-o ele, salve-o, pois nele tem prazer. Contudo, Tu és quem me fez nascer; e me preservaste, estando eu ainda ao seio de minha mãe. A Ti me entreguei desde o meu nascimento; desde o ventre de minha mãe Tu és meu Deus. Não Te distancies de mim, porque a tribulação está próxima, e não há quem me acuda. Muitos touros me cercam, fortes touros de Basã me rodeiam. Contra mim abrem

---

[1] Vide nota do autor espiritual à página 525.

as bocas, como faz o leão que despedaça e ruge. Derramei-me como água, e todos os meus ossos se desconjuntaram; meu coração fez-se como cera, derreteu-se-me dentro de mim. Secou-se meu vigor, como um caco de barro, e a língua se me apega ao céu da boca; assim me deitas no pó da morte. Cães me cercam; uma súcia de malfeitores me rodeia; traspassaram-me as mãos e os pés. Posso contar todos os meus ossos; eles me estão olhando e encarando em mim. Repartem entre si as minhas vestes, e sobre a minha túnica deitam sortes. Tu, porém, Senhor, não Te afastes de mim; força minha, apressa-Te em socorrer-me. Livra a minha alma da espada, e das presas do cão a minha vida. Salva-me das fauces do leão e dos chifres dos búfalos; sim, Tu me respondes. A meus irmãos declararei o Teu nome; cantar-Te-ei louvores no meio da congregação; vós que temeis o Senhor, louvai-O; glorificai-O, vós todos, descendência de Jacó; reverenciai-O, vós todos, posteridade de Israel. Pois não desprezou nem abominou a dor do aflito, nem ocultou dele o rosto, mas o ouviu, quando lhe gritou por socorro. De Ti vem o meu louvor na grande congregação; cumprirei os meus votos na presença dos que O temem. Os sofredores hão de comer e fartar-se; louvarão o Senhor os que O buscam. Viva para sempre o vosso coração. Lembrar-se-ão do Senhor e a Ele se converterão os confins da Terra; perante Ele se prostrarão todas as famílias das nações. Pois do Senhor é o reino, é Ele quem governa as nações. Todos os opulentos da Terra hão de comer e adorar, e todos os que descem ao pó se prostrarão perante Ele, até aquele que não pode preservar a própria vida. A posteridade O servirá; falar-se-á do Senhor à geração vindoura. Hão de vir anunciar a justiça Dele; ao povo que há de nascer contarão que foi Ele quem o fez.

João, que a tudo ouvia inexplicavelmente surpreendido, não pôde atinar de imediato que aquela prece derradeira era a confirmação final das Sagradas Escrituras[2] com relação à sorte do Messias na Terra, em sua aparente derrota, prenunciando a vitória do Cristo de Deus no coração dos homens de todas as nações nos séculos vindouros.

---

[2] Vide nota do médium à página 526.

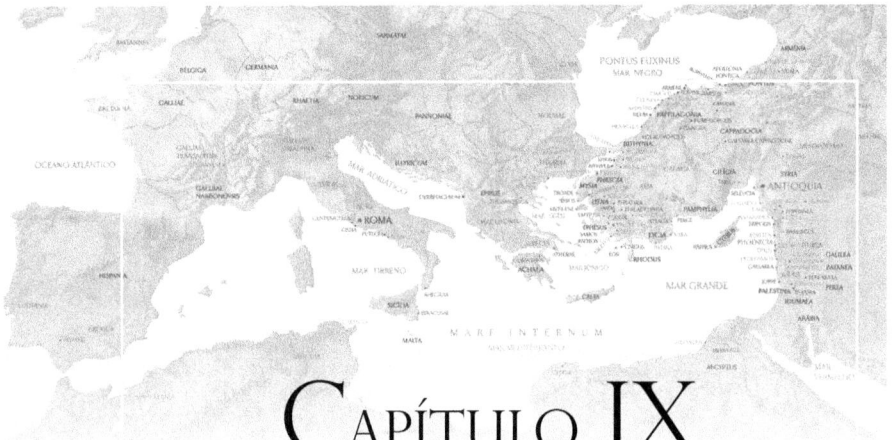

CAPÍTULO IX

RESSURREIÇÃO
ANO 33

Após a sentida prece do Senhor, João amparou mais de perto o sofrido coração de Maria de Nazareth.

Antes de partir para as glórias celestiais, Jesus ainda entregou o coração de um ao outro:

- Mãe, eis aí o teu filho! Filho, eis aí a tua mãe!

Depois de mais alguns instantes, exclamou com os olhos fitos nos céus:

- Tudo está consumado!

E, inclinando a cabeça, rendeu o espírito.

Jesus expirara na cruz.

Nas luzes do Infinito, podia-se ouvir maravilhosa sinfonia celestial nas vozes maviosas de representantes angélicos, saudando a vitória da luz num coro em uníssono.

Ao lado do Mestre inesquecível, que retornava aos páramos da Vida Verdadeira, os espíritos de Moisés e de Elias o saudaram, envoltos em claridades sublimes.

Uma cortina de feérica luminosidade cruzou o firmamento, fazendo-se visível numa explosão de luz junto ao Senhor, que regressava do supremo sacrifício na face da Terra.

Era Gabriel, o anjo emissário da palavra divina, que viera da parte de Deus saudar a Jesus.

Aquela assembleia tríplice ao lado do Cristo reunira-se para deliberar os próximos passos da missão do Salvador da humanidade, a fim de que os véus da morte fossem finalmente, e para sempre, rasgados nas luzes da ressurreição.

Naqueles instantes sublimes, Jesus, Gabriel, Moisés e Elias acordaram que o Cristo ainda permaneceria nas zonas espirituais próximas à crosta terrestre antes de subir ao Pai, para daí a três dias ressurgir, em espírito, junto à presença de Maria de Magdala,[1] dos discípulos queridos e dos mil seguidores da Galilea chamados mais diretamente a colaborar no mundo com a extensão da Boa Nova aos corações humanos.

Na terra de ilusões e de fantasias dos homens ignorantes e enfermos, uma enorme tempestade caiu sobre Jerusalém, envolvendo-a em sinistros presságios.

A natureza em revolta manifestava o desacordo aos sucessos do calvário.

Raios, trovões, chuva torrencial e um grande tremor de terra abalaram a capital dos judeus.

O populacho corria assombrado e assustadiço, temeroso de si mesmo.

Desde o instante supremo, João amparara Maria de Nazareth com desvelada ternura.

Abandonaram a passo lento as cercanias do Gólgota em direção à casa de Maria Marcos, dedicada servidora do Cristo, possuidora de ampla vivenda nas proximidades da estrada tércia.

Desde quando viera ter com Jesus, em Jerusalém, Maria de Nazareth se tornou a hóspede ilustre de Maria Marcos, acomodando-se em sua casa.

A generosa senhora, viúva e mãe do jovem João Marcos, era pródiga em ofertar gentileza e carinho, hospitalidade e recursos a todos os seguidores de Jesus Nazareno, que lhe batiam à porta.

Detentora de amplos recursos materiais, que a digna viuvez havia lhe prodigalizado, não hesitava em movimentá-

---

[1] Vide nota da editora à página 526.

-los a benefício das atividades de difusão da mensagem do Cristo.[2]

João Boanerges a conhecera por indicação do dedicado seguidor de Jesus, discípulo de Simão Pedro, o ex-levita de Cyprus, de nome José Barnabé, irmão de Maria Marcos.

E por isso, após os tristes episódios da cruz, os três se reuniram novamente junto à hospitalidade de Maria Marcos, de João Marcos e de sua servidora Rode.

A noite envolveu a cidade com suas sombras costumeiras. Penoso silêncio estabeleceu-se na residência dos Marcos. Ninguém ousava quebrar a ansiosa expectativa, externando suas mais pungentes dúvidas sobre os últimos acontecimentos.

Mas se a palavra terrena não ousava manifestar-se pela língua dos homens, suas mentes gritavam dúvidas atrozes num burburinho quase desolador.

Por toda a Jerusalém, os seguidores de Jesus, dantes entusiasmados com sua doutrina de amor, esquivavam-se temerosos da própria situação. Na mente de todos, uma só indagação ecoava, retumbando o mais profundo desalento: "Por que, Senhor? Por quê?"

Três dias se passaram até que a notícia gloriosa percorreu toda a cidade: Maria de Magdala havia visto o Senhor!

Em breve tempo, o angustiante silêncio fez-se em grande algazarra!

O falatório eclodiu com força. Opiniões sucediam-se intempestivas. Desencontro de informações gerava nova inquietude no ar.

A grande alegria da volta de Jesus misturava-se à reprimenda e à dúvida de muitos:

- "Mas como? O Senhor voltou da casa da morte para se mostrar a uma mulher reconhecidamente de má vida? Como

---

[2] Vide nota do revisor doutrinário à página 526.

pode ser isso? Como aceitar semelhante acontecimento sem reservas? Por que razão misteriosa Jesus escolhera Maria de Magdala para dar a notícia da ressurreição? Poderia a Boa Nova da vida eterna vir ao mundo pela boca de uma prostituta?"

Os ânimos se exaltavam.

Em breve, novos acontecimentos incendiaram os corações:

- "Onde estaria o corpo de Jesus? Que teria sido feito dos despojos sagrados do Cristo?"

Em casa de Maria Marcos, a contenda também se instalara. Diversos amigos e seguidores do Nazareno ali acorriam em busca de notícias novas, sabedores de que Maria de Nazareth lá estava.

A serena Senhora atendia a todos com bondade e paciência.

No íntimo, rejubilava-se com a notícia de Maria de Magdala, compreendendo-lhe o sublime alcance. Nenhuma sombra de dúvida lhe enevoou o pensamento lúcido.

Seu coração não se enganava.

Seu filho adorado, Jesus, o Cristo de Deus, voltara da morte para o testemunho supremo da vida eterna.

A morte fora vencida para sempre na face da Terra.

Tinha grande alegria no coração ao sentir a verdade nas palavras de Madalena.

Sabia que aquela aparição de Jesus converter-se-ia em grande ensinamento para todos quantos se lhe aproximassem da mensagem de verdade e vida.

Madalena representaria para o mundo a quebra de todas as aparências e de todos os enganos.

As exterioridades do mundo dariam lugar às realidades do espírito.

A outrora pecadora perante os olhos do mundo converter-se-ia na mensageira da redenção.

Todos eram convocados à renovação espiritual com o Cristo, não importando jamais os erros e as culpas de enganos passados.

Maria meditava a grandeza da mensagem de seu Filho,

que retornava do Além para a alegria de todos.

Enfim, compreendera que a mensagem do Evangelho era a grande notícia da vitória espiritual do homem sobre si mesmo, pela redenção final do espírito, em alegria, amor e luz!

Tudo isso entendera o coração magnânimo de Maria.

Contudo, o ambiente em torno estava turvo nas águas da discórdia.

Os próprios discípulos mais diretos do Cristo não aceitavam a presença de Maria Madalena entre eles.

Vendo que seria inútil recomendar suas reflexões mais íntimas aos doze apóstolos de seu Filho amado, preferiu silenciar, esperar e orar.

Sugeriu, com imensa ternura e sabedoria, que Maria de Magdala partisse de Jerusalém de volta a Cafarnaum, no que foi prontamente atendida.

Perante os discípulos de seu Filho, externou suas ponderações apenas a João Boanerges, a quem passou a considerar como filho dileto.

Dele solicitou o obséquio de providenciar, por sua vez, sua viagem para as terras de parentes distantes - preferia aguardar o desenvolver dos acontecimentos longe do burburinho e das tramas de Jerusalém.

João tudo fez para que a generosa matrona, mãe do Senhor, seguisse viagem com conforto e consideração.

Maria Marcos também se desdobrou no atendimento às necessidades mais diretas da iluminada hóspede.

Após a partida de Maria para as terras distantes da Batanea, João Boanerges, José Barnabé e Maria Marcos se reuniram em animada palestra.

A ressurreição de Jesus lhes envolvia em sublimes esperanças do coração:

- Decerto o Senhor se mostrará a nós outros também, dentro em breve! - disse João, satisfeito.

- Assim seja, e louvado seja Deus! - exclamou Maria Marcos.

- Também espero que assim seja! - redarguiu, por sua

vez, José Barnabé, continuando: - Contudo, uma coisa ainda me intriga. Não obstante os esforços de José de Arimateia e de Nicodemus para guardar o corpo do Senhor livre da curiosidade e do vilipêndio dos assaltantes e inconsequentes, fanáticos e loucos, por que razão o seu desaparecimento?

João e Maria Marcos acompanhavam o seu raciocínio com interesse.

- Hoje pela manhã, meditando as notícias gloriosas da ressurreição e o desaparecimento dos despojos do Cristo, veio-me à mente uma intuição curiosa. Surgiu-me a ideia de que o próprio Cristo, por processos que nós desconhecemos na Terra, deliberou a rápida decomposição de seus despojos, que se desfizeram em instantes, para que nós não nos ocupássemos com as questões materiais e sim nos detivéssemos no exame das questões espirituais para sempre! Parece-me que a mensagem do desaparecimento do corpo de Jesus e sua sequente ressurreição para Maria Madalena nos indica para todo o sempre a transitoriedade da matéria terrena e a realidade maior do espírito imortal!

João, ouvindo tão elevados conceitos, tomou-se de surpresa, quedando-se pensativo sobre a luz que se derramava de Mais Alto pela palavra simples e amorosa de José Barnabé.

Após ligeiro repasto, os três se recolheram ao sono reparador. Todos, até o próprio José Barnabé, sua irmã Maria Marcos, e João, filho de Zebedeu, adormeceram assombrados com a origem daqueles pensamentos, certamente atribuindo-se-lhes a fonte aos mananciais da intuição espiritual superior.

CAPÍTULO X

PERSEGUIÇÃO
ANO 34

As alegrias iniciais dos seguidores do Caminho, que Jesus de Nazareth havia deixado como roteiro de progresso e aperfeiçoamento aos corações de boa vontade, não tardaram em esmorecer.

Nuvens de sombras espirituais se aproximavam, ardilosas, daqueles espíritos escolhidos para a primeira semeadura da Boa Nova do Cristo junto aos corações humanos.

Tencionavam, em vão, subtrair-lhes da divina influenciação superior que lhes guiava os passos, ainda incertos e vacilantes, rumo ao Alto.

Para tanto, contaram continuar com sua perseguição invisível ao Evangelho, após a morte de seu Fundador no madeiro da infâmia, arregimentando espíritos inquietos e apegados excessivamente aos rigorismos das interpretações e às comodidades das conveniências.

Não eram estes ignorantes, como muitos supõem, mas sim espíritos de milenária bagagem no raciocínio e na inteligência, muito embora ainda demasiadamente presos às próprias concepções de poder, domínio e preponderância sociopolítica e econômica.

Alguns poucos dentre eles haviam se sensibilizado sobremaneira com o apelo vivo do Cristo, chegando a empreender vigorosa reforma íntima em suas organizações espirituais.

Fora este o caso dos inesquecíveis José de Arimateia, Nicodemus e Gamaliel, sem nos esquecermos da figura de Zaqueu, Oseias Marcos e Samuel Natan.

A maioria, contudo, desprezou, sem remorsos, a sagrada ocasião que a Providência Divina houve por bem ofertar--lhes no contato com a Luz.

Outros somente acordariam para o seu chamado mais adiante, deixando-se temporariamente dominar pelos agentes das sombras, interessados na manutenção da ignorância espiritual entre os homens.

Saulo de Tarsus conta-se no rol desses últimos. Sua poderosa organização mental, a princípio, rejeitou profundamente a mensagem de Jesus, tido por ele como obscuro fanático, pusilânime e visionário, fraco e louco filho de um carpinteiro anônimo.

Ensandecido em sua ideia de subjugação das consciências pela força, que o poder e a posição social lhe facultavam, propôs-se a presidir amplo movimento de perseguição às ideias revolucionárias de Jesus. Detestava as pregações da Casa do Caminho a que estivera presente em pessoa e onde fora ferido em seu orgulho pela sabedoria franca e sincera de Estêvão.

De nada valeram as públicas humilhações impingidas em nome da lei, no Sinédrio,[1] ao famoso pregador. Revoltara--se intimamente com a conversão de dois maiorais do templo, Oseias Marcos e Samuel Natan, logo após a pregação de Estêvão junto ao Sinédrio. Desde então, presidiu todas as forças de combate desassombrado contra os ideais daqueles galileus, considerados subversivos.

Pesadas nuvens baixaram sobre o ânimo dos seguidores da nova doutrina de amor e luz.

Estêvão foi apedrejado no espétaculo de crueldade e rudeza a que toda a alta classe judaica compareceu, no templo principal de suas mais sagradas tradições.

---

[1] Vide nota da editora à página 526.

Sob as ordens de Saulo, o doutor de Tarsus, Simão Pedro, João Boanerges e Felipe foram encarcerados, faceando a ameaça da morte.

No desenrolar dos acontecimentos, uma ampla rede colaboracionista se instalou em torno de Saulo de Tarsus, atraindo para seus nefastos propósitos uma enorme gama de bajuladores, mais preocupados em dar vazão aos seus criminosos projetos particulares do que propriamente em defender a lei e os profetas da Casa de Israel.

Ao menor sinal de delação, muitas vezes de forma obscura e sem o devido rito processual necessário para um julgamento isento e equitativo, famílias inteiras foram presas em Jerusalém. Seus bens foram sumariamente confiscados a benefício de sequazes infelizes, que promoviam a delação como meio de ascender socialmente.

Dramas pungentes e obscuros tiveram lugar naqueles tempos infelizes. O nefasto movimento expandiu-se para além da capital dos judeus, atingindo os sítios distantes da Galilea que havia recebido a presença direta do Cristo.

A situação fugiu ao controle do próprio Saulo de Tarsus, que não poderia imaginar as criminosas intenções e as torpes empresas daqueles que tão pronta e afoitamente se dispuseram a segui-lo na obscura empreitada de capturar os seguidores do Nazareno.

Entre os primeiros cristãos instalara-se o medo, este muito natural diante das horríveis histórias de torpezas que se espalhavam como um raio, elevando as apreensões e as ansiedades da mente popular. A grande maioria desses primeiros seguidores de Jesus, ainda vacilante e temerosa, ao ser defrontada pela prova do testemunho, recuou com covardia, abjurando vergonhosamente o Mestre dos mestres, que tanto os havia prodigalizado em amor e verdade.

O nefando espetáculo das misérias humanas não tardou a chegar em Cafarnaum.

Rico e poderoso comerciante da Galilea, natural da cidade de Nazareth, Felipe interessava-se por se instalar com maior preponderância no comércio em Cafarnaum.

A cidade, contudo, tinha já seus principais do comércio, prósperos e convenientemente instalados.

Dentre eles, Malaquias se destacava cada vez mais.

As desavenças entre Malaquias e Felipe de Nazareth eram cada vez mais públicas e notórias.

Felipe não se conformava com o destaque e o sucesso de Malaquias e de sua família.

Todos os movimentos em torno da casa de Malaquias não passavam desapercebidos pelos espiões comissionados por Felipe para vigiarem o concorrente detestado.

Quando o movimento de perseguição aos companheiros do Cristo eclodiu, os olhos de Felipe, cheios de cobiça, brilharam diferente. A partir de então, passou a engendrar, no íntimo, obscuro projeto.

A mando do Sinédrio em Jerusalém, chegara o enviado Esdras para os primeiros interrogatórios em Nazareth.

Felipe, dada a elevada distinção de sua posição social na cidade, logo tratou de abeirar-se do agente das sombras.

Ofereceu-lhe lauto banquete em sua homenagem, na rica residência em que orgulhosamente ostentava suas conquistas exteriores de riqueza e poder.

O visitante Esdras e seus comandados folgaram de satisfação com a hospitaleira acolhida, impressionando-se com a recepção calorosa.

Naquela mesma noite, a amizade filha do interesse meramente material instalou-se em seus espíritos pouco dados à reflexão.

Ali mesmo, Felipe de Nazareth discorreu com maestria contra a influência daquele Jesus, que, segundo a sua mente obtusa, vinha espalhar a desordem e a vergonha.

Saudou os representantes de Anás e de Saulo de Tarsus com incenso bajulatório, conquistando-lhes a simpatia para seus escusos objetivos.

Sua exposição meticulosa relacionou estudadamente os desvios da lei judaica que aconteciam com notoriedade na cidade vizinha de Cafarnaum, às margens do Mar da Galilea.

Para a impressionável mente dos legados do Sinédrio, exagerou quadros de perversão e desvios que, em verdade, nunca existiram. Cuidadosamente dispôs seu relato, de modo a nomear um a um, seus concorrentes empresariais, como cabeças da revolução galileia.

Munido dos informes de seus espiões, colocou Malaquias, sua esposa, seus filhos e sua irmã Ruth no centro do movimento revolucionário junto das famílias humildes de Zebedeu, de Alfeu, de Jonas e do intendente de Herodes Ântipas para a coletoria de impostos do reino, o publicano Levi Mateus.

Satisfeito com a penosa impressão que causava no íntimo dos visitantes ilustres, começou, em seguida, a sugerir planos e providências inadiáveis para sufocar a terrível revolta.

Mal sabiam aqueles corações sinceros e simples de Cafarnaum da Galilea que o destino lhes reservava tão acerbos sacrifícios.

A breve tempo, o planejamento sombrio engendrado na mente desviada de Felipe tomava corpo nos propósitos de Esdras e de seus sequazes. Diversas providências foram tomadas. Dias depois, uma cortina de sombras baixou sobre Cafarnaum. Prisões foram efetuadas sem qualquer apelação. A corporação policial submeteu-se sem reservas aos tristes ordenantes, descuidada dos ritos da lei. A autoridade dos anciãos da cidade, que era reunida vez por outra em conclave, onde a voz da experiência se fazia ouvir como genuíno tribunal conselheiral, foi totalmente desprezada. Em vão clamaram o bom senso e a ponderação das mais destacadas figuras da paisagem social de Cafarnaum. O legado Esdras a todos encarcerou, sem piedade.

A voz de prisão não se fez demorar na vivenda de Malaquias. Em questão de minutos, toda a família e o pequeno Ignácio, com os olhos assustados, foram trancafiados num calabouço imundo, em meio às súplicas e a lamentos pungentes de outros tantos também colhidos pela tenebrosa empresa.

Malaquias e sua mulher Isabel desesperaram-se, separados que foram dos filhinhos queridos. Não podiam compreender o que se passava. No íntimo, guardavam grande simpatia pelas notícias acerca de Jesus, que Ruth e Sara amavam tanto. Mas, de si mesmos, nunca participaram de quaisquer reuniões em torno do Nazareno. "Que mal poderia o Profeta significar ao mundo, se sua palavra somente inspirara a mansidão e a brandura aos seus seguidores? Que seria de seu futuro? Que dizer dos filhinhos adorados, apartados à força de seu convívio?"

Àqueles pensamentos somava-se a revolta de sua desesperadora e injustificável prisão. Isabel desmanchava-se em lágrimas. Malaquias a tudo assistia atônito, sem aquilatar a extensão das torpezas arquitetadas por seus inimigos.

Em outra cela, mais distante, Ruth mantinha-se serena e confiante. Espírito forte e resoluto, guardara nas fibras mais íntimas do ser a viva chama da confiança e da fé na Providência Divina.

Ignácio, ainda criança, agarrara-se ao seu colo acolhedor. Seu coraçãozinho assustado batia apressado, em descompasso. Não podia compreender a rudeza com que sua família pelo coração havia sido tratada e a razão de estarem ali, na escuridão daquele catre imundo.

Ruth acariciava levemente os cabelos do menino e, induzindo-o ao sono, disse-lhe:

- Dorme, Ignácio. Dorme em meu colo, sem medo. Amanhã é um novo dia e a bondade de Jesus, nosso Senhor, não nos faltará!

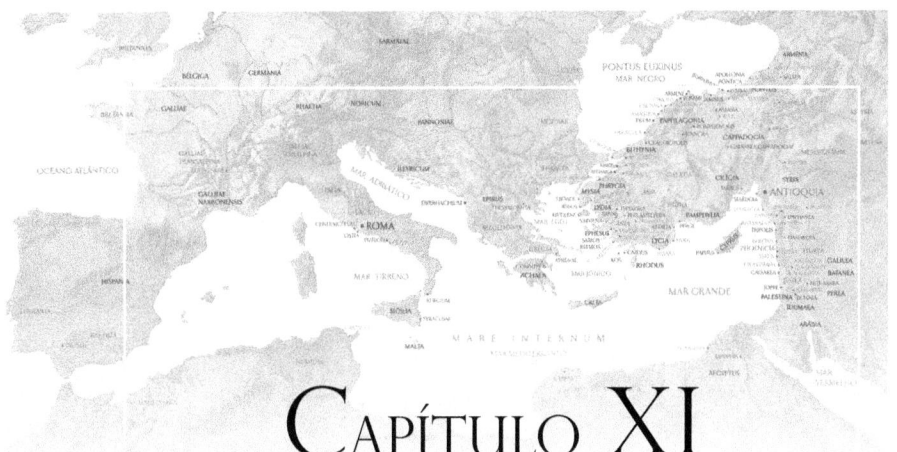

CAPÍTULO XI

ENCARCERAMENTO
ANO 34

A cena triste do cárcere escuro e os sombrios rostos dos asseclas de Esdras em seus torpes propósitos haviam espalhado o terror naquelas almas sinceras, vilmente trancafiadas.

Os menos preparados na fé e na confiança em Deus abatiam-se em desesperação e desalento. Julgavam-se irremediavelmente perdidos diante das tenebrosas ameaças a se desdobrarem frente ao seu lamentoso destino.

Famílias inteiras foram deixadas incomunicáveis nos calabouços imundos, sem qualquer humanidade ou direito de apelação. Penoso silêncio lhes afligia o coração, inflamando--se-lhes os pensamentos com o fogo da revolta, no combustível da negação e da dúvida.

Raras almas, contudo, permaneceram fiéis perante a inesperada provação espiritual. Mantiveram no semblante imperturbável serenidade e, muito embora abatidas momentaneamente, guardavam no íntimo a certeza sem mácula na Providência dos Céus.

Da família de Malaquias, apenas Ruth fizera-se representante desse último grupo.

Resoluta em sua fé, dispôs-se a sorver a taça de fel que a vida lhe ofertara, a fim de testemunhar o seu amor ao Messias.

Sentia no peito a dor da ocasião como oportunidade única de exemplificar em si mesma a mensagem de temperança e de perdão que o Evangelho de Jesus preconizara.

Pensava, com firmeza de propósitos, que nenhuma adversidade haveria de alterar-lhe a certeza de que o reino do Senhor não estava neste mundo dos homens, cheio de enganos infelizes.

No coração dedicado, sentia uma torrente de profundos sentimentos de amor a verter incessante na direção dos verdugos e dos algozes. "Se conhecessem de fato a Jesus Nazareno, como ela o havia conhecido, certamente não estariam ali perpetrando os absurdos propósitos das sombras", pensava Ruth em seu cismar.

Nos instantes do aprisionamento injustificável, Ruth voltara seus olhos aos companheiros infelizes de cela.

Pusera-se imediatamente no afã de amparar a todos. Consolava os mais aflitos. Trazia a palavra de alegria e bom ânimo aos mais tristes e desalentados. Levantava os caídos em depressão nervosa, com seu sorriso acolhedor. Aos doentes e enfermos do cárcere fétido, oferecia o bálsamo de sua prece sincera, acendendo-lhes a lâmpada da fé no próprio coração.

Os dias corriam sem pausa. De quando em vez, algum companheiro de infortúnio era levado para interrogatório incompreensível. Ao longe, ouviam-se clamores e gritos, denunciando condenáveis cenas de tortura e morte. Alguns retornavam mais abatidos, trazendo no corpo as chagas de crimes ocultos. Outros não retornavam jamais. Quando a situação acalmava por alguns dias, novos prisioneiros eram trazidos para as celas imundas.

Semanas se passaram nessa situação, sem que Ruth sequer fosse interrogada, ou que tivesse qualquer notícia de seu irmão Malaquias e da família tão querida.

No íntimo, sabia que podia temer o pior, mas guardava-se na fortaleza da prece, entregando a Deus os seus mais sombrios presságios.

De fato, Malaquias, Isabel e os meninos foram covardemente apartados. O projeto ignominioso de Felipe de Nazareth se consumara, com o beneplácito e a simpatia dos sequazes de Esdras.

Malaquias, considerado um dos principais da rebelião galileia, fora encarcerado numa solitária asquerosa, incomunicável.

Isabel, após oito semanas de cruentas provações no cárcere, fora levada a estranho tribunal. Desrespeitada em sua dignidade mais íntima, forçaram-na a abjurar da fé no Cristo Jesus, incutindo-lhe na mente assustadiça as mais tenebrosas ameaças de degredo e de morte.

- Abjura, abjura! - gritaram-lhe incessantemente aos ouvidos os julgadores impenitentes, apavorando sua sensibilidade de esposa e de mãe, com promessas de morte aos filhinhos.

Exausta de sofrer, a infeliz, genuflexa, só pôde exclamar num acesso de choro convulsivo:

- Eu abjuro a esse Jesus. Eu abjuro! Nego minha fé em sua estranha doutrina de igualdade e de amor. Sou judia no corpo e na alma temente a Deus, nosso Todo-Poderoso da Casa de Davi!

Ao preço da negação, Isabel fora solta quase em frangalhos, e, depois disso, soltaram-lhe os filhinhos apavorados.

Em vão, procurou notícias acerca de Malaquias e de Ruth. Nenhuma palavra. Ninguém lhe deu atenção. Não sabia a quem recorrer. Lembrou-se do pequeno Ignácio e fez nova petição, solicitando informes do garoto desaparecido.

Acompanhando-lhe o drama familiar, Tadeu Barjonas, um dos guardas policiais do presídio, apiedou-se de sua situação.

Homem correto, cumpridor de seus deveres de consciência, Tadeu não podia concordar com o que estava acontecendo: Cafarnaum fora revirada ao avesso pela sombra inconsequente e criminosa de escusos propósitos.

Dentro de sua humilde posição, nada podia fazer de grandioso. Mas, dentro do seu alcance, quando a vigilância se tornava mais relaxada, valendo-se de sua condição de guarda, procurava acalmar os ânimos e ajudar àqueles infelizes corações.

No secreto de sua alma, Tadeu Barjonas também amava aquele mestre Jesus de amor e bondade, e decidira-se a segui--lo silenciosa e humildemente.

Quando ouviu os apelos pungentes de Isabel, comove-ra-se às lágrimas. Tomou discretamente os informes que julgou necessários até encontrar o rapazinho Ignácio numa das prisões, conseguindo soltá-lo para a alegria da senhora.

Quanto ao esposo da infeliz, Malaquias, as notícias eram as piores. Soube que a ordem superior era para mantê--lo em solitária, sem qualquer interrogatório ou comunicação com o exterior.

Estranhara sobremaneira aquela atitude extrema, sem quaisquer razões aparentes que justificassem tamanha rigidez.

Não pôde suspeitar que por trás da injusta determinação havia a cobiça de Felipe de Nazareth, executando suas intenções infelizes com a colaboração dos sequazes do legado Esdras da Judea.

Seus planos nefastos incluíam pura e simplesmente a prisão e a morte para Malaquias e para Ruth, e o confisco arbitrário de sua tenda de comércio na praça municipal da cidade de Cafarnaum.

O que Felipe de Nazareth não conseguira honestamente, em anos de trabalho e dedicação, acabou conseguindo à custa da delação, da violência e do arbítrio.

Isabel recebera tudo isso com o coração ralado de angústia. Sua esperança em rever o esposo amado, contudo, não esmorecia.

Folgou de contentamento ao abraçar Ignácio, liberto pela colaboração do guarda Tadeu Barjonas, ouvindo da boca do menino o relato de que Ruth estava viva na prisão e muito bem disposta.

Mais seis semanas transcorreram sem notícias dignas de nota. Nesse meio tempo, Tadeu Barjonas aproximara-se discretamente da cela onde Ruth jazia prisioneira. Aos poucos, ganhou-lhe a confiança, fazendo-se o portador de recados e de notícias de Isabel e os meninos.

Numa sexta-feira à tardinha, entretanto, algo de inesperado aconteceu. Enquanto palestrava com Ruth, o chefe da corporação entrou no recinto e ordenou, altivo:

- Guarda Tadeu, traze esta aí ao interrogatório, de imediato!

Os dois tremeram assustados por conhecerem as infâmias que se processavam naquelas salas inquisitoriais.

Ruth empalideceu levemente, mas, elevando os olhos, recobrou forças e começou a entoar delicado cântico de fé, embora com a voz embargada.

Generosos amigos espirituais sustentaram-lhe o coração naquele transe difícil, destacando-se as presenças de Sara e de Isaac.

Seu rosto iluminou-se de profunda harmonia.

Seu coração, envolto em prece genuína de imorredoura confiança, tornou-se poderoso fulcro de luz espiritual, recebendo o influxo das forças de Mais Alto.

Grande serenidade envolveu-lhe os pensamentos, que entregava a Jesus, em prece.

O guarda Tadeu Barjonas conduzia-lhe por entre os corredores em direção à sala do interrogatório, tentando esconder a emoção com que o cântico de Ruth lhe impressionava o espírito sincero.

Inspirada pelos amigos espirituais, Ruth seguia cantando baixinho, mas firmemente, o cântico de Moisés:[1]

> *"O Senhor é a minha força e o meu cântico*
> *porque ele me salvou;*
> *Este é o meu Deus, portanto, eu O louvarei;*
> *Ele é o Deus de meu pai, por isso O exaltarei!"*

Ao entrarem na sala fria do inquisidor, que se fazia acompanhar de dois carrascos e de uma testemunha, a voz serena e delicada produziu nos verdugos grande incômodo íntimo e profundo desconforto.

Na verdade, a sinceridade da fé de Ruth, espalhando no

---

[1] Vide nota do autor espiritual à página 526.

recinto sombrio poderosas irradiações de luz, continha o poder de aniquilar os pensamentos mais torpes, capaz de tocar as consciências de cada qual.

Enoch, o ferino inquisidor, mal pôde dissimular o espanto que aquela presença serena e altiva lhe causara no espírito inquieto.

Recobrando o domínio de si mesmo, bradou, agastado:

- Cala-te, prisioneira! Como ousas cantar em presença de minha autoridade? Acaso escarneces de nosso poder?

Visivelmente sustentada por amorosos amigos espirituais, Ruth retrucou-lhe, desassombradamente:

- Meu senhor, apenas canto a alegria de minha fé em Deus, nosso Pai, Todo-Poderoso, de quem emana todo o poder, o único e verdadeiro poder da vida!

Aquela resposta direta e franca caíra como um raio, ferindo a suscetibilidade de Enoch, vencido e humilhado em seus argumentos.

Colérico, espumando de ódio, voltou a interrogá-la:

- E quem és tu para arvorar-te em pregadora do Altíssimo, afrontando a autoridade do Sinédrio de Jerusalém, infeliz criatura?

Ruth, redobrando a serenidade, respondeu:

- Nada sou, senhor representante de nossos maiorais do Sinédrio, senão humilde servidora de Deus, nosso Pai, que ousou cantar com sinceridade e fé o cântico de Moisés diante da vossa autoridade.

Aquela inflexão de humildade e valor desconcertou o representante do Sinédrio. Afinal, a referência direta a Moisés obrigava-lhe a recuar nas próprias exasperações.

Enoch não desconhecia o cântico referido pela prisioneira, constante do livro do Êxodo. Necessário fazia-se retroceder para não perder-se, ele próprio, em blasfêmias.

Visivelmente contrariado, pretextando atender a obrigações urgentes na sala contígua, ordenou:

- Pois bem, que assim seja! Guarda Barjonas, coloca a prisioneira no assento reservado que lhe compete. Ausentar-

-me-ei por alguns instantes, a fim de revisar as anotações do processo em curso, na sala ao lado.

Falando isso, caminhou de cenho carregado até à porta de saída, batendo-a estrepitosamente à sua passagem.

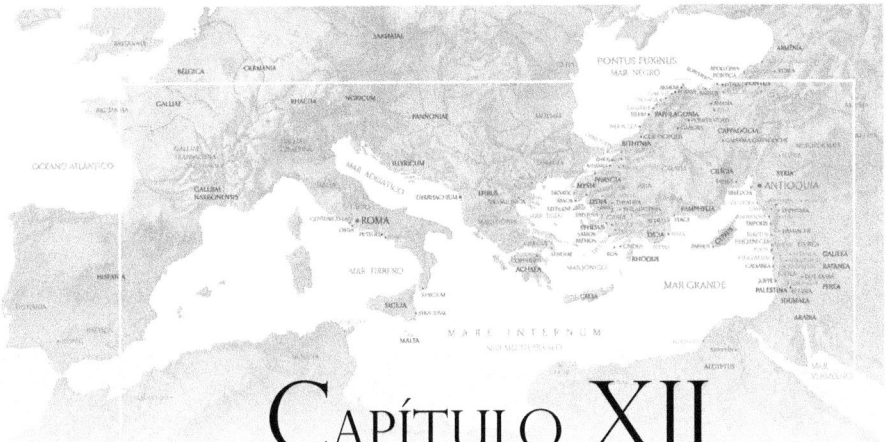

Capítulo XII

Espiritualidade

ANO 34

J erusalém, a inesquecível capital dos judeus, agitara-se com a perseguição de Saulo de Tarsus. Estêvão, Simão Pedro, Filipe e João haviam sido presos por ordem do Sinédrio como agitadores vulgares. Somente após a interferência magnânima e lúcida de Gamaliel, à véspera de se aposentar do posto máximo de doutor da lei, Saulo de Tarsus cedera contrafeito ao pedido de libertação dos apóstolos galileus, à exceção de Estêvão, que pagaria com a vida a ousadia de amar livremente ao Evangelho do Senhor Jesus.

Simão Pedro e Filipe, os amigos de Betsaida, por serem casados, foram libertados e deixados livres na própria Jerusalém. João, filho de Zebedeu, contudo, recebera a iníqua sentença de banimento.

Assim que fora posto em liberdade, recebeu o concurso de alguns amigos da Casa do Caminho, sugerindo providências. Dentre estes, José Barnabé, discípulo de Simão Pedro, juntamente a Ananias, foi quem aventou a hipótese feliz de levar o apóstolo para a cidade de Joppe, situada a meio caminho entre Jerusalém e Caesarea, às margens do Mediterrâneo, à época conhecido como Mar Grande.

A perseguição impiedosa na cidade dos eleitos havia imprimido no espírito das massas inconscientes grande temor.

Enorme fluxo migratório de simpatizantes do Cristianismo nascente fizera-se presente, em demanda às cidades vizinhas.

Joppe, por sua privilegiada localização e discreta importância política no concerto desigual das forças da Judea, tornara-se destino predileto de quantos fugiam da capital. Além do mais, a proximidade do Mar Grande tornara-a importante rota de fuga para o caso da necessidade de alguma providência estratégica, caso a perseguição recrudescesse.

Dessa forma, o alvitre valioso de José Barnabé, secundado pela experiência de Ananias, vencera as deliberações imediatas da Casa do Caminho de Jerusalém, em torno da ordem para o banimento de João.

Assim sendo, deliberou-se que na mesma noite João Boanerges, acompanhado de Ananias, de Barnabé e de Silas, seguiria para Joppe, a fim de cuidar da deficitária unidade da Casa do Caminho que ali se instalara, parca de recursos materiais e humanos.

A caravana partiu pela madrugada, humilde e obscura.

No dia imediato, a paisagem rural em torno de Joppe trouxe ao espírito abatido de João grande consolo.

O contato com a natureza exuberante fazia-lhe muito bem ao coração.

A estrada para Joppe trazia em seu arrabalde inúmeras propriedades rurais produtoras de frutas e de verduras, destinadas ao consumo da grande capital dos judeus.

Algumas delas, capitaneadas por senhoras de delicada sensibilidade, enfeitavam-se de flores, sendo de notar-se a profusão de roseirais em colorações variadas. Os pássaros, em alegre revoada, agradeciam as benesses das rosas, com seus cânticos de singela harmonia.

João emocionava-se até às lágrimas, contemplando as maravilhas da natureza, sempre pródiga em oferecer beleza e deleite aos observadores mais atentos.

Naquele ambiente campestre pôde o apóstolo querido descansar o pensamento, recompondo as energias para as lutas vindouras em nome do Cristo.

Não desconhecia que o chamado ao testemunho também lhe atingiria o espírito e não hesitaria em atendê-lo quando assim quisesse a vontade soberana de Deus.

O núcleo simples da Casa do Caminho, com sua precariedade, muito exigiria de seus esforços. Os doentes se multiplicavam, velhinhos enfermos, enjeitados pelas famílias, ali acorriam diariamente em busca de socorro.

Mães desventuradas compareciam aflitas ao agrupamento humilde, demandando algum tipo de alívio para os filhinhos doentes.

Abandonados da sorte, sem o amparo de familiares, suplicavam acolhimento e piedade aos irmãos do Caminho.

A Casa tinha necessidade de quase tudo. Leitos eram improvisados. Faltavam lençóis, vasilhames, alimentos e medicamentos que atendessem aos sofredores.

A chegada de João, Ananias, Silas e Barnabé trouxe novo ânimo ao espírito abatido de Tomás, o encarregado de maior responsabilidade da igreja nascente de Joppe.

Em breve, a competência dos nossos amigos fez fluir a intuição superior na organização dos serviços de assistência geral.

José Barnabé responsabilizou-se pelo amparo aos doentes ao lado de Tomás, organizando a disposição dos leitos para os de situação mais precária e também inaugurando as dependências singelas de uma enfermaria de primeiros socorros para os casos menos graves. Estabeleceu horários pré-determinados para as preces coletivas em favor dos enfermos, dispondo-se, ele mesmo, ao concurso da magnetização curativa em nome de Jesus, pela imposição das mãos.

A Ananias coube a tarefa da visita fraterna aos lares necessitados de conforto e arrimo. Diariamente, dirigia-se o nobre ancião às residências dos novos seguidores de Jesus, que lhe solicitavam o concurso amigo e a palavra benfazeja.

Também dispunha-se ao empreendimento de coleta de donativos em favor dos mais necessitados, inaugurando importante corrente de solidariedade, levantando os ânimos dos trabalhadores sinceros do Caminho.

A João coube a função do esclarecimento pela palavra iluminada do Evangelho. Assim passou a colaborar diariamente com as prédicas em torno da Boa Nova do Cristo, terminados os labores diuturnos.

Durante o dia, ajudava Barnabé nas providências de praxe, notadamente na assistência magnética aos sofredores. À noite, sua voz cândida enchia-se de vigores novos nos comentários acerca da passagem do Mestre entre os homens. Seu coração generoso parecia elevar-se às luzes do raciocínio e de sua mente irradiavam sublimes consolações aos ouvintes sedentos de conforto e de esperança.

A cada nova frase de João, pincelada com seu acendrado amor ao Mestre de todos os mestres, a assembleia extasiada parecia divisar o quadro vivo da presença de Jesus.

Inexcedível comoção dominava aqueles corações iluminados na fé e no amor do Cristo.

As anotações de Levi eram consultadas sempre com a reverência de todos. Mas, pela própria experiência de ter vivido alguns anos ao lado de Jesus de Nazareth, comungando-lhe os ensinamentos diretos, todos os ouvintes requisitavam-lhe as impressões pessoais e as notícias novas do Salvador.

Verificava-se, desse modo, a incompletude das anotações de Levi. João testemunhava, perante os amigos de Joppe, novos fatos e novas ocorrências em torno da missão do Cristo, desconhecidas até então.

A assembleia noturna, que aumentava a olhos vistos a cada oportunidade, cheia de interesse e respeitoso apreço, emocionava-se às lágrimas.

Ao encerramento dos inesquecíveis encontros, a manifestação da Espiritualidade amiga não se fazia de rogada.

Irradiações etéreas, provenientes das esferas intangíveis, desciam sobre todos os circunstantes, enchendo a Casa de doces aromas e perfumes desconhecidos.

Vez por outra, o fenômeno das materializações luminosas ou das vozes diretas do Além se produziam, maravilhando a todos. Eram advertências amigas ou bênçãos consoladoras àqueles irmãos chamados na primeira hora da redenção humana.

Naqueles instantes, a visão espiritual de João ampliava-se sobremaneira.

Sem compreender ainda por que misterioso processo tudo se dava, grossas lágrimas de gratidão inundavam-lhe os olhos, e, com o coração cheio de júbilo, agradecia silenciosamente à Misericórdia dos Céus.

Num estalo, passava a ver outros planos de vida abundante ao redor daquele núcleo simples de oração e serviço.

A assistência tomava a proporção de vastíssima assembleia.

Seres diáfanos cumprimentavam-no solícitos. Suas vestes translúcidas, por vezes, resplandeciam nos momentos de oração. João divisava aquela profusão de correntes energéticas e irradiações manipuladas pelos seres do Além em favor dos necessitados da Casa com grande assombro, guardando indefinível alegria no espírito.

Entretanto, humilde e discreto, preferia a atitude de não relatar o que via, deixando que o povo sentisse por si, portas adentro do ser, o amparo espiritual de que era merecedor.

Na intimidade, contudo, comentava com Barnabé, com Silas e com Tomás as alegrias das visões de que era portador.

Assim crescia em bênçãos os serviços e trabalhos espirituais da Casa do Caminho em Joppe, guardando sempre um contato de correio permanente com sua casa-máter de Jerusalém, sob os auspícios de Simão Pedro e Tiago.

Numa dada reunião de domingo,[1] após João haver discorrido sobre as promessas do Cristo, de que ele enviaria outro Consolador à humanidade, que lhes faria lembrar de tudo quanto Jesus havia dito e ensinado, explicando-lhes, por consequência, acerca de todas as coisas, a Espiritualidade novamente fez-se presente.

---

[1] Vide nota do autor espiritual à página 526.

O fenômeno da voz direta retumbou na escuta de todos os ouvintes:

- "E tu, João, filho de Zebedeu, toma também nota do Evangelho do Mestre!"

Em seguida, Ezequias, jovem rapazinho contando ainda poucos doze anos de idade, levantou-se extasiado, olhos fixos no imponderável de maravilhosa visão espiritual, exclamando:

- Eis que o Mestre aqui está a visitar-nos!

João, que tudo observava com a voz embargada de saudoso pranto, sentindo a presença inefável e querida de Jesus novamente ao seu lado, apenas deixou que grossas lágrimas escorressem pela face.

Sua visão espiritual, porém, tudo registrou, gravando para sempre no coração a advertência amorosa do espírito de Estêvão, o primeiro a morrer pela causa do Cristo na face da Terra, que, falando por meio da voz direta, induzia-lhe a escrever também, por sua vez, a sua versão pessoal do Evangelho do reino de Jesus.

A reunião foi encerrada em clima de grande comoção.

Enquanto José Barnabé orava, despedindo-os na paz de Deus, João chorava contemplando o Cristo amado abraçado a Estêvão, acenando ao longe.

Capítulo XIII

Auxílio

ANO 34

A perseguição recrudescia em Jerusalém e Simão Pedro enviou um correio a Joppe buscando a José Barnabé. Solicitava-lhe o concurso de volta a Jerusalém, a fim de que o dedicado companheiro lhe auxiliasse na manutenção das atividades assistenciais da igreja nascente.

José Barnabé, que se afeiçoara tanto aos amigos de Joppe, despediu-se de todos, com lágrimas nos olhos. Em pouco tempo, reassumiu as tarefas habituais em Jerusalém, ao lado de Simão Pedro e de Tiago.

Com a partida de José Barnabé, João passou a concentrar maiores responsabilidades no auxílio a Tomás, conduzindo os destinos da Casa do Caminho. Desde o acontecido na memorável reunião em que vislumbrara a presença querida de Jesus ao lado de Estêvão, passou a enxergar, amiúde, a constante presença espiritual do mártir nos esforços de cada dia, secundando-lhe as deliberações e iluminando-lhe o raciocínio. A assistência espiritual amorosa do amigo infundia--lhe novo ânimo, levantando suas energias para os testemunhos vindouros.

Ananias, o venerável ancião que se incumbira das visitas fraternas nas cercanias de Joppe, poucas semanas após a partida de José Barnabé também teve que partir. Uma mensagem espiritual recebida nas dependências da Casa do Caminho, em íntima reunião de preces, indicava a Ananias a importância de seu retorno a Jerusalém e, de lá, a viagem até Damascus.

A referida mensagem espiritual ainda avisava-lhe o espírito sensível de futuro movimento de perseguição ao seu nome, mas que ainda não era chegada a hora de seu testemunho maior. Jesus aguardaria a sua colaboração precisa em momento posterior na cidade de Damascus, para onde deveria dirigir-se sem demora.

Consoante a advertência carinhosa do Além, Ananias também despediu-se dos companheiros queridos de Joppe, com grande sentimento de emoção.

Dessa forma, a comunidade cristã de Joppe prosseguiu seu desenvolvimento natural, com a cada vez mais amorosa e lúcida direção do apóstolo João, o discípulo querido de Jesus de Nazareth.

Do plano espiritual, Estêvão a tudo presidia com determinação e valor.

Vez por outra, os dons espirituais de João Boanerges abriam-se mais acentuadamente, permitindo-lhe divisar a presença de Estêvão e de outros amigos espirituais, sempre próximos ao desdobramento dos trabalhos em curso.

Em dada manhã radiosa, estando em preces no ambiente da natureza exuberante, João teve singular visão.

A paisagem rupestre de Joppe afigurou-se-lhe mais iluminada e bela.

As vastas extensões das oliveiras, cuidadosamente ordenadas para a produção, pareciam enorme assembleia de amigos verdejantes, irradiando simpatia e luz.

Os roseirais em flor, em cambiantes multicoloridas, pareciam tocar-lhe cuidadosamente os sentidos espirituais, numa profusão de perfume e beleza.

Os pássaros, formando alegres conjuntos, acercavam-se do venerável apóstolo, entoando os seus delicados cânticos, reverenciando a luz do dia no calor da manhã.

Cariciosa brisa, com seus ares revigorantes, sopravam as aragens do mar. Das irradiações do horizonte, contudo, novas claridades espalhavam-se, abençoando a terra.

Ao influxo do êxtase amoroso da prece, João pôde notar o instante em que um rasgo de luz desceu dos céus, tomando a sua direção. Em breves momentos, aquela luz intensa dividiu-se, tomando a forma de dois seres luminosos, irmanados por profundos laços do espírito.

João Boanerges reconheceu de pronto um deles como sendo o próprio Estêvão, o mártir do Evangelho na primeira hora.

Estêvão, expressando largo sorriso de simpatia, acercou-se de João, de mãos dadas a bela jovem de translúcidas vestes.

João emocionava-se nas fibras mais íntimas, perguntando-se quem seria aquela presença tão carinhosa e meiga ao lado de Estêvão.

Percebendo-lhe a curiosa indagação mental, Estêvão respondeu-lhe:

- "João, irmão amado, trouxe hoje ao teu coração a visita de um anjo do Senhor! Uma irmã muito querida, que, doravante, haverá de ajudá-lo em nome do Mestre Jesus, nas tarefas espirituais que empreendes no mundo dos homens. Ela retornou recentemente à vida espiritual após cumprir com fidelidade e devotamento a missão que o Senhor lhe confiou, de semear no espírito valoroso de um nosso irmão muito querido a semente da renúncia e do devotamento, do perdão e do amor. Seus padecimentos no mundo não foram esquecidos por Jesus, que lhe enviou Ananias com as notícias da Boa Nova de seu reino, aqui mesmo, nas estradas de Joppe. Desde então a luz do Evangelho brilhou para sempre em seu coração, que, exausto nas pelejas do mundo, retornou ao nosso plano de vida. Após breve descanso dos embates terrestres, o coração magnânimo de Jesus permitiu-me situá-la nas tarefas de assistência espiritual, que, presentemente, desempenho ao seu lado. João, esta é Abigail!"

O apóstolo chorava de emoção ao sentir tão cariciosas vibrações junto aos queridos amigos da Espiritualidade.

Abigail, sorrindo um tanto quanto envergonhada dos encômios do irmão adorado, aproximou-se, generosa, osculando a fronte do apóstolo.

Depois disse, com suave candidez na voz:

- "Ora essa, Estêvão! Quanta generosidade nas palavras!"

E virando-se para João, que lhe fitava cheio de alegria:

- "Aqui está uma servidora reconhecida ao teu dispor para as tarefas com Jesus!"

Grande emoção invadiu o coração do apóstolo, que nada mais passou a ver. Apenas as lágrimas de júbilo indefinível correram-lhe pelas faces nimbadas de luz.

Desde esse dia memorável, e consoante as determinações da voz direta que ouvira na Casa do Caminho em Joppe, João passou a reservar um horário toda semana para relembrar de si para consigo as passagens de Jesus de Nazareth entre os homens, anotando-as, em seguida, em pergaminhos, que seriam mais tarde reconhecidos como a sua própria versão do Evangelho do Mestre.

Seu trabalho consolador em Joppe, contudo, prosseguiu valoroso e ativo.

De lá acompanhava as tristes notícias das primeiras perseguições ao movimento evangelizador, chorando pelo sangue derramado em testemunho de amor pelo Cristo de Deus, na cidade de Jerusalém.

Alguns dos sacrificados, contudo, voltariam de além-túmulo para sua grande alegria, apresentando-se como benfeitores espirituais a lhe ajudarem os passos missionários na Terra.

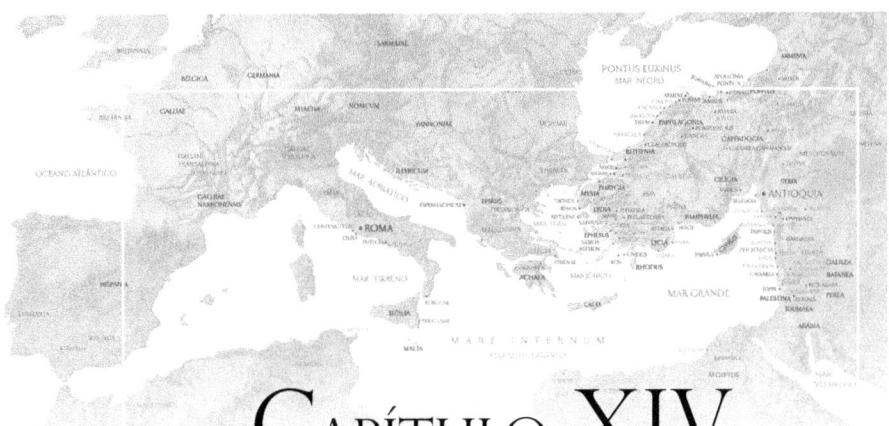

CAPÍTULO XIV

COLABORAÇÃO

ANO 34

As reuniões espirituais na Casa do Caminho em Joppe cada vez mais atraíam a atenção do povo humilde da região rural.

Num ambiente de simplicidade genuína, muitas vezes elas aconteciam ao ar livre, tendo em vista as parcas possibilidades de acomodação do salão principal.

Ao pé de grande sicômoro e de algumas tamareiras, a assembleia rejubilava-se com a beleza do céu estrelado, convidando a voos mais altos do pensamento em prece.

A presença de João, com sua palavra mansa e acolhimento fraternal, traduzia-se como a de um digno representante dos céus feito guia amoroso daquela comunidade humilde.

Todos disputavam-lhe o conselho, procurando ouvir-lhe sobre suas ansiedades e questões.

Para cada um João tinha o alvitre preciso e a consideração mais ponderada e justa na solução de todos os problemas humanos à luz do Evangelho do Cristo.

O clima de bondade e de confiança recíprocas fez com que um e outro fiel mais carinhoso passasse a lhe chamar delicadamente de Pai João.

A princípio, a alcunha um tanto quanto familiar incomodou-lhe a modéstia. Retrucava que pai verdadeiro havia um só: Aquele que está nos céus. Mas, a pouco e pouco, foi cedendo ao apelo carinhoso dos novos seguidores de Jesus, que a sua voz sincera e inspirada chamava para o serviço da redenção espiritual. Com pouco tempo, todos na comunidade chamavam-lhe de Pai João.

Certa noite, meditando sobre como deveria abraçar os novos companheiros de fé sem criar falsas expectativas de proteção e amparo que, na sua franca humildade, não lhes poderia oferecer, João vislumbrou novamente a figura excelsa de Jesus. Divisou de novo o Mestre querido, no alto da cruz do martírio nefando, indicando-lhe Maria de Nazareth: "Eis aí tua mãe!"

As lágrimas inundaram-lhe as faces, num misto de amor e saudade indefinível e, tomado de profunda emoção, sem compreender de imediato o que se passava, pôde ouvir a inconfundível voz do Senhor, dizendo-lhe também: "Eis aí os teus filhos! São os filhos do calvário redentor!"

Desde esse episódio, João nunca mais protestou contra o ser chamado de Pai João, abraçando a todos os irmãos e amigos novos como filhos queridos de seu coração por bênção de Deus.

———————

Havia na comunidade de Joppe, e vizinhanças até Caesarea, uma respeitável organização de saduceus. Esse grupo de judeus diferenciava-se sobremaneira dos demais grupos religiosos de sua raça. Tinham divergências profundas com os demais, especialmente com os fariseus, a quem demonstravam grande aversão. Criam na soberana paternidade de Deus, mas não criam na vida além da morte do corpo e muito menos na assistência de anjos tutelares espirituais. Para os saduceus, todos os objetivos da vida centravam-se na vida material, na plenitude de seus gozos e alegrias. Por isso mesmo a mensagem de Jesus e os sucessos gloriosos de sua ressurreição assombraram de modo especial aos saduceus.

Alguns seguidores de Sadoc foram tocados nas fibras mais íntimas do ser com a revelação da vida eterna que Jesus Cristo testificara. Dentre estes, um grupo chefiado por Amenei de Alexandria, contando cinco respeitáveis anciãos, residentes em Caesarea, às margens do Mediterrâneo.

Embora seguissem à risca os preceitos de fé e a observância dos princípios dos saduceus, tinham no coração um acendrado amor a Deus e guardavam como norma maior de conduta o amor aos semelhantes.

O generoso agrupamento era ativo na cooperação para o progresso da comunidade de Caesarea, tendo o bem como princípio de honra, iluminando-lhes a senda.

As reuniões evangélicas da Casa do Caminho de Joppe tornaram-se famosas em Caesarea, atingindo o conhecimento do grupo de Amenei de Alexandria por intermédio de Matatias, próspero mercador de peles de animais.

Tomados de salutar curiosidade acerca dos informes da ressurreição de Jesus Cristo, o grupo deliberou seguir até Joppe para ater-se com João Boanerges, o apóstolo daquele Cristo que tantos aprenderam a venerar. E assim fizeram.

Depois de seguros do local das prédicas habituais do Caminho, demandaram o sítio humilde que já conhecemos, lá chegando um tanto surpresos com a numerosa assembleia. Foram recebidos com amabilidade e respeito, sentindo-se à vontade. Nessa noite específica, o comentário sobre as letras sagradas recaiu sobre o final das anotações de Levi, que hoje conhecemos como sendo o Capítulo 28 do Evangelho de Mateus.

João tomou a palavra, elucidando a assistência com sua eloquência vivaz acerca da ressurreição de Jesus a um grupo de mulheres e, mais tarde, aos próprios discípulos.

Sua palestra revestia-se de tão amoroso e verdadeiro entono, sendo ele próprio um dos discípulos a quem Jesus havia, em espírito, retornado da morte, que a assembleia chorava de emoção.

Aquele relato espontâneo e sincero, com seu conteúdo de verdade irrefutável, transmitiu aos ouvintes poderosas irradiações espirituais de paz.

Ao seu término, para surpresa dos outros três saduceus, Amenei de Alexandria e Matatias ajoelharam-se humildes perante a figura de Pai João, solicitando dele a bênção amorosa e que os aceitasse de imediato como aprendizes do Evangelho de Jesus.

João levantou-os com bondade, abraçando os novos seguidores com consideração e cuidado.

Passado algum tempo, Amenei e Matatias converteram-se em preciosos colaboradores da caridade e da assistência aos mais necessitados, distribuindo, em seu favor, os bens de que dispunham.

Profunda amizade do coração passou a ligar Pai João aos dois respeitáveis senhores, que a experiência avançada na vida física encanecia de neve os cabelos.

Enquanto isso, a perseguição aos seguidores de Jesus intensificava-se na capital dos judeus.

Vez por outra, chegavam missionários de Simão Pedro encarecendo a necessidade de preces e vigilância, solicitando uma que outra providência para benefício do movimento nascente.

Certo dia, chega a Joppe o jovem Tomé Bersebeu, proveniente de Jerusalém, para encontrar-se com Pai João.

Trazia nas dobras da túnica surrada algumas missivas de Simão Pedro endereçadas ao apóstolo.

Uma delas, porém, chamou a atenção imediata de João Boanerges. Trazia o pedido amargurado de Isabel, esposa de Malaquias, que contando com a ajuda da estalajadeira Leocádia conseguira fazer chegar às mãos de Simão Pedro o relato das dolorosas perseguições levadas a efeito em Cafarnaum contra os seguidores de Jesus.

O emissário de Isabel e de Leocádia relatara ainda a Pedro o desaparecimento de Ruth e de Malaquias, solicitando auxílio da parte de João Boanerges, tendo em vista o futuro do pequeno órfão Ignácio.

Ao tomar ciência dos fatos, o espírito generoso de João anuviou-se de pesadas amarguras, conjecturando sobre um futuro de sacrifícios maiores.

Após agradecer o correio do rapaz, reuniu os amigos queridos de Joppe para falar-lhes das resoluções íntimas tomadas diante dos últimos acontecimentos: decidira-se pela viagem imediata a Cafarnaum da Galilea.

As sugestões de Simão Pedro em torno do grave assunto das perseguições na Galilea eram muito oportunas. A igreja de Joppe fortalecera-se a contento. Numerosos amigos e novos cooperadores se dispunham ao serviço. João falou com bondade e lucidez a Silas e a Tomás, que, embora intimamente lamentando a ausência prenunciada do apóstolo querido, sentiam-se no dever de apoiar as suas resoluções. Naquele momento, Cafarnaum necessitava do apoio direto de João Boanerges, a fim de que as forças espirituais da igreja nascente fossem renovadas.

No colóquio fraterno, Pai João então lembrou-se de que os amigos de Joppe certamente poderiam contar, a partir dali, com as veneráveis figuras de Amenei de Alexandria e Matatias na direção da Casa do Caminho, pessoas que já haviam dado provas suficientes de fé e dedicação ao Cristo.

Todos concordes nas deliberações tomadas, os dois servidores nomeados aceitaram a incumbência com lágrimas de reconhecimento.

Assim sendo, no dia imediato, João Boanerges e Tomé Bersebeu partiram para a Galilea, contando com a colaboração preciosa dos amigos de Caesarea, internando-se depois pela Samaria até alcançarem as margens queridas do Tiberíades.

Em sua humildade natural, Pai João preferiu partir sem se despedir da numerosa gama de amigos que fizera em Joppe, fugindo às prováveis demonstrações de carinho e apreço de que seria objeto nas emoções das despedidas.

Naquela noite, uma melancólica e resignada tristeza envolveu aqueles corações crentes e simples, que aprenderam, ao longo dos meses, a venerar a presença amorosa do apóstolo de Jesus entre eles como a presença mesma de um pai protetor.

A viagem de João até as cercanias de Cafarnaum transcorreu sem incidentes.

Ao chegar à cidade, contudo, penosa impressão dominou-lhe o coração sensível. A paisagem modificara-se sobremaneira.

Muito embora aqueles sítios guardassem ainda a mesma beleza exterior dos inolvidáveis anos da presença do Mestre, nas recordações queridas de suas pregações, a verdade é que o clima espiritual era desolador.

Não mais pôde encontrar abrigo em casa de antigos afetos, que se esquivaram de sua companhia, receosos e covardes.

Em vão, demandou o lar de Malaquias em busca de notícias do pequeno Ignácio e de Ruth. Lá apenas encontrou nova família, parente de Felipe de Nazareth, que se lhe apossara dos bens.

Ao dirigir-se à pensão de Leocádia, surpreendeu-se com o quadro de penúria e de sofrimento em que encontrou Isabel e os meninos.

Para sustentar-se e aos rebentos, Isabel, antes aquinhoada matrona, fizera-se simples servidora da limpeza na estalagem da senhoria.

Dela tomou os informes mais sombrios acerca da sorte de sua adorada Ruth e de Malaquias.

Com enternecida emoção, aconchegou Ignácio ao colo, em longo abraço de ternura, lembrando-se intimamente da recomendação de Jesus em torno da condução da vida do filho de Sara e de Isaac.

Aquele momento inesquecível selou a sorte de ambos.

Isabel não poderia arcar com a criação do menino, assoberbada que estava para criar os próprios filhos.

Leocádia, por sua vez, já não tinha o mesmo vigor de outrora. O movimento de peregrinos à cidade cessara desde o início das perseguições e sua hospedaria estava longe dos melhores dias.

Por outro lado, nenhuma notícia obtivera da sorte de Ruth e de Malaquias.

Guardando esses graves pensamentos, tomou a si o encargo de apadrinhar o rapazinho, que sofregamente agarrara-se ao seu peito como ave ferida que retorna ao ninho acolhedor.

Em breves acertos, combinou tudo com Isabel, que aquiesceu, satisfeita e aliviada, ao projeto de João.

A noite já ia alta. Urgia que todos se rendessem ao sono reparador para as refregas do dia seguinte.

Recomendando-se à oração, com a proteção de Jesus, nossos personagens adormeceram profundamente.

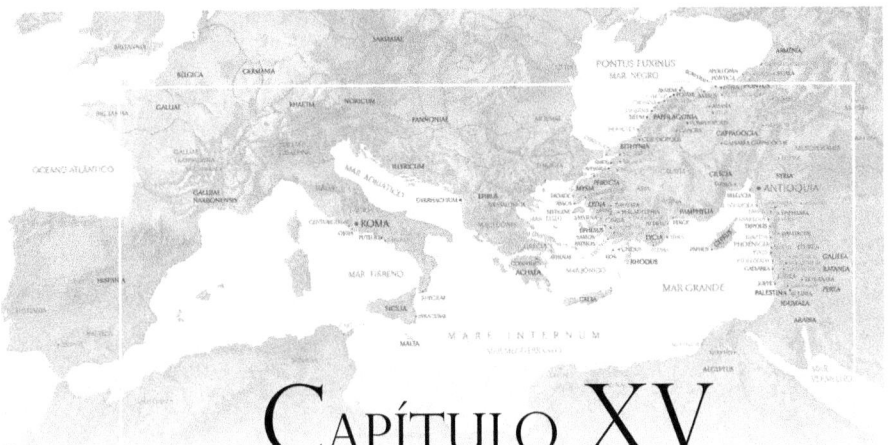

CAPÍTULO XV

INSPIRAÇÃO

ANO 34

A noite corria ligeira, cobrindo com seu manto de estrelas as sombras espessas da Terra. Acomodados na hospedaria de Leocádia, nossos personagens dormiam profundamente.

Ignácio estava tranquilo pela primeira vez desde muito tempo, rendendo-se sem reservas à proteção amorosa de João, a quem se acostumara a chamar de Pai João.

O quarto humilde que abrigou Ignácio, o próprio João Boanerges e o emissário Tomé Bersebeu, após o sono físico dos três, registrou singular movimentação espiritual.

Liberados do corpo de vida mais densa, nossos amigos, em breves instantes, adaptaram-se à convivência mais direta com os amigos da Espiritualidade Maior que lhes sustentavam os esforços na extensão do reino de Deus no orbe terrestre.

Ali estavam Sara e Isaac a postos, abraçando o jovenzinho Ignácio com a ternura de pais dedicados e amorosos.

Assim que se viu liberado das vestes físicas, Ignácio acomodou-se ao regaço materno com infinita ternura, agradecendo a Jesus pela ventura inexcedível daquele encontro reconfortador.

Sara e Isaac se redobravam em atenção e cuidados para com o filho amado, não descuidando de infundir-lhe alegria e bom ânimo para a tarefa vindoura.

Tomé Bersebeu, por sua vez, foi recebido por generosos emissários da Vida Maior, que lhe guiavam os passos.

De todos os três, contudo, o único a guardar perfeita consciência do que ocorria, registrando, com admirável precisão nos arcanos da memória, tudo quanto se desenrolava no plano espiritual, era a figura inesquecível do apóstolo João.

Logo após liberar-se do corpo, divisou a presença carinhosa de Abigail, que o abraçou com respeito e fraternidade legítimos.

Os dois passaram a travar a conversa espiritual que registramos a seguir, mais ou menos nestes termos:

- Irmã Abigail, agradeço-te a demonstração de apreço com que me dispensas tua leal atenção em nome do Senhor! - disse-lhe João.

- "Pai João, aqui estou a pedido de Estêvão para vos servir em nome do Cristo. Dizei-me o que vos atormenta o pensamento e o coração na hora que passa e procuraremos colaborar na solução dos problemas em foco." - respondeu-lhe a emissária espiritual.

E a conversa continuou, esclarecedora:

- Bem sabes, Abigail, de meus pesares e preocupações momentâneas. Vim para Cafarnaum no desempenho de minhas sagradas promessas e confio que o Mestre não nos abandonará. Já reencontrei o filho do coração que Jesus me confiou aos cuidados terrenos, mas pesa-me a revelação do desaparecimento de Ruth e de Malaquias. Ninguém há na cidade para dar os informes precisos do paradeiro deles e temo por sua sorte.

- "Tranquilizai-vos, Pai João. O amparo celeste nunca vos faltou. Ruth está viva no cárcere, lutando com valor contra o assédio do desânimo destruidor de suas forças de mulher iluminada pelo sagrado patrimônio da fé inabalável. Nós mesmos temos estado, vez por outra, junto ao seu coração generoso na cela imunda, transmitindo-lhe as intuições e as forças imprescindíveis para que continue seu desassombrado testemunho junto aos companheiros temerosos da prisão execrável. Sara e Isaac também não têm medido esforços para secundá-la no divino ministério junto aos sofredores e aflitos. Na verdade, estamos mesmo muito bem surpreendidos pela fortaleza de sua fé, que, sem vacilar um só instante, converteu-se em poderoso meio de consolação e alívio aos colegas de infortúnio. Justamente por isso, a generosa Ruth adquiriu de Mais Acima créditos seguros, com os quais vem recebendo amparo mais dilatado das forças do bem."

Interrompendo-a com grande alegria no coração, o apóstolo considerou:

- Mas, Abigail, como vou encontrá-la, e que deverei fazer em nome do Senhor daqui por diante?

- "Estou aqui para auxiliar-vos, nesse comenos, Pai João. Dentro da prisão, contamos com a colaboração de um coração piedoso e justo, o do guarda Tadeu Barjonas, que nos auxiliará, certamente. Embora não seja um seguidor de Jesus publicamente confesso perante os seus pares, suas atitudes e seus exemplos de dignidade e de misericórdia têm feito dele, sem que o saiba, um importante ponto de apoio na Terra para as determinações da Misericórdia Celeste. Amanhã, bem cedo, devereis procurar o concurso do humilde guarda, que vos dará todos os informes de que necessitareis para a libertação de Ruth. Quer a bondade do Senhor que a dileta irmã dos sofredores não sofra mais o constrangimento do cárcere para abraçar de vez a maternidade indireta de nosso querido Ignácio."

João Boanerges registrou com infinito júbilo aquelas palavras, sorrindo de satisfação.

- Graças a Jesus colho a bênção de tuas palavras confortadoras e estimulantes, Abigail! De minha parte, tudo farei que estiver ao meu alcance na orientação do pequeno Ignácio junto da querida Ruth. Para tanto, contudo, após a libertação de Ruth das algemas impiedosas dos agressores impenitentes, o que devo fazer? - perguntou, com o olhar percuciente.

Abigail, prestimosamente, redarguiu-lhe:

- "Importa considerar-vos o destino de Antioquia. Para lá devereis dirigir-vos assim que Ruth for libertada, levando convosco o pequeno Ignácio. A igreja nascente de Antioquia é o destino de vossa colaboração direta a partir de agora. Outros amigos de Jerusalém já seguiram para lá e reencontrarás alguns deles para a semeadura da Boa Nova do Cristo nos corações de boa vontade."

João Boanerges agradeceu sensibilizado as instruções recebidas, deixando Abigail arrematar enigmática e profeticamente a conversa espiritual em curso:

- "Em breve, surpreendereis em Jerusalém os próprios verdugos abraçando-vos em nome do Evangelho de Jesus!"[1]

Outros amigos espirituais acercaram-se do apóstolo querido com a finalidade de abraçá-lo e saudá-lo, e Abigail despediu-se carinhosa, pretextando atender a outras providências junto de seu irmão Estêvão.

No dia imediato a esse encontro na Espiritualidade, João Boanerges levantou bem cedo, com grande sentimento de euforia espiritual.

Guardou na memória todos os lances e os informes do encontro com Abigail, rendendo graças a Deus pelo apoio imprescindível.

Logo pela manhã, na companhia de Tomé Bersebeu, procurou avistar-se com o guarda Tadeu Barjonas.

Um informe aqui, outro acolá e, a breve tempo, estava diante de uma residência humilde nos arredores da cidade.

O agente da lei preparava-se para seguir ao serviço.

Um tanto quanto surpreso, Tadeu ouviu a solicitação sincera de auxílio dos dois desconhecidos, decidindo-se pela colaboração amiga e despretensiosa.

Urgia considerar, entretanto, que todos deveriam ter muito cuidado com a estrita vigilância da prisão, nas masmorras detestáveis. E que tão logo obtivesse a certeza sobre o destino de Ruth procuraria informar aos visitantes.

---

[1] Vide nota do autor espiritual à página 526.

Ao anoitecer, o guarda espantou-se com a ordem do legado Enoch para levar a prisioneira em questão ao interrogatório infame.

A prisioneira havia se aquietado em rústica cadeira no centro da sala, sob os olhares inquietos dos verdugos.

Enoch retirara-se com violência do interrogatório, temendo entrar em contradição na observância dos preceitos da lei judaica. Como poderia condenar aquela mulher de fibra, que havia francamente reverenciado a figura inesquecível do pai de todos os profetas, Moisés?

Penetrara o compartimento administrativo contíguo à sala do interrogatório com o pensamento em chamas. Refastelara-se em confortável poltrona, sem conseguir atinar para o rumo correto da decisão a tomar.

O fato é que Enoch havia sido rodeado de companhias espirituais generosas, que apelavam para o seu bom senso.

Familiares desencarnados, temerosos de que o tutelado querido adquirisse mais penosos débitos perante a própria consciência, ali estavam a postos incutindo-lhe piedade.

Todavia, aqueles sentimentos novos o agastavam.

As ordens do legado Esdras foram impiedosas. Era necessário liquidar aquela mulher de fibra. Mas sentia-se impotente para determinar-lhe a pena máxima.

Sem perceber a origem daqueles pensamentos novos, cedeu-se à influenciação espiritual amiga que lhe seguia e adormeceu profundamente. Por mais de três horas, ressonou inquieto sob a poderosa ação da Espiritualidade.

Quando acordou, sobressaltado, certificou-se do adiantado da hora, lembrando-se de compromissos sabáticos, importando guardar o dia seguinte de maiores preocupações de consciência.

Um tanto desapontado, retornou ao ambiente do interrogatório, ajeitando ainda as vestes e os cabelos desalinhados pelo sono inesperado.

Os circunstantes entreolharam-se surpresos e impacientes com a demora do veredito, sem suspeitar da verdadeira batalha espiritual travada no aposento imediato, entre as forças da sombra e os emissários da luz.

Carregando volumoso processo nas mãos ressequidas, Enoch rendeu-se aos apelos dos benfeitores da Vida Maior e, tomando a palavra, exarou a sentença, entre vacilante e contrafeito:

- Tendo em vista a afirmação viva da fé em nosso profeta maior do Judaísmo, na lembrança do venerável Moisés, e sem encontrar no processo em exame maiores indícios de culpabilidade, determino que a prisioneira seja expulsa da Galilea, proibindo-a também de dirigir-se a qualquer província de Israel. Tendo em consideração a necessidade de guardarmos o necessário repouso para o jejum de amanhã, no sábado que se aproxima, determino que o guarda Tadeu Barjonas cumpra, sob as honras da lei de que o invisto, a inapelável sentença, conduzindo a prisioneira Ruth para além das fronteiras da Galilea, logo ao domingo pela manhã. Cumpra-se assim!

Ante a surpresa geral daquele veredito imediato, diante da conhecida truculência de Enoch, os circunstantes guardaram muda estupefação.

Instintivamente satisfeito, o guarda Barjonas tomou a prisioneira pelo braço, retornando-a para a cela antes que qualquer incidente pudesse alterar o destino já selado de sua libertação. No trajeto, expôs a Ruth reservadamente o plano de deixá-la aos cuidados de João Boanerges nas fronteiras da Syria-Phoenicia no domingo próximo.

Ruth folgou de contentamento e alegria com as notícias da chegada de João a Cafarnaum.

Nada pôde dizer, contudo. Grossas lágrimas escorriam-lhe pelo rosto, enquanto a alma vibrava em sentida prece de reconhecimento e louvor pela bondade inexcedível de Jesus.

No sábado imediato, Ruth ainda teve forças para redo-brar-se no serviço da consolação e do amparo aos seus com-panheiros de infortúnio, pedindo a todos que se guardassem sempre na fortaleza da prece e na defesa da fé na Misericórdia dos Céus.

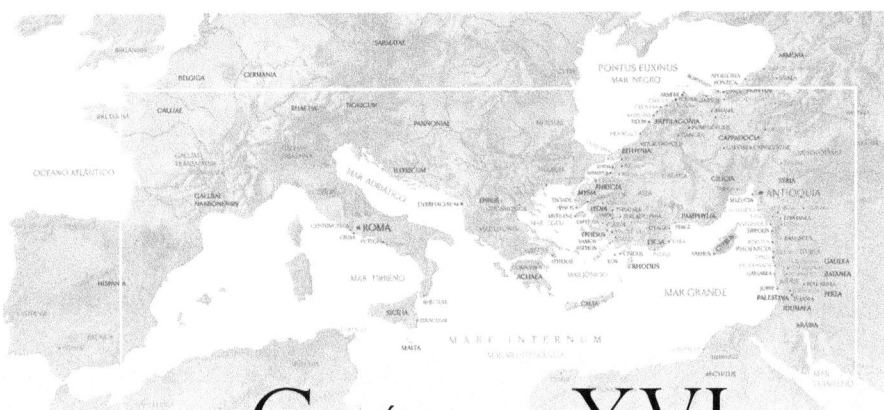

Capítulo XVI

Destino

ANO 34

Tadeu Barjonas, logo após atender às cerimônias religiosas na sinagoga de Cafarnaum, naquele sábado imediato à definição da sentença do banimento de Ruth procurou discretamente avistar-se com os conhecidos da véspera.

Pretextando ir ao encontro de um amigo viajor, tomou a direção da estalagem de Leocádia, ali encontrando-se, reservadamente, com João Boanerges e Tomé Bersebeu.

Em breves instantes, pôde, então, transmitir as boas notícias sobre Ruth.

João alegrou-se com as novas, lembrando-se do sonho que tivera com Abigail a respeito dos últimos sucessos.

Abraçou fortemente o guarda Barjonas, transmitindo-lhe, em seguida, os alvitres necessários para a rota de libertação de Ruth.

Demandariam a cidade de Antioquia, a fim de lá se estabelecerem. Para tanto, combinaram entre si o encontro dali a dois dias, às margens do Mar Mediterrâneo, na cidade costeira de Ptoleimada.[1]

---

[1] Vide nota do autor espiritual à página 527.

Depois de tudo acertado, todavia, João perguntou ao guarda Barjonas sobre o paradeiro de Malaquias.

O guarda abaixou a cabeça em sinal de profundo pesar. Infelizmente, nada poderia fazer a respeito dele. Ouvira de colegas na prisão que Malaquias havia desaparecido após lamentável sessão de torturas, sob a presidência direta do legado Esdras de Jerusalém. Corria à boca pequena que Malaquias, como tantos outros, não resistira aos maus tratos, vindo a falecer nas mãos dos verdugos impiedosos.

João compreendeu o alcance daquelas tristes revelações, silenciando em prece em favor do infeliz.

Naquela mesma noite, consolou a viúva Isabel e os seus filhos com o abraço fraterno e amigo, sem descuidar de revelar à família em provas acerbas a mensagem de consolação que Jesus lhes ofertava para alívio da dor suprema.

João escreveu longa missiva a Simão Pedro, na qual relatava os sucessos de sua viagem a Cafarnaum e o quadro desolador e triste do movimento do Caminho na cidade do Tiberíades. Nada poderia fazer a respeito do aniquilamento do núcleo do Evangelho de Jesus naquela cidade querida, tendo em vista a cruenta perseguição ainda em curso. Igualmente, informou a Simão Pedro sua intenção de seguir viagem até Antioquia, respeitando a inspiração superior, a fim de colaborar com o fortalecimento da Casa do Caminho naquela importante cidade da Syria.

Logo pela manhã, comissionou Tomé Bersebeu de retornar a Jerusalém, levando a Simão Pedro sua carta.

Após a refeição matinal, abraçou Leocádia, Isabel e os meninos com as despedidas carinhosas, prometendo retornar com apoio mais expressivo para a viúva e os filhos de Malaquias, assim que lhe fosse possível. Isabel agradeceu sensibilizada o concurso inesperado, transmitindo, por sua vez, suas recomendações a Ruth. Fazia-se temeroso o encontro imediato com a cunhada liberta e ajustariam, "a posteriori", o reencontro da família, assim que as condições favoráveis retornassem ao ambiente conturbado de Cafarnaum.

Tomando Ignácio pelas mãos, João partiu em caminhada na direção da costa mediterrânea até ao ponto de encontro combinado com o guarda Tadeu Barjonas.

O percurso a pé até Ptoleimada, distando aproximadamente 50 quilômetros, durou dois dias de exaustivo caminhar. Ao longo do trajeto, contaram com a assistência fraterna de muitos, que lhes ofereceram frutos, pães, chás e água.

O pequeno Ignácio, apesar do cansaço natural da jornada, exultava de contentamento e de alegria.

Nunca havia percorrido aquelas paisagens e a viagem lhe trazia grande prazer, mantendo a mente infantil sobre-excitada. Além disso, a proximidade do reencontro com Ruth fazia o seu coração palpitar de felicidade.

Ruth, por sua vez, fora libertada sob a escolta do guarda Tadeu Barjonas, que, tomando rota diversa da de João e de Ignácio, seguiu a cavalo para Nazareth, depois descendo o Zabulon até o Monte Carmelo em Haifa[2] e, de lá, até Ptoleimada.

No horário aprazado, nossos personagens se encontraram entre lágrimas de reconhecimento e emoção.

Tocado em sua sensibilidade, o guarda Barjonas, reconhecendo as agruras de uma viagem a pé até Antioquia, ofereceu a João pequena bolsa com provisões e dinheiro suficiente para o aluguel de potente cavalo para a viagem em questão. O apóstolo do Senhor, pensando mais nos sacrifícios de Ruth e de Ignácio, agradeceu o generoso oferecimento, recomendando o guarda Barjonas à proteção de Jesus.

Passadas as despedidas, Tadeu Barjonas retornou às obrigações em Cafarnaum.

Em Ptoleimada, João procurou avistar-se com os seguidores do Caminho, com a finalidade de solicitar abrigo e repouso.

Enquanto isso, Ignácio e Ruth brincavam junto ao mar, externando despreocupação e alegria pela emoção do reencontro.

Era a primeira vez que o jovenzinho se avistava com a

---

[2] Vide nota do autor espiritual à página 527.

exuberância do oceano, na imensidão azul das águas cálidas do Mar Grande, que hoje conhecemos como Mediterrâneo.

À noitinha, João, Ruth e Ignácio recolheram-se na hospitalidade de generoso casal de seguidores de Jesus, André e Maria Atala.

No dia imediato, tomaram as providências para a viagem até Antioquia, com a ajuda dos novos amigos.

Resolveram seguir a rota da costa mediterrânea, aproveitando para tomar os informes sobre a igreja nascente de Cristo em cada cidade por onde passariam.

Assim, partiram de Ptoleimada em direção a Tyrus. Depois atingiram Sidon, Berytus, Tripolis, Antaradus e, por último, Loadicea.[3]

Chegando em Loadicea, seguiram pelo interior em busca das margens ricas do vale do Rio Orontes que os levaria até Antioquia.

O vale do Rio Orontes, desde épocas remotas, sempre formou importante rota de ligação comercial e militar entre a Ásia Menor e o Aegyptus.

De sua nascente, no Vale Bekaa, o rio seguia seu curso drenando uma grande parte do Levante, tomando o rumo norte, seguindo paralelo ao Mar Mediterrâneo até à Syria, onde formava o lago de Emesa.[4] De lá, seguia o rumo noroeste de Epiphanea,[5] até Aphamea e Larissa, formando férteis vales numa depressão pantanosa, atingindo a cidade de Antioquia.[6] De lá tomava a direção oeste, desaguando no Mar Grande.

Os campos irrigados entre Emesa e Antioquia formavam propriedades produtivas de alimentos, razão da riqueza e da importância da região.

Nossos personagens chegaram a Antioquia com o espírito renovado pela beleza da paisagem, não obstante o extremo cansaço da viagem de quase 550 quilômetros.

Antioquia fora estabelecida quatro séculos antes pelo fundador da dinastia selêucida, o macedônio Seleucus I, também conhecido como Nicator, filho de Antiochus.

---

[3] a [6] Vide notas do autor espiritual à página 527.

Foi a segunda capital de seu império, que quase chegou às proporções do império de Alexandre, o Grande, com a exceção do Aegyptus.

A cidade era dos entrepostos de comércio mais importantes da Ásia Menor. Sua imponência assombrou os olhos curiosos de Ruth e de Ignácio.

O movimento da cidade era intenso.

Por toda parte, operários humildes e servos devotados corriam para a execução de seus afazeres de trabalho.

Mercadores cruzavam as vias públicas, trazendo carregamentos de toda espécie.

Viajores de múltiplas nações ali aportavam, com seus trajes diferentes e característicos.

Variados idiomas ouviam-se aqui e acolá, denunciando o caráter cosmopolita de Antioquia.

O gosto greco-romano pelos mármores suntuosos adornava numerosas e imponentes construções, entre templos e prédios públicos.

A tarde já descia sobre o horizonte ainda claro, tonificando de matizes variados o pôr-do-sol que se anunciava.

Nossa caravana de três, com João Boanerges à frente, não teve dificuldades iniciais para se situar, valendo-se da hospitalidade espontânea dos transeuntes antioquenses.

Depois de breves informes, João, Ruth e Ignácio bateram à porta de humilde residência na periferia da cidade, próxima à garganta pedregosa do Rio Orontes, a oeste.

Generoso velhinho estacou surpreso à porta. Era Manahen.

O venerável ancião, amigo dileto de Simão Pedro, foi um dos principais discípulos de Jerusalém, que, sob a sua orientação, fundaram o núcleo da Casa do Caminho do Cristo na cidade de Antioquia.

Manahen, ao avistar João Boanerges, esfregou os olhos. Não podia acreditar no que via! Soltou um grito de alegria, caminhando para o apóstolo querido de braços abertos:

- Louvado seja nosso Senhor Jesus Cristo, João! - exclamou, sorrindo de contentamento.

Os dois se abraçaram longamente, como amigos queridos que há muito não se viam.

Após as apresentações de Ruth e Ignácio, o bondoso velhinho fê-los entrar à casa, folgando de satisfação.

A morada humilde do trabalhador cristão de Antioquia trazia o seu gosto pelas coisas do campo, notadamente pelo pastoreio.

Embora já tivesse adiantada a idade, Manahen ainda se dedicava ao cuidado de cabras, com as quais fabricava de modo bem caseiro alguns produtos derivados do leite.

A colaboração de amigos de fé auxiliava-lhe na multiplicação dos produtos, como queijo, doces e coalhadas, além do próprio leite, que eram generosamente ofertados aos sofredores e necessitados que aportavam na Casa do Caminho de Cristo em Antioquia.

Logo na chegada, o menino Ignácio encantou-se com as cabras, que pastavam, graciosamente, no quintal.

O garoto pôs-se a brincar no meio dos animais com tamanha alegria, que a todos inspirou boas risadas.

De braços abertos, simulando um voo rasante de um pássaro amigo, corria por entre cabras e cabritinhos, que tilintavam velhos sinos dependurados ao pescoço.

Manahen tinha o costume de hospedar em sua residência os viajores cristãos de outras terras. Era viúvo de muitos anos, sem ter tido a alegria de formar descendência e a presença de peregrinos em sua casa muito lhe alegrava. Logo logo colocou sua vivenda à disposição dos amigos, já fazendo planos quanto ao futuro.

O núcleo do Caminho em Antioquia crescera muito nos últimos tempos. Em parte, Manahen atribuía essa atividade inesperada à perseguição deflagrada por Saulo de Tarsus aos seguidores de Cristo. Antioquia, por estar fora da influência de Jerusalém, era considerada um refúgio seguro. Além disso, a prosperidade geral da cidade atraía cada vez mais imigrantes humildes em busca de trabalho digno. Também sua importância militar para o Império Romano, situada em posição estratégica entre a Palestina e a Cilícia, fazia com que legiões de soldados se revezassem em suas obrigações, exercícios e rotinas guerreiras.

Tinha-se, desta feita, um grande contingente operário em Antioquia. Eram pedreiros, artesãos, tecelões, serviçais, que, somados à soldadela humilde e aos lavradores pobres do campo, formavam um ávido grupo de pessoas interessadas nas notícias da Boa Nova do Evangelho.

A consolação cristã caía n'alma popular despretensiosa como um bálsamo de esperanças dos céus. Por essa razão, os serviços do Evangelho desdobravam-se ininterruptos, requisitando a colaboração de todos aqueles aptos para a tarefa do esclarecimento e da assistência fraterna.

Manahen esmerou-se a dar todos esses detalhes a João Boanerges, concluindo, por fim, que seria muito acertada a sua permanência na cidade. Faltavam colaboradores conhecedores dos feitos de Jesus para se dedicarem ao esclarecimento geral e João caía como luva nos braços do serviço a realizar. A Espiritualidade Maior certamente ouvira-lhe as preces, enviando-lhe o estimado amigo do Cristo.

João Boanerges aceitou de bom grado o convite do discípulo de Pedro, responsável pelo núcleo da Casa do Caminho em Antioquia, e os dois amigos combinaram para o dia seguinte as apresentações gerais na assembleia dos fiéis.

Enquanto a conversação dos dois amigos adentrava a noite enluarada, Ruth recolhia-se para descansar da viagem exaustiva, fazendo igualmente com que o pequeno Ignácio dormisse o sono profundo dos que adormecem com o coração envolto num misto de alegria e gratidão.

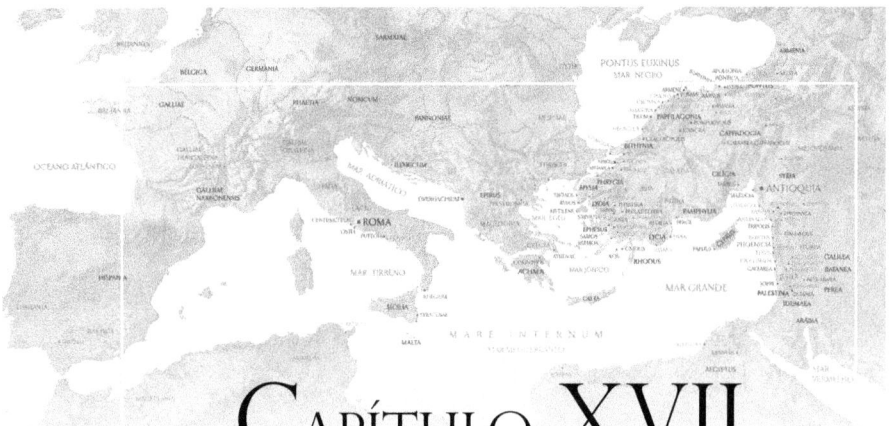

CAPÍTULO XVII

DEVOÇÃO

ANO 37|38

A comunidade cristã de Antioquia era das mais ativas e progressistas. Um genuíno sentimento de fraternidade envolvia todos os seus integrantes, que se devotavam com sinceridade e boa vontade aos serviços espirituais e de assistência aos mais necessitados.

A grande maioria dos aprendizes do Evangelho de Jesus em Antioquia era formada por representantes humildes das classes menos aquinhoadas e sofredoras. Operários paupérrimos, camponeses pobres e soldados rasos ali acorriam em busca de alívio e consolação para suas dores e seus dramas existenciais tão pungentes. Recebiam o bálsamo do conforto espiritual com a alma enternecida de alegria e reconhecimento. Assim, todas as noites, findas as responsabilidades diuturnas a que se consagravam, os surpreenderíamos em compacta assembleia de estudiosos da nova doutrina do Cristo, ávidos por sorver as orientações celestes para a secura das provações de suas vidas.

Essa numerosa assembleia de fiéis exultou quando o irmão Manahen lhe apresentou a figura mansa e generosa de

João Boanerges como sendo o discípulo querido do Mestre Jesus, que a partir daquela hora dedicar-se-ia ao esclarecimento de todos em torno dos passos e dos ensinamentos do Cristo.

A reunião transcorreu em clima de grande contentamento e a simpatia natural estabeleceu-se de imediato espontânea entre os cristãos antioquenses e o filho de Zebedeu.

A humildade do discípulo a todos encantou, conquistando-lhes os corações sedentos de carinho e orientação.

Em breve tempo, repetia-se a cena da igreja de Joppe e os novos seguidores do Cristo firmaram em João a ponte de respeito através da qual trafegavam em confiança suas dores, dúvidas e questões mais íntimas, em busca do esclarecimento imprescindível à manutenção de sua paz de espírito.

Tal se tornou a confiança dos antioquenses com a presença de João, e tamanho se fizeram o cuidado e o carinho do apóstolo em atender solicitamente a todos que o buscavam, que novamente surgiu, com naturalidade, a alcunha de Pai João.

Após as reuniões noturnas, em que se estudava livremente os temas evangélicos propostos por Jesus de Nazareth, já encerrados os serviços espirituais em curso o dedicado apóstolo desdobrava-se no atendimento despretensioso de quantos a ele buscavam para um colóquio mais íntimo.

Desnecessário dizer que o patrimônio moral de seu elevado espírito, pleno de lucidez superior, fazia-se sentir com veemência nos conselhos e alvitres, cheios de bom senso e caridade, que generosamente emitia em favor dos que o procuravam.

Nessa época, a igreja antioquena passou a ser foco de grandes atenções. O elevado sentido de suas realizações de caridade em favor dos desabrigados e tristes, doentes e sofredores de toda ordem fez multiplicarem-se os afazeres e as necessidades de concurso.

Não raro, quando tudo estava em carência ou falta, surgia um que outro viajor de outras terras, ou um mercador abastado da própria região, que, se tomando de simpatia pela fraternidade legítima ali exemplificada, se condoía pela penúria geral, ofertando vultosa soma de recursos a benefício dos serviços de assistência. E assim o trabalho de caridade prosseguia no desdobre de seus objetivos mais puros.

Por três anos ininterruptos colaborou João Boanerges na condução do núcleo do Caminho do Cristo em Antioquia para a alegria geral e a satisfação de Manahen.

Também nesse período de bênçãos o intercâmbio espiritual fizera-se mais intenso nas reuniões dos fiéis.

A mediunidade era ali tratada de modo natural e espontâneo e, não raro, ao final dos trabalhos do dia, a Espiritualidade Maior fazia-se ouvida pelos fenômenos da voz direta, da escrita direta, da psicofonia, da psicografia, da clarividência e da clariaudiência, e até mesmo pelos efeitos físicos a envolverem todos os presentes com redobrado otimismo e alegria, fortalecendo-lhes a fé na Providência Divina.[1]

Nesse ambiente de simplicidade e fé cresceu nosso Ignácio, sob a assistência de Ruth, em sua substituição maternal incansável.

Desde a chegada em Antioquia, estabelecendo-se na companhia de Manahen, Ruth e Ignácio afeiçoaram-se à convivência com os irmãos de fé, colaborando na solução de todas as questões dos serviços de fraternidade e iluminação desenvolvidos pela comunidade antioquense.

Foi no ambiente sereno da Casa do Caminho de Cristo em Antioquia que o ainda garoto Ignácio afeiçoou-se ao jovem Tito, que mais tarde colaboraria ativamente com o convertido de Tarsus na extensão da Boa Nova de Jesus junto aos gentios.

Tito era filho de respeitável família cristã, de origem grega, que habitava Antioquia. Seus pais ouviram pela primeira vez as notícias do Cristo ali mesmo, no recinto das reuniões noturnas do grupo e, desde então, nunca mais se furtaram à colaboração com a Casa.

Tito e seus irmãos menores foram educados sob as luzes do Cristianismo nascente, pela orientação de Manahen.

---

[1] Vide nota da editora à página 527.

Uma afinidade natural estabelecera-se entre eles e os chegados da Galilea, João, Ruth e Ignácio.

O planejamento espiritual superior assim os preparava aos testemunhos do porvir quando seriam chamados a levar as notícias do Evangelho às terras distantes do Judaísmo.

Ruth, para não se tornar um peso diante da generosa acolhida de Manahen, voltou a dedicar-se ao bordado e à atividade rendeira, com que pudesse contar recursos para sustentar-se e ao jovem Ignácio.

Não demorou muito para que o brilhantismo de seus dotes artísticos chamasse a atenção das senhoras da sociedade antioquena, que se tornaram suas freguesas. A simpatia de Ruth carreou a amizade sincera de muitas senhoras influentes para as causas de caridade do núcleo cristão de Antioquia e por isso os serviços foram se desdobrando com o amparo de Mais Alto.

Vez por outra, emissários de Jerusalém chegavam com notícias de Simão Pedro e de outros amigos.

Certa feita, chegou à cidade de Antioquia um correio trazendo um apelo de Simão Pedro para que João retornasse à Cidade Santa o quanto antes. Ezequiel, a mando de Pedro, encareceu a necessidade dos bons ofícios de João na capital dos judeus, uma vez que a perseguição deflagrada contra os seguidores de Jesus havia amainado um pouco devido à colaboração precisa de Tiago, filho de Alfeu. Os serviços urgentes tornavam a volta do apóstolo uma imperiosa exigência.

Sem dar tempo para que as lamentações dos amigos o perturbassem, João partiu em direção à Judea. Convinha, no entanto, que Ruth e Ignácio permanecessem na região do Orontes na companhia de Manahen.

Nas despedidas, Ignácio, já um adolescente cheio de vida e disposição, ofereceu-se a seguir com o apóstolo para as tarefas da divulgação do Evangelho.

João, todavia, cheio de terna autoridade, assim falou--lhe:

- Meu querido Ignácio, importa que fiques aqui em Antioquia. Como relegar ao abandono aquela que tem sido uma verdadeira mãe ao teu coração ainda jovem? Ruth necessita muito de tua dedicação filial. Ademais, não te julgues apto de todo para o serviço do Cristo. Ainda és muito jovem e minha intuição me diz que aqui é o teu lugar de preparo e estudo para que te lances mais tarde ao testemunho da verdade e do amor que nosso amado Jesus nos legou. Portanto, segue a minha recomendação. Tem coragem, fé e perseverança para que fidelizes o pensamento e o coração no amor de Cristo.

O jovem adolescente nada pôde retrucar, abraçando-se ao amado tutor, com lágrimas nos olhos.

João, então, arrematou:

- Não te amofines com minha ausência temporária. Mais tarde estaremos novamente reunidos no serviço ainda por fazer.

E deixando Ruth e Ignácio aos cuidados de Manahen, partiu de volta a Jerusalém, atendendo ao chamado de Pedro.

No caminho de volta à Judea, João não se esqueceu de passar por Cafarnaum da Galilea, a fim de avistar-se com Isabel e seus filhos. Levava-lhes generoso donativo, arrecadado com o trabalho de Ruth, que mandava aos sobrinhos queridos e à cunhada amorosa as suas lembranças de saudade.

A passagem do tempo contava sempre com o acréscimo das horas, dos dias e das semanas de novas experiências aos nossos personagens.

Alguns meses após a partida de João, chegou em Antioquia nobre casal de irmãos de fé, proveniente de Palmyra, de Damascus, de Emesa e da Berea.[2] Tratavam-se de Áquila e Prisca, trazendo grande júbilo à comunidade de fé ao cientificarem a conversão do doutor de Tarsus às portas de Damascus, pela interferência direta do Senhor Jesus.

---

[2] Vide nota do autor espiritual à página 529.

Os boatos, que já algum tempo davam conta dessa fa-
çanha do Cristo, enfim se confirmavam pelo testemunho dos
novos amigos vindos do interior da Syria. O generoso casal
estagiaria algum tempo em Antioquia antes de empreender a
viagem a que se propunha para Roma, a capital do Império.

Mais alguns meses se passaram e Manahen abraçou
com alegria o mais novo enviado de Simão Pedro para as tarefas do Cristo em Antioquia. José Barnabé, com sua bondade característica, apresentava-se ao serviço em substituição a
João Boanerges na cidade à beira do Orontes.

Manahen, já alquebrado pela idade, exultou. Desde a
partida do apóstolo do Cristo, sentia-se sozinho, assoberbado
de responsabilidades ante a multiplicação do serviço. A chegada de Barnabé não poderia ter acontecido em melhor hora.

José Barnabé, que chegara com o sobrinho João Marcos para os labores evangélicos em Antioquia, munido dos
informes de João Boanerges abraçou com imensa ternura ao
jovenzinho Ignácio como a um filho. Igualmente passou a devotar à Ruth a estima de um irmão do coração.

Na reunião dos fiéis, Manahen passou a direção da Casa
a Barnabé, justificando o avançado da idade. Ante os sorrisos
dos presentes, José Barnabé aceitou-lhe a incumbência, com
a condição de que Manahen se mantivesse ao lado dele nas
decisões a tomar.[3]

*F*IM DA 1ª PARTE

---

[3] Vide nota do autor espiritual à página 529.

SEGUNDA PARTE

CRESCIMENTO
MATURIDADE

Capítulo XVIII

Missão

ANO 47|48

Antioquia da Syria era a terceira cidade mais importante do Império Romano, após Roma e Alexandria. Foi a partir de Antioquia que a mensagem do Cristianismo nascente deixou de ser um movimento religioso estritamente circunscrito à nação judaica, desenvolvido basicamente num ambiente rural, para tornar-se um fenômeno urbano, de alcance mais generalizado.

Em contraposição aos estados judaicos, onde se falava o aramaico e o hebraico, em Antioquia predominava o vernáculo do Império Romano conhecido como *koiné*, ou grego vulgar.[1]

Foi em Antioquia que os seguidores do Cristo de origem judaica, fugidos das primeiras perseguições em Jerusalém ao tempo do martírio de Estêvão, abraçaram a coletividade gentílica de origem helênica, inaugurando a universalização do ensino do Cristo pelas pregações aos gentios de todas as procedências.

O chamado povo de Cristo, *christianoi*, em grego, fundou em Antioquia da Syria a primeira comunidade mista de ascendência fraternal e solidária, constituída de judeus e gentios. Não foi sem outra razão que os desígnios da Espiritualidade Superior que nos governa os destinos para lá encaminhou José Barnabé e Saulo de Tarsus, a fim de que, contemplando

---

[1] Vide nota da editora à página 529.

as bases sedimentadas da fraternidade legítima entre os povos representados na cidade, pudessem mais tarde se lançar no desempenho de suas inesquecíveis viagens missionárias de evangelização de todos os povos gentios, secundados por outros companheiros de fé.[2]

Antioquia pôde ser lembrada para sempre como o fulcro central irradiador da missão aos gentios, na universalização do Cristianismo.

Notório é o episódio transcorrido no núcleo da Casa do Caminho do Cristo em Antioquia, em que o jovem médico de nome Lucas,[3] influenciado pelas forças do Alto, sugere que a partir dali todos os seguidores de Jesus adotem a alcunha de "cristãos", em detrimento à de "caminheiros", uma vez que caminhos existiam muitos, mas o de Jesus era um só. Sua sugestão foi amplamente aceita e adotada por todos, tendo-se, a partir de então, a identificação mais precisa e correta do movimento do Cristianismo nascente.

Quase uma década à frente vamos encontrar a comunidade cristã antioquena desenvolvendo-se plenamente, fortalecida com os frutos das viagens missionárias de Paulo de Tarsus e José Barnabé.

Sua direção, havia anos, estava a cargo de Barsabás, que contava como seu braço direito nas tarefas de cada dia com a prestimosa assistência de João, filho de Maria Cleofas, incansável trabalhador do movimento cristão, reconhecido por seus elevados dotes morais.[4] Coadjuvando seus esforços de organização e administração, quatro mancebos colaboravam como professores da doutrina cristã, diariamente, nas assembleias dos fiéis. Eram eles Tito, Trófimo, Tíquico e Ignácio.

Enquanto Barsabás e João de Cleofas se devotavam à condução dos assuntos de ordem geral e à busca de soluções para os problemas que surgiam, os quatro mancebos dedicavam-se com afinco ao estudo do Evangelho de Jesus, interpretando-o com clareza e lucidez junto à congregação dos irmãos de fé, que diariamente acorria à igreja cristã em busca de consolo, iluminação e alívio.

---

[2] a [4] Vide notas do autor espiritual às páginas 529-530.

A tradição do profetismo espontâneo nas reuniões da igreja cristã de Antioquia mantinha-se com vigor. A manifestação da Espiritualidade realizava-se com naturalidade ao final dos estudos, fazendo-nos lembrar do mediunismo evangelizador dos tempos atuais nos núcleos do Espiritismo cristão.

Foi nesse ambiente propício que Ágabo desenvolveu espiritualmente sua capacidade psicofônica, recebendo a palavra de iluminados instrutores espirituais da comunidade.

Ali também Ruth aperfeiçoou, com o passar dos anos, as faculdades mediúnicas da clarividência e da clariaudiência, anotando advertências e avisos do plano superior.

Assim também ocorreu com Trófimo, que apresentou mais sensibilidade para a recepção, pela psicografia, de mensagens provenientes do plano espiritual.

Enquanto isso, nosso Ignácio aprendeu a dedicar-se aos sofredores e enfermos, especializando-se na imposição das mãos para o passe de forças curadoras vindas das esferas mais altas.[5]

Ao final de uma dessas reuniões, quando nossos amigos já se despediam para o conforto do lar, em demanda ao descanso reparador, surge a figura veneranda de João Boanerges. Ruth e Ignácio conversavam com descontração e alegria com Tito e seus familiares. Ignácio não conteve o grito de júbilo profundo, que lhe escapou do coração aprisionado de saudade:

- Pai João!!!

Num instante, transpôs o salão, abraçando-se demoradamente ao apóstolo querido de Jesus, mal sopitando as lágrimas que lhe caíam abundantes dos olhos. Todos aqueles anos de saudades sem fim não puderam ser represados pelo recato e o manancial puro de seus sentimentos mais queridos jorrou sem reservas. Nesse ínterim, os familiares de Tito abraçaram-se à Ruth como a solidarizarem-se ao seu generoso coração, pleno de emotividade.

Também ela não pôde conter o pranto da alegria mais profunda.

---

[5] Vide nota da editora à página 530.

Após as mais justas trocas de afeto mútuo, nossos amigos rumaram para a vivenda de Manahen.

O velho colaborador do Cristo jazia imóvel, preso ao leito da enfermidade, aparentando ter sofrido um colapso vascular cerebral alguns anos antes.

Não obstante quedar-se sem a possibilidade da fala, agravada pela paralisia motora, seu olhar lúcido denotava a vivacidade de sua alma de escol.

Havia quase dois anos que fora acometido pela doença irremediável e desde então reconhecia em Ruth e em Ignácio os filhos dedicados que lhe cumulavam de carinho e atenção.

Ao ver chegar, próximo ao seu leito de provações, a figura querida do apóstolo João, Manahen só pôde chorar de contentamento.

Em breve, o generoso ancião passou a ouvir, junto à Ruth e a Ignácio, com o máximo de interesse, o relato das lutas e peripécias em prol do Evangelho do Senhor, que João passara a relatar-lhes com cuidado e detalhamento, fruto da vivência de seus últimos anos entre a Judea e a Galilea.

Havia, inclusive, estado em Ephesus, em peregrinações de amor e de fé na difusão do Evangelho de Jesus.

Apaixonara-se pela capital da Jônia, com sua alma popular inquieta, bastante necessitada do alimento espiritual que somente o Cristo poderia oferecer.

Decidira-se, portanto, a se instalar definitivamente entre os efésios. Um dos membros da família real de Adiabene, depois dos primeiros contatos com o Evangelho, sensibilizado nas fibras do coração, oferecera até mesmo uma pobre casinha em Ephesus para a moradia do apóstolo.

Manahen, Ruth e Ignácio ouviam-lhe os relatos vivos, tomados de alegria e de admiração.

João trouxera também notícias e recomendações de Isabel e de seus filhos, feitos valorosos jovens servidores do Cristo em Cafarnaum da Galilea.

Ruth e Ignácio não se continham de satisfação.

Em seguida, João expôs seus planos quanto ao futuro.

A exemplo de Paulo e Barnabé, estacionaria algum tempo em Antioquia da Syria para depois buscar o caminho dos gentios, da Jônia, da Phrygia e da Lydia distantes, com a finalidade da evangelização de suas gentes.

Antes, porém, tencionava buscar a presença da mãe de Jesus, Maria, situada junto de parentes, na Batanea, desde os sucessos dolorosos do calvário de seu Filho amado. Prometera ele ao próprio Jesus que cuidaria da Santíssima Senhora como a uma mãe querida. A seu ver, fariam muito bem à Maria de Nazareth os ares novos de Ephesus ou de Smyrna.

A noite ia já alta quando nossos personagens adormeceram com suas esperanças renovadas ao bafejo das novidades cariciosas do reencontro tão querido.

Por oito meses, João, o apóstolo, colaborou ativamente com a coordenação de Barsabás à frente da igreja cristã de Antioquia. Ignácio e Ruth não cabiam em si de contentes.

Certa noite, na finalização das prédicas evangélicas, Ruth vislumbrou um quadro espiritual em que se destacava a figura veneranda de Manahen, sorridente e luminoso, mostrando-lhe nos pulsos algemas quebradas.

Relatou, então, discretamente, o episódio de suas visões a João e os dois compreenderam que o instante da desencarnação do velho companheiro de lutas estava próximo.

João, a seguir, ao encerrar os trabalhos da noite com sentida prece, rogou a Jesus o acréscimo de suas bênçãos em favor do doente querido, no que foi seguido por toda a comunidade de fiéis antioquenos.

Ao retornarem ao ambiente caseiro, notaram alegre vozerio no interior.

Penetrando os umbrais da casa, curiosos quanto à identidade dos visitantes, os três estacaram surpresos: Manahen recobrara a fala e conversava animadamente com luminosa entidade espiritual semimaterializada. João reconheceu Abigail, irmã de Estêvão, que lhes acenou com bondade.

Todos puderam registrar-lhe a voz carinhosa, dirigindo-se a Manahen, nestes termos:

- "Regozija-te agora, Manahen, porque o Senhor ouviu-te a súplica e ainda hoje estarás liberto dos grilhões da carne para as luzes de Seu reino de espiritualidade e beleza!"

Instintivamente, João, Ruth e Ignácio ajoelharam-se respeitosos, acompanhando estupefatos a intensa movimentação das entidades espirituais, que traziam complexos implementos a desligarem o espírito de Manahen do corpo doente, deixado inerme e sem vida, entregue ao leito.

Entre lágrimas, nossos amigos ainda beijaram-lhe a fronte hirta, registrando o momento em que Abigail, utilizando-se de estranha tesoura, cortou brilhante fio de prata que ainda ligava o espírito de Manahen aos despojos físicos.

Repararam então a partida do cortejo luminoso em demanda à pátria espiritual, louvando no coração a bondade infinita de Deus.

Dias mais tarde, passadas as justas homenagens da comunidade cristã ao seu velho dirigente já decesso, João manifestou a vontade de partir em busca de Maria de Nazareth. Nos últimos meses, a figura da venerável Senhora fora o tema preferido das conversas íntimas entre Ignácio e João Boanerges.

Ignácio alegrava-se por saber todos os detalhes sobre a personalidade daquela que fora no mundo a mãe abnegada de nosso Senhor Jesus: "Como desejaria um dia conhecer-lhe a generosidade! Como estimaria beijar-lhe as mãos! Como gostaria de interrogar-lhe afetuosamente sobre o seu Filho amado!"

João, por sua vez, sorrindo de satisfação e abraçando-se amoroso ao pupilo, sugeriu-lhe que escrevesse breve missiva à mãe de Jesus, que ele a levaria de bom grado à Santíssima matrona.

Ignácio abraçou-o pleno de alegria e reconhecimento. No dia imediato, entregou nas mãos do apóstolo a carta breve, que reproduzimos a seguir, aproximadamente nestes termos:

"À Maria, mãe bem-aventurada e portadora de Cristo, de Ignácio, teu servo e devoto.

Sendo neófito e discípulo de João Boanerges, o apóstolo do Senhor, peço à Senhora força e consolação, pois fiquei estupefato ao ouvir coisas maravilhosas sobre teu filho Jesus.

Dirijo-me à Senhora, que esteve familiarmente unida a ele, e que conhece todos os seus segredos, porque desejo saber se é verdade tudo que ouvi.

Que os neófitos na fé, que estão comigo, como Tito, Trófimo e Tíquico recebam também força e consolação em Cristo, da Senhora e pela Senhora, para todo o sempre!"

Meses mais tarde, explodindo de contentamento, Ignácio receberia pelas mãos de um correio a generosa resposta de Maria, mãe de Jesus:

"A Ignácio de Antioquia, discípulo querido de meu Filho bem-amado, a humilde escrava de Jesus Cristo.

As coisas que você ouviu e soube por João, o apóstolo querido, a respeito de Jesus são verdadeiras.

Acredite nelas com alma e coração, estude-as, siga firmemente seus votos cristãos no caminho da verdade e vida que ele nos deixou, adequando seus costumes e sua vida inteira a eles.

Seja firme e corajoso na fé, não tenha medo da violência da perseguição por sua causa augusta, e mantenha sempre o espírito forte e extasiado em Deus, nosso Pai!

Amém!"

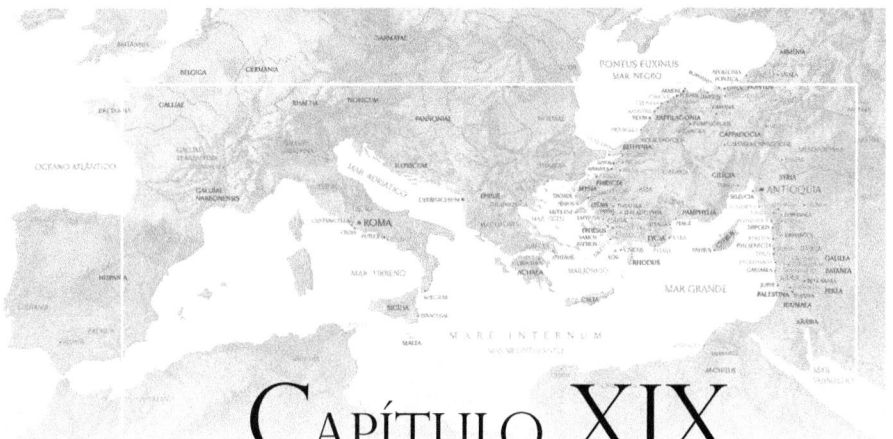

Capítulo XIX

Peregrinos

ANO 48

João Boanerges partiu em demanda às terras da Batanea, para além do Jordão, a fim de buscar a companhia amorosa de Maria de Nazareth.

Antes, porém, dirigiu-se a Cafarnaum para avistar-se com Isabel e seus filhos, levando-lhes as notícias e mimos mais recentes de Ruth e de Ignácio.

Após rápido estágio à beira do Tiberíades, seguiu para Betsaida e de lá cruzou a província de Gaulanitis até ao Rio Ailan, em plena Batanea.

Tencionava seguir os informes precisos de Maria de Nazareth, que lhe enviara alguns anos antes as referências geográficas imprescindíveis à localização do sítio onde morava na companhia de parentes queridos.

Assim João atingiu o Rio Ailan, seguindo rumo sul às suas margens até aos arredores rurais da cidade de Bathyra, antes da desembocadura do Rio Ailan nas águas do Rio Yarmuk. Ali encontrou facilmente, pelas indicações da vizinhança, o sítio da moradia da generosa mãe do Senhor Jesus.

Os dois se encontraram banhados em lágrimas de profunda emotividade e alegria.

Abraçaram-se como mãe e filho que há muito não se viam. A cena comoveu todos os familiares próximos de Maria. A presença amorosa daquele discípulo de Jesus fazia com que todos se recordassem da inesquecível figura do Senhor, com sua vigorosa e inconfundível personalidade.

João Boanerges e Maria de Nazareth recordaram os últimos momentos de Jesus na cruz do martírio e a sua inolvidável recomendação para que se amassem como mãe e filho, nos laços genuínos do amor mais puro.

As recordações seguiram vivas, emocionando-os instante a instante.

Passo a passo, recordaram a missão gloriosa do Cristo de Deus, que ambos souberam amar e seguir com devotamento e fidelidade extremos.

A noite ia alta quando a generosidade de Maria ofertou--lhe a hospitalidade de um alvo leito, convidando-o ao repouso. Após leve refeição, todos adormeceram, agradecendo a Deus pela bênção do reencontro.

No dia imediato, João relatou à Maria as notícias acerca do desenvolvimento do Evangelho de seu Filho junto às coletividades percorridas por sua dedicação.

Nesse colóquio, de alma para alma, pôde Maria melhor aquilatar as lutas e as conquistas dos seguidores de seu Filho na extensão de seu Evangelho de amor e sabedoria.

Tomou ciência dos esforços de Paulo de Tarsus na evangelização de todas as gentes e louvou a coragem e o valor do novo apóstolo.

Verteu com emoção longo pranto ao reconhecer a bondade augusta de seu Jesus, que houve por bem retornar à terra da iniquidade para reajustar um coração desviado qual o de Saulo, reorientando-lhe as forças e a sinceridade valorosa para a reconstrução do caminho de amor e de luz para o qual fora chamado.

Em meio à cariciosa conversa, João entregou-lhe algumas missivas de que se fazia portador, dentre elas uma de Madalena, desde há muito morando em Cafarnaum.

Entregou-lhe também a pequena carta de Ignácio.

Maria interessou-se pela história do jovem rapaz, enternecendo-se com o relato de João e dispondo-se, imediatamente, a responder-lhe a consideração.[1]

Depois disso, João expôs à Maria os projetos para o futuro de ambos. Disse-lhe que desejaria seguir o exemplo de Paulo de Tarsus e buscar um sítio da gentilidade onde pudesse ensinar as verdades cristãs sem as influências e os preconceitos judaizantes.

Maria acedeu de boamente aos planos de João, acompanhando-lhe o raciocínio com grande vivacidade e interesse.

Prosseguia João dizendo que tivera breve convivência em Cafarnaum com uma senhora de origem grega, a senhora Leocádia, natural da cidade de Ephesus, e que esta lhe havia pedido, antes de partir deste mundo, para levar a palavra do Cristo aos seus parentes distantes entre a Jônia e a Lydia, regiões que ainda não haviam recebido o bafejo da Boa Nova.[2] Tencionava ele então para lá voltar com a finalidade da difusão do Evangelho, estimando poder levar consigo a própria Maria, mãe do Senhor.

Prometeu a ela que se dedicaria, a partir de então, como um filho ao seu espírito de mãe amorosa, para que se cumprisse a determinação de Jesus em torno de seus destinos. Arregimentaria, igualmente, jovens dispostos ao testemunho da verdade e do amor, dentre eles Ignácio, para que todos os esforços não sofressem solução de continuidade com a hipótese de sua partida deste mundo.

Maria de Nazareth a tudo ouvia, cheia de satisfação, com os olhos brilhando. Concordou, generosamente, em seguir João e, nesse mesmo dia, iniciaram os preparativos para a viagem.

A breve tempo, concordaram com o itinerário a seguir.

Primeiramente, buscariam avistar-se com Simão Pedro e Tiago, filho de Alfeu, em Jerusalém. Depois seguiriam para Joppe e Caesarea, de onde embarcariam em alguma galera mercante que demandasse o Mar Egeu.

Em uma semana, todos os preparativos foram executados a contento.

---

1 e 2 Vide notas do autor espiritual à página 530.

Após as despedidas emocionadas da parentela de Maria, nossa pequena caravana seguiu a passo lento em direção a Jerusalém da Judea.

—————————— ❖ ——————————

A viagem transcorreu calma.

Nossos personagens passaram por Abila, Gadara, Pella, Scythopolis, Sebaste, Sicor, Salem, Jericó, Betânia, chegando, por fim, a Jerusalém, onde foram novamente recepcionados com alegria pela hospitalidade de Maria Marcos.

Demoraram-se em Jerusalém apenas o tempo de trocarem impressões afetuosas com Simão Pedro e Tiago, lá descansando por alguns dias.

Na sequência de seus planos, tomaram o rumo de Joppe, passando por Emaús, onde reviram amigos queridos. Depois foram até Caesarea, onde embarcaram em grande nau da Achaea, cheia de mercadorias do Oriente, com destino a Corinthus.

O comandante da grande embarcação, Salustius Primus, era de origem romana, homem de rara generosidade, detentor de boa têmpera e grande simpatia pelos povos do Oriente.

Não teve dificuldades de se afeiçoar à presença daquela nobre matrona e de seu filho adotivo João, aquiescendo de bom grado a que o varão usasse da palavra franca junto de seus marujos e passageiros.

João Boanerges entendeu de pronto o ensejo que Jesus lhe ofertava para a pregação do Evangelho e não titubeou em buscar as inspirações superiores na palavra do esclarecimento em torno da libertação espiritual que a mensagem do Cristo preconizava.

Aqueles homens rudes e inquietos, a maioria sem muita instrução, apenas aquela proveniente da sabedoria popular, fruto dos embates da vida de lutas e de sofrimentos das classes menos favorecidas, receberam a palavra de João com lágrimas nos olhos. Muitos deles, emocionados, sentiram o refrigério que a consolação cristã proporciona aos sobrecarregados e aos aflitos do mundo.

Um deles, contudo, chamou mais amplamente a atenção do apóstolo João: um jovem bretão, de nome Johannes, dotado de grande desenvoltura de pensamento e raciocínio.

João Boanerges logo afeiçoou-se ao rapaz, admirando-lhe a clareza filosófica e o entusiasmo pelas notícias do Cristo.

Em pouco tempo convidou-o a segui-lo na direção de Ephesus para a finalidade da divulgação do Evangelho. O moço exultou, deliberando acompanhar aquele pregador em nome do Cristo Jesus.

A viagem pelo Mar Grande em demanda ao Mar Egeu correu tranquila, oferecendo aos nossos personagens paisagens de rara beleza, em sublimes poentes. O navio escalou em Tyrus e também em Sidon, na Phoenicia, depois em Paphus, Cyprus e Rhodus, antes de atingir Ephesus da Jônia.

Agradecendo a amizade de Salustius Primus, João desembarcou na companhia de Maria de Nazareth e do jovem Johannes.

O cortês romano sentiu forte comoção no abraço sincero de João Boanerges. No íntimo, num turbilhão de profundos pensamentos, adivinhava a procedência celeste daquele espírito de escol, pisando a poeira do mundo no desempenho de sagrada missão esclarecedora.[3]

Após instalarem-se em humilde hospedaria para o descanso oportuno, João procurou avistar-se com os familiares de Leocádia. Contudo, a empresa não foi fácil.

Ephesus era a antiga capital da confederação jônica, por onde haviam passado reis de Athenae, da Lydia, da Pérsia, da Syria e de Pergamum.

---

[3] Vide nota do autor espiritual à página 530.

De Codrus e Androcles, passando por Alexandre, o Grande, e Atallus III, seus domínios chegaram às mãos do Império Romano por volta do ano 133 antes de Cristo.

Em Ephesus, a mão de ferro de Sulla sufocara a rebelião de Mithradates no ano 84 antes de Cristo, depois de quatro anos de lutas e o massacre de mais de cem mil cidadãos de Roma na província da Ásia.

Em 27 antes de Cristo, a cidade convertera-se na capital da província proconsular da Ásia, submetida diretamente ao Senado romano.

Sua importância maior, contudo, era geográfica e comercial, à beira do Mar Egeu, gozando de posição privilegiada no Império.

A cidade era reconhecida por sua riqueza cultural e artística, rival da grande Athenae por sua ciência e filosofia. Era, igualmente, um dos maiores centros religiosos do paganismo greco-romano. O culto à deusa Diana, Ártemis, em grego, tinha em Ephesus a sua sede multinacional. O templo de Ártemis era considerado uma das sete maravilhas do mundo, chegando alguns a afirmarem tratar-se da mais bela estrutura construída no mundo de então.

O Artemision, como era chamado, continha 127 colunatas, todas de mármores raros, com cerca de 25 metros de altura, dispostos numa plataforma retangular de 105 x 55 metros. Seus arredores eram considerados sagrados e seu santuário era visitado por mercadores estrangeiros, devotos, artistas, celebridades e turistas de todas as partes da Ásia, da Jônia, da Pérsia e até da Índia.

Outras construções imponentes maravilhavam os visitantes de Ephesus como o Grande Anfiteatro, onde, antes da inauguração do Stadium de Nero, se realizavam as disputas atléticas, as lutas de gladiadores e a corrida de bigas[4] romanas, assim como as representações teatrais para o deleite de seus quase 25.000 espectadores. Fora mandado construir pelo imperador Claudius e terminado por Nero. Não é difícil imaginar o assombro de nossos personagens humildes ante a imponên-

---

[4] Vide nota do autor espiritual à página 530.

cia orgulhosa da cidade dos efésios.

Enquanto não encontravam a parentela de Leocádia, nos primeiros dias, Maria de Nazareth, João Boanerges e o jovem Johannes cruzaram por todas aquelas avenidas pomposas e aleias floridas, admirando as belezas naturais das montanhas Coressus e Pion, a foz do Rio Cayster abraçando o porto no Mar Egeu com seu azul celeste, tudo isso rodeado pelas mais belas construções de mármores, suntuosas estátuas e afrescos inigualáveis.

Capítulo XX

Amizade

ANO 48

Uma semana se passou sem que João lograsse qualquer êxito na localização dos familiares de Leocádia. Preocupava-se com a situação, pensando na precariedade de seus recursos e com as despesas naturais da hospedaria em que se recolhera. Era preciso atinar com providências outras, com vistas à sua instalação definitiva na cidade dos efésios.

Absorto nesses pensamentos, o apóstolo seguia com displicência pela beleza magnificente da Rua dos Curettes, indo da Porta Magnésia em direção ao teatro.

A exuberância do caminho, adornado de fontes, de monumentos, de galerias, de estátuas e de mosaicos não lhe chamava mais a atenção. Tencionava buscar a ágora comercial de Ephesus, onde pudesse adquirir algumas provisões.

Ao atingir o pátio repleto de lojas comerciais e de tendas variadas, uma grande algazarra chamou-lhe a atenção.

Dois jovens adolescentes, robustos, brigavam entre socos e pontapés.

A pequena multidão em torno assistia ao embate, instigando a violência viril dos hormônios, que transbordava dos combatentes. Os dois jovens insultavam-se, deixando à mostra o antagonismo natural de suas convicções religiosas.

A cena perturbou sobremodo a observação do apóstolo do Senhor. Com um certo enfado, adiantou-se, furando o bloqueio que o populacho curioso formara ao redor da arena de luta improvisada no meio da rua.

Via-se, à pouca distância, a impassibilidade das autoridades romanas. Dois guardas acompanhavam a cena, dando risadas sobre os lances imprevistos da luta aberta. De fato, à época, eles somente interviriam ostensivamente se se constatasse o envolvimento de algum cidadão do Império.

No chão rolavam, no entanto, dois nativos da cidade dos efésios: um de humilde origem judaica, de nome Jacob, e o outro filho de abastado mercador grego.

A contenda era de caráter religioso.

Heleno, o jovem grego, tomara as críticas de Jacob por ofensa irremediável às sagradas tradições do Olimpo dos deuses de Athenae.

Verificando a inusitada razão daquela luta desnecessária, João colocou-se no centro da arena e inquiriu, a plenos pulmões:

- Irmãos, por que desperdiçar forças no ódio das raças e das famílias, quando já esteve entre nós aquele que é a luz do princípio e providência de todos os seres, sendo muito maior que Zeus ou Moisés?

Sua palavra enérgica e franca revestiu-se de tal magnetismo que os jovens desistiram da luta repentinamente, recompondo as próprias vestes em desalinho, um tanto quanto envergonhados da situação.

A turba inconsciente aos poucos dispersou-se, desinteressando-se com o fim dos embates. Os dois jovens, contudo, sentiram forte atração pela figura daquele homem desassombrado e corajoso. "De onde viria tamanha convicção naquela advertência ouvida?" - pensavam os dois, quase que simultaneamente.

Cessada a luta, João aproximou-se dos rapazes, oferecendo-se para cuidar-lhes as feridas.

Aquele interesse fraterno e espontâneo ganhou-lhes a confiança e, a breve tempo, ambos submeteram-se ao curativo necessário pelas mãos de João Boanerges.

Não demorou muito e os dois jovens, Heleno e Jacob, começaram a rir-se de si mesmos.

Heleno, em reconhecimento ao auxílio de João, ofereceu-lhe o abrigo da loja do pai, distante algumas braçadas romanas.

Os três rumaram para o interior da loja de tecidos, onde foram recebidos por Apolônio, pai de Heleno.

Após providenciar alguns sucos de frutas aos visitantes, Heleno indagou, com curiosidade e atenção:

- Mas, afinal, quem poderá ser maior que Zeus?

No que foi prontamente respondido pelo apóstolo:

- Meus jovens, posso testemunhar-lhes, com todas as forças de minha pobre vida, que muito maior que Zeus, ou mesmo Moisés, é o Messias nazareno, que haveria de vir, e efetivamente já veio, ao nosso mundo de sombras. Jesus Cristo é o salvador para as nossas almas, iluminando-nos o roteiro da ascensão espiritual para sempre!

Suas palavras, carregadas de emotividade e fervor, comoveram as fibras íntimas de Apolônio, que retrucou, curioso:

- Vejo que és um homem de fé cristalina e, como tal, amante sincero da verdade e do bem. Não compreendo muito o que afirmas, mas tua sinceridade é comovente! Como precisamos de mais homens de fé como a tua em nossa sociedade de apelos degradantes!

Em seguida, indagou:

- És da Palestina?

João deu-se pressa na resposta:

- Sim, venho de lá com a intenção de fixar residência na capital jônica para os serviços do Evangelho de Jesus!

- Ah, sim! O Messias dos hebreus! - exclamou Apolônio, no que foi emendado por João:

- O Mestre do amor e da luz para a humanidade inteira! Já ouviste falar de Jesus? - perguntou o filho de Zebedeu.

Como que articulando os recessos da memória, Apolônio respondeu-lhe, entre pensativo e saudoso:

- Sim, sim! Já ouvi falar do teu Jesus. Tenho familiares na Galilea distante. Na última notícia que tive de minha saudosa tia, antes que ela partisse transpondo as águas do Aqueronte pela via da morte, soubemos, por meio de informes familiares, que ela se entregou de coração à doutrina desse teu Cristo Jesus.

João mal pôde sopitar a explosão de alegria a dominar-lhe o peito:

- Louvado seja Deus! Não me digas que és da parentela da senhora Leocádia, residente em Cafarnaum da Galilea!!!

- Sim, sou! - respondeu Apolônio, espantado.

João então relatou a ele seu conhecimento com Leocádia, sua adesão ao Evangelho de Jesus, seus últimos dias na face da Terra e o quanto ela havia lhe recomendado e sugerido que fosse para Ephesus, a fim de estender a Boa Nova de Jesus aos parentes helênicos.

Contou que o pedido da respeitável matrona foi-lhe muito simpático aos ideais de espalhar as notícias do Cristo entre os povos gentios e que, a partir de então, resolvera mudar-se para Ephesus. Como os endereços e indicações de Leocádia, no entanto, não puderam ser encontrados, já havia dez dias que estava à procura de sua família, sem sucesso.

Rematou, por fim, que sempre confiara na bondade do Alto no envio da inspiração do que precisasse, a fim de sequenciar os seus planos e lá estava ele, diante de um sobrinho de Leocádia!

Apolônio e Heleno a tudo acompanhavam com emoção e interesse, quando João desabotoou uma das dobras de sua túnica, entregando-lhes pequeno pacote.

Apolônio emocionou-se até às lágrimas ao reconhecer no conteúdo a letra de sua tia Leocádia, em algumas missivas familiares.

Em seguida, explicou a João que os endereços antigos fornecidos pela tia não mais existiam. Que as propriedades de seu pai Isidoro foram desapropriadas pela autoridade pro-consular romana para a construção dos edifícios imponentes da administração imperial. Esclareceu ainda que, após esses desgostos, seus pais Isidoro e Helena entregaram suas almas às vascas da morte. Natural, portanto, que não pudesse encontrar ninguém.

João alegrou-se com a oportunidade daquele encontro, abraçando-se a Apolônio como quem abraça um ente querido.

Comovido, o mercador grego quis saber detalhes da hospedagem de João, inteirando-se de que a própria mãe de Jesus de Nazareth ali também se encontrava.

A breve tempo, ordenou providências para que todos fossem hospedados em sua própria casa, oferecendo-a também para que João ali falasse do Evangelho de Jesus e de sua nova doutrina.

Jacob, que a tudo assistia incrédulo, cobrou forças para advertir:

– Mas, senhor João Boanerges da Judea, não seria mais apropriado que te dispusesses a falar desse Jesus na sinagoga dos judeus?

João compreendeu o alcance daquelas palavras, informando-se que Jacob era filho de um escriba do templo máximo do Judaísmo na cidade dos efésios.

Sem querer contrariar a quem quer que fosse, guardando a bênção da amizade que granjeara no coração de todos eles, anuiu, satisfeito:

– Tens razão, jovem Jacob. Se o Cristo achou por bem nascer em meio aos filhos de Judá, justo que sua excelsa mensagem chegue a todos os hebreus, em todos os confins da Terra. No próximo sábado, comparecerei de bom grado às preleções de fé no Sinédrio.

Aparentemente, a posição conciliatória agradou a Jacob, que, pedindo licença, se despediu pretextando cuidar de suas obrigações na oficina de teares de seu avô Jochedeb.

Antes que saísse, no entanto, João Boanerges fez um significativo gesto. Espalmando as mãos de Jacob junto às de Heleno entre suas próprias mãos, rematou, convicto:

– Aos jovens importa considerar sempre, acima de todas

as coisas, que poderemos até divergir em matéria de fé e de interpretação de nossas mais sagradas tradições religiosas, mas nunca poderemos nos esquecer do dever de nos respeitarmos mutuamente, como imperativo à fraternidade universal!

Os dois sorriram desapontados, seguindo cada qual o seu caminho – Jacob na direção de seus afazeres com o avô Joche-deb, e Heleno, sob as instruções do pai Apolônio, acompa-nhando João Boanerges em direção à hospedaria, onde busca-riam Maria de Nazareth e Johannes para a mudança necessária.

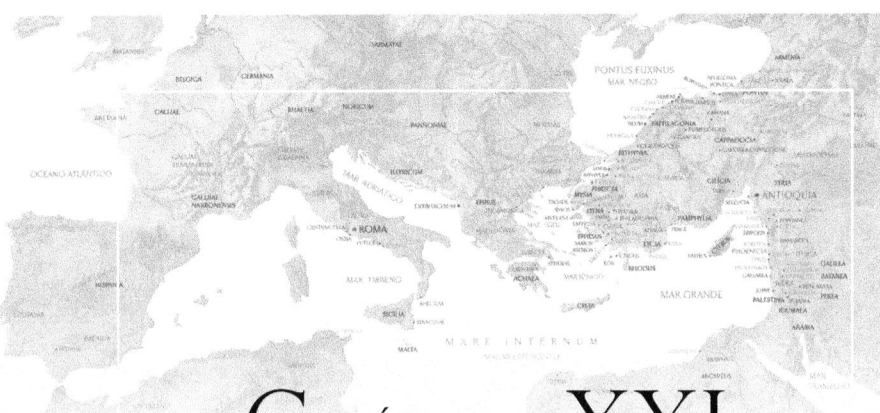

CAPÍTULO XXI

TRABALHO

ANO 48

C orria o ano 48 da Era Cristã. A generosidade de
Apolônio e de sua mulher Sybilla abriu as portas
de sua confortável residência para os nossos humildes personagens.

O filho mais velho do casal não se cansava de demons-
trar apreço e cuidado para com os visitantes da Palestina.

Desde o episódio de sua luta corporal com Jacob, em
razão do qual conhecera João Boanerges, o rapaz tomou-se
de grande afetividade por sua figura equilibrada e generosa.

Foi também com inusitada alegria interior que fora buscar na hospedaria de Ptolomeu os acompanhantes de João.

Quando seu olhar ainda juvenil, de 15 anos incomple-
tos, cruzou com o olhar de Maria, Heleno emocionou-se até
às lágrimas, sem poder ajuizar com certeza a razão daquela
forte emotividade repentina. Parecia haver reencontrado uma
deusa do Olimpo, que se apagava em sua glória celestial para
humildemente abraçar os seus filhos na Terra.

Maria de Nazareth retribuiu de imediato a afinidade espontânea que brotara entre seus corações.

Para a satisfação de seus pais, e de João, Heleno desdobrava-se em atenções e cuidados para com a presença de

Maria em sua casa. Assim, João Boanerges, Maria de Nazareth e Johannes foram hospedados convenientemente pela hospitalidade de seus novos irmãos de origem grega.

Da família numerosa de Apolônio e Sybilla, que contava três filhos varões e duas filhas moças, todos receberam os visitantes com consideração e respeito. Todavia, era Heleno o mais devotado às novas amizades. Este sentia grande alegria interior naqueles dias, como que pressentindo uma nova era de realizações superiores em seu espírito imortal.

Apolônio estava curioso por ouvir de João as notícias alvissareiras do Evangelho daquele Jesus que causara tanta comoção alguns anos antes nas terras distantes da Palestina.

Combinaram entre si que os serviços de esclarecimento filosófico e religioso da nova doutrina seriam iniciados no domingo subsequente. Para tanto, Apolônio reservara o peristilo de sua própria residência, destinando-o à exposição da Boa Nova.

Sybilla e as filhas cuidaram dos detalhes da preparação da sala, enquanto Maria de Nazareth se entregara alegremente aos afazeres domésticos, auxiliando velha serva da família.

Apolônio e os filhos trataram de convidar os amigos mais chegados para o esclarecimento da nova filosofia de viver proveniente da Palestina.

No sábado anterior, contudo, João, seguindo seu compromisso assumido com Jacob, apresentou-se na sinagoga dos hebreus.

Após as considerações dos escribas e dos fariseus presentes à cerimônia em torno da lei mosaica, no período reservado às preleções dos visitantes, João tomou lugar na tribuna.

Não sem conter os ímpetos de hesitação, começou a discorrer sobre as promessas da vinda do Messias, notadamente aquelas registradas pelo profeta Isaías.

Enumerou com propriedade as previsões do profeta a respeito do Salvador, afirmando, para o assombro de todos, que o Messias tão esperado por Israel já viera para a redenção do mundo inteiro.

Grande alvoroço tomou conta da compacta e modorrenta assembleia, tão acostumada à ausência de novidades e à rotina automatizada das interpretações da lei e dos profetas da raça.

Nesse momento, Josafá, o maioral do templo, fariseu de grande influência na comunidade judaica de toda a região da Jônia, levantando a sobrancelha, inquiriu, altivo:

- Forasteiro, a que Messias te referes? Acaso desconhecemos nós, os doutores da lei de Ephesus, que o salvador de Israel já esteve no mundo?

Ouvindo a orgulhosa interpelação, João, transbordando profundo sentimento de amor, replicou, humilde:

- Refiro-me à figura excelsa de nosso Mestre e Senhor Jesus, o Cristo de Deus, que pisou a poeira do mundo para nos transportar às estrelas do firmamento infinito!

Grande emoção dominou-lhe o espírito, acostumado já a sentir a presença amiga dos enviados do Senhor.

Naquela hora inesquecível, suas faculdades mediúnicas foram ativadas novamente e a vidência do apóstolo pôde divisar a presença espiritual de seu irmão querido, Tiago, junto dele, sorrindo-lhe, carinhosamente, acenando com um gesto de aprovação à tarefa que se iniciava em Ephesus, em nome do Cristo.

A reunião foi encerrada pelos sacerdotes. Podia-se ouvir na assembleia o irromper de sonoras gargalhadas de uns, de discussões acaloradas de outros, e o murmúrio da indiferença de outros tantos.

Enquanto isso, João apenas entregou-se à visão de seu mano querido. Uma torrente de lágrimas tomou-lhe os olhos, refletindo-lhe o coração cheio de saudades.

Recordou-se dos tristes sucessos que culminaram com o martírio de Tiago, quatro anos antes. Sua memória desfilou o encadeamento dos acontecimentos da Jerusalém de então, quando as pregações de Tiago, cheias de sinceridade e franqueza comoventes, atiçaram o convencionalismo farisaico do templo e a ira de Herodes Agripa. A perseguição deflagrada repetiu as cenas do martírio de Estêvão e em grande espetáculo público seu irmão Tiago, filho de Zebedeu e de Salomé, sofrera a pena de morte. No entanto, se para o reino do mundo sua voz fora silenciada à força, para o reino de Jesus ali estava seu mano querido Tiago, cheio de luz, retornando com a vitória do Cristo sobre a ignorância humana.

Tiago aproximou-se mais de João, abraçando-o.

O apóstolo chorava copiosamente, mas, apesar do saudoso pranto, seus lábios esboçavam um sorriso luminoso de fé e de esperança.

Tiago lhe disse, espiritualmente:

- "João, irmão querido! Aqui estou para dizer-te que aprouve ao Senhor nos unir novamente para o serviço da evangelização da Terra. Aqui em Ephesus iniciarás nova etapa de tua missão no mundo. Agora a experiência que adquiriste em Antioquia da Syria se desdobrará para a honra de Jesus. Convém que não fiques sozinho nas preleções em prol da Boa Nova do Cristo. Chama para perto de teu esforço o devotamento dos jovens de Antioquia. Há muito trabalho a realizar por toda a Mysia, a Bithynia, o Pontus e a Macedônia, e as colaborações de Tito, Trófimo, Tíquico e Ignácio te serão de muita utilidade. De nossa parte, estaremos espiritualmente contigo, em nome de Jesus. Sê fiel e confiante na bondade de Deus até ao fim de teus dias!"

Subitamente, enquanto ainda desfrutava do enlevo daquela revelação espiritual, João sentiu que alguém lhe puxava a túnica.

A visão espiritual esvaneceu-se, como se feita de bruma sutilíssima, e o apóstolo reconheceu, ao seu lado, na porta de acesso à sinagoga, o jovem Jacob.

O rapaz deu-se pressa em apresentar os familiares que o acompanhavam: Jochedeb, seu avô, e Mnason, seu pai.

Conforme as tradições do povo hebreu, foi o mais velho quem se dirigiu ao visitante:

- Distinto compatrício João, agradecemos-te o apoio generoso que dispensaste ao meu neto Jacob, nas turbulências de sua mocidade inexperiente. Tua generosidade bem reflete a sabedoria que nasce das fontes do sentimento enobrecido. Meu filho e eu muito estimaríamos ouvir os esclarecimentos sobre a doutrina deste teu profeta Jesus. Venha à sinagoga sempre que possível e quem sabe os maiorais de nossa raça não concluirão que o teu Senhor é mesmo o nosso tão esperado Messias e salvador!

João aquiesceu de bom grado ao convite dos familiares de Jacob, mas intimamente reconhecia a ingenuidade da proposição de Jochedeb, lembrando-se da luta sem tréguas da Casa do Caminho do Cristo em Jerusalém com os maiorais do Sinédrio.

Mais animado com a presença dos amigos espirituais, especialmente a de Tiago, João despediu-se para tomar a direção da casa de Apolônio. Era preciso tomar providências inadiáveis ao serviço. No dia imediato, iniciar-se-ia na casa do amigo grego as preleções do Evangelho de Jesus, sem as tricas do Farisaísmo.

Chegando ao destino, logo procurou avistar-se com Maria de Nazareth. Expôs-lhe minuciosamente os detalhes do contato espiritual que tivera com Tiago, seu irmão. Relacionou com admirável precisão todas as orientações dadas pelo amoroso enviado dos céus.

Maria exultava, reconhecendo a relevância daquelas considerações. Foi a Santíssima Senhora quem lhe sugeriu, por fim, enviar o jovem Johannes a Antioquia da Syria, objetivando chamar os jovens Tito, Trófimo, Tíquico e Ignácio para os serviços em Ephesus.

Daí a algumas semanas, Johannes partiria do Egeu com destino à Syria, levando consigo todas as recomendações do apóstolo João em missivas diversas aos amigos de Antioquia, solicitando-lhes, em nome do Cristo, o obséquio da presença na província romana proconsular da Ásia para o concurso ativo na difusão do Evangelho de Jesus a todas as gentes.

CAPÍTULO XXII

MEDIUNIDADE

ANO 48

O domingo chegara com uma atmosfera de muita alegria na casa de Apolônio. Todos da família do respeitável comerciante de origem grega aguardavam com expectativa a palestra de João, a quem passaram a estimar com simpatia e apreço. A generosidade do apóstolo havia cativado a amizade de cada qual. Heleno, no entanto, destacou-se como o mais preocupado com o bem-estar dos amigos novos da Palestina. Estava ansioso para que a aguardada reunião acontecesse a contento.

Logo ao cair da tarde os bancos improvisados foram sendo ocupados pelos amigos da família, curiosos das novidades filosóficas da nova doutrina.

João observava a diferença substancial daquela assembleia entre aquelas tão queridas ao seu coração, de Jerusalém, de Joppe, de Cafarnaum e de Antioquia da Syria.

Ali não estavam os representantes das classes mais humildes e sofredoras que sempre eram contados como sendo a maioria nas referidas cidades relacionadas em sua saudosa memória. Ao contrário, os novos assistentes pareciam provir das classes mais cultas e preparadas da edilidade helênica da cidade dos efésios.

Apolônio, cioso de suas relações pessoais, apresentava-
-os ao pregador do Cristo, quase com orgulho. Eram professores eméritos, sacerdotes ilustres, artistas renomados, comerciantes destacados.

No íntimo, o humilde apóstolo do Cristo guardou no
coração penosa apreensão. Não esperava se defrontar com
tão ilustre assembleia para os labores do Evangelho de Jesus.
Ele, que fora humílimo pescador originário de Betsaida, reconhecia não estar preparado para enfrentar os mais ilustrados.

Quando assim pensava, guardando certo temor, alguém
se aproximou devagarinho. Num instante, a presença querida
tocou-lhe levemente os ombros. Não pôde divisar a presença
augusta de Jesus de Nazareth ao seu lado, mas registrou pela
audição, uma vez mais, a voz melodiosa do Cristo a dizer-lhe:

- "Não cuideis em como ou o que haveis de falar, porque naquela hora vos será concedido o que haveis de dizer;
visto que não sois vós que falais, mas o espírito de vosso Pai é
quem fala em vós." (Mateus, 10: 16-20.)

Modificou-se imediatamente a sua disposição espiritual.
Uma serena confiança apossou-se de seu coração. Recordou-
-se da cena do Pentecostes na Jerusalém de suas lembranças.
Lembrou-se das maravilhas que ele próprio presenciara na
companhia do Senhor. Sem mais titubear na fé, orou fervorosamente, entregando-se de corpo e alma à bondade de Deus.

A hora aprazada chegara.

João, sentindo-se como num doce torpor, só teve tempo de oscular respeitosamente as mãos de Maria santíssima.

Sentiu-se transpondo as barreiras naturais entre os dois
planos da vida.

Reconheceu de imediato a figura amorosa de Tiago, seu
irmão, que se achegava para abraçá-lo carinhosamente. A um
leve toque do irmão espiritual, sentiu um fremir diferente em
seu corpo. Não mais divisava a assembleia das pouco mais de
duas dezenas de pessoas do círculo de amizades de Apolônio
no peristilo de sua residência. As paredes da casa se abriram
para novas distâncias. Centenas, talvez milhares de respeitá-

veis entidades espirituais ali se acotovelavam, expectantes.

Tiago abraçou-se mais fortemente ao irmão querido, dizendo-lhe:

- "João, confia em Jesus e entrega-te ao serviço!"

Sem vacilar, o apóstolo cedeu as últimas resistências. Num fenômeno de desdobramento espiritual espontâneo e consciente, afastou-se do corpo físico.

Ao longe, divisou a figura de Jesus, que lhe acenava sorridente. Notou que luminosa entidade espiritual ao lado do Cristo caminhou em sua direção, pedindo-lhe permissão para assenhorear-se de seu vaso físico. Ante o aceno de concordância do Senhor, João aquiesceu de bom grado ao convite. Surpreso, ainda pôde notar o intrincado fenômeno de justaposição, pelo qual a luminosa entidade dominou-lhe os centros de força do corpo a certa distância.

Tiago, seu irmão, veio socorrer-lhe a indagação, explicando:

- "Trata-se de um dos mais lúcidos espíritos do Senhor, o espírito liberto de Sócrates, que falará esta noite aos seus ilustres compatriotas gregos sobre o caminho do Cristo de Deus, para que todas as gentes sejam chamadas ao banquete celestial de sua luz imorredoura!"

Sem compreender de todo a transcendência do fenômeno em curso, João Boanerges, em espírito, passou a assistente de seu próprio corpo físico, provisoriamente sob o domínio de Sócrates, que, por elevado processo mediúnico de psicofonia, passou a discorrer com maestria, em grego clássico, sobre o Evangelho de Jesus para a assembleia inebriada e estupefata.

O próprio apóstolo João, em sua humildade natural, teve dificuldade em acompanhar os luminosos conceitos filosóficos descortinados pelo mártir da cicuta, encantando-se, porém, com os efeitos da luminosidade presente.

Ao final de cinquenta minutos de preleção, ininterruptos, o espírito de Sócrates despediu-se, recomendando todos à proteção do Cristo.

Tiago reconduziu o irmão ao domínio do próprio corpo de matéria mais densa. Entretanto, antes que sua visão espiritual se fechasse, João ainda pôde reparar a emotividade deixada pelo espírito de Sócrates em centenas de entidades espirituais, que choravam copiosamente.

Ao recobrar o domínio de si mesmo, João nada mais divisou para além das fronteiras das paredes do peristilo da residência de Apolônio.

Levemente entontecido, pediu à Maria o obséquio de um copo d'água reconfortante.

A digníssima Senhora enxugava o pranto de discreta surpresa.

Durante dez longos minutos, ninguém naquela sala inesquecível ousou dizer qualquer coisa, quebrando o sagrado silêncio da alma diante da verdade.

Com muito esforço, Apolônio levantou-se para, comovidamente, abraçar João.

Prorromperam no recinto saudações entusiastas e exclamações de surpresa.

Ninguém esperava daquele galileu humilde, de procedência da Palestina ignorante, tamanha erudição.

"Que dizer do acontecido? Acaso Apolônio pregara uma peça nos amigos ilustres, fantasiando algum luminar do pensamento ateniense de vanguarda de judeu errante? Como interpretar aqueles conceitos profundos de libertação espiritual?"

Várias conjecturas provocaram discussões acaloradas entre os presentes. Contudo, somente pouco mais de cinco ouvintes, dentre os convidados, choravam de genuína emoção, rendendo-se, incontinenti, ao coração do Cristo.

Nesse grupo, contaram-se o professor Tirano, sua mulher Selena e sua filha Ariadne, enamorada de Heleno, e também o filósofo Erasto e a matrona Dionísia, do círculo das amigas mais próximas de Sybilla.

Na família de Apolônio, todos se tocaram de fundas emoções, mas Heleno e os pais foram os que mais amplamente abriram os corações à Boa Nova de Jesus.

Todavia, dentre os demais viu-se apenas a eclosão da presunção ou do desprezo, qual ervas daninhas a sufocarem os mais lídimos sentimentos de respeito e de devoção.

Teorias absurdas surgiram de inopino, desviando a atenção de outros tantos pensadores e sacerdotes inadvertidos, enquanto os mais amplamente aquinhoados de bens materiais se esquivaram acovardados, temerosos de experimentar as genuínas alegrias da caridade que a preleção acabara de exaltar.

A pouco e pouco, o recinto foi-se esvaziando, deixando nossos amigos da Palestina na companhia dos familiares de Apolônio e dos cinco novos adeptos do Cristo.

João estava extremado de cansaço, mas guardando inefável alegria pelo dever cumprido.

Debalde tentava explicar o ocorrido ante a insistência de Apolônio, que não compreendera que a momentânea erudição do apóstolo não lhe pertencia.

Por fim, disse-lhe João Boanerges:

- Meu caro Apolônio, definitivamente, não domino o grego clássico como supões. Afirmo-te que o Espírito Santo,[1] em nome de nosso Senhor Jesus Cristo, foi quem se utilizou de minhas pobres faculdades para ministrar os ensinamentos da noite de hoje. De uma vez por todas, rendamos graças a Jesus pelo acréscimo de misericórdia recebido de seu coração magnânimo para com a nossa ignorância humana!

Ante tal demonstração de humildade serena e firme, todas as interpelações foram silenciadas.

O novo pequeno grupo de irmãos pelos laços do espírito alegrou-se em ligeiro repasto de confraternização, admirando as belezas da noite, sob o bafejo de suave brisa vespertina.

---

[1] Vide nota do autor espiritual à página 530.

Capítulo XXIII

Renúncia

ANO 48

Combinada a partida de Johannes para Antioquia, em busca dos jovens seguidores do Cristo, João levou-o ao porto de Ephesus, despachando-o em um galeão sírio-fenício, com destino a Sidon. Fez-lhe todas as recomendações necessárias, entregando-lhe algumas cartas de apresentação, dirigidas a Barsabás, à Ruth, a Ignácio e a Tito.

Numa calma manhã, o galeão partiu levando Johannes, deixando João cheio de esperanças.

João Boanerges prosseguiu na tarefa do esclarecimento evangélico duas vezes por semana: aos sábados, atendia ao dever de falar sobre Cristo aos irmãos hebreus na sinagoga e, aos domingos, recebia os irmãos de origem grega no peristilo da casa de Apolônio e Sybilla.

Três meses se passaram sem que tivesse qualquer notícia sobre o desenrolar da missão de Johannes em Antioquia. Três longos meses de debates exaustivos, em que o apóstolo do Senhor se desdobrava em esforços sobre-humanos para contornar os inúmeros obstáculos com os quais se deparava.

Durante todo esse tempo, João sentiu o peso da solidão nas tarefas do esclarecimento. Somente Maria de Nazareth amparava-lhe o coração exausto dos rigorismos farisaicos e das elucubrações vazias de propósito dos filósofos helênicos. O apoio da digníssima Senhora restou-lhe como o bálsamo genuíno de amor no refrigério dos embates acalorados da primeira hora de labores evangélicos em Ephesus.

Partindo da capital dos efésios, o galeão sírio-fenício foi aportando, de quando em vez, para os objetivos de comércio a que se propunha. Passou por Miletus, Cnidus, Rhodus, Pátara, Myra, Perge e Tarsus, antes de aportar em Selêucia, onde Johannes desembarcou, alegre por pisar em terra firme.

Seguindo a foz do Rio Orontes, o jovem cristão caminhou por suas margens férteis, atingindo, em pouco tempo, a cidade de Antioquia.

Não teve dificuldades de encontrar o núcleo dos cristãos antioquenos. Maravilhou-se pela extensão dos serviços ali desempenhados em nome do Mestre. Compreendeu de pronto o alcance da tarefa missionária de João na Jônia distante e a razão de tê-lo mandado ir a Antioquia da Syria.

Barsabás, sendo o dirigente dos serviços da igreja, deu-se pressa em marcar uma reunião especial com os colaboradores da Casa para que todos ouvissem os apelos comoventes de João, vindos por intermédio do diácono Johannes e registrados em suas missivas particulares.

Ruth e Ignácio haviam recebido o rapaz como hóspede querido, devotando-lhe toda a atenção necessária.

Dali a três noites, a reunião aconteceu sob a direção lúcida de Barsabás, secundado por João de Cleofas.

Johannes, embora ainda jovem, era detentor de uma erudição particular, que a todos encantou.

Via-se, no brilho de seu olhar, a chama da fé cristalina a iluminar-lhe de sinceridade a alma devotada e fiel.

Com eloquência invulgar, expôs o plano de João Boanerges, endereçando aos jovens de Antioquia o chamado ao serviço de evangelização da província romana da Ásia. No remate de sua explanação, pediu licença para ler as cartas particulares, endereçadas pelo apóstolo.

Um debate fraterno estabeleceu-se e, sem grandes obstáculos, o projeto foi aprovado pela quase unanimidade dos presentes. Os jovens Tito, Ignácio, Trófimo e Tíquico foram incentivados a atender ao apelo de João.

Preparativos e providências foram, então, delineados.

Decidiu-se, por fim, que os quatro partiriam na companhia de Johannes na direção de Ephesus, no mês seguinte. Enquanto isso, a comunidade cristã de Antioquia tomaria a seu cargo as deliberações necessárias para que tudo corresse a contento. O próprio Barsabás encarregar-se-ia de organizar pequena coleta de contribuições, em benefício da igreja nascente dos efésios.

Um coração, contudo, amargurou-se, de súbito.

A alma sensível de Ruth antevia a partida próxima de Ignácio, feito seu filho espiritual pelos laços mais puros do amor.

O próprio João havia previsto tal situação com a sua sensibilidade acurada, razão pela qual endereçara-lhe carinhosa carta de reconforto. Nela sugeria que Ruth mandasse vir de Cafarnaum sua cunhada Isabel e seus sobrinhos queridos para alegrar-lhe os dias.

Ruth guardou a sugestão do amigo como verdadeira tábua de salvação, como se tivesse encontrado a chave de precioso problema da alma. Entretanto, uma nuvem de preocupação ensombrou-lhe a face sempre iluminada de radiosa alegria de viver. Natural fosse assim. Os corações que amam verdadeiramente se ressentem da separação, ainda que transitória, de seus entes queridos. Entre Ruth e Ignácio não poderia ser diferente.

O jovem Ignácio, no auge de suas forças físicas, também se abatera. Entretanto, uma alegria diferente começou a inundar-lhe o espírito idealista.

Finalmente, compreendera a convocação de Jesus para os testemunhos inadiáveis.

Recordou emocionado a figura majestosa do Mestre querido a tomá-lo nos braços fortes. Sentiu uma vez mais os afagos generosos do Messias em sua cabeleira infantil.

Naquele momento, aquele mesmo Senhor, amoroso e protetor, o convocava à maioridade espiritual e, intimamente, Ignácio exultava pela gloriosa oportunidade de servi-lo.

Sequer hesitaria um só segundo para segui-lo até aos confins do mundo. Não temeria as lutas e os sacrifícios por amor de seu santo nome.

Naquela noite, já de volta a casa, Ignácio e Ruth se abraçaram demorada e silenciosamente.

Quem na esteira do mundo terrestre poderá avaliar a extensão da troca de amor profundo que se processou naquele abraço silencioso?

Logo depois de ligeira refeição, os dois, na companhia de Johannes, conversaram longamente sobre as expectativas do porvir.

Recordaram as personalidades queridas de José Barnabé e de Paulo de Tarsus, quando, anos antes, propuseram-se, sob inspiração superior, a levar as luzes do Evangelho de Jesus aos povos gentios.

Lembraram-se de suas primeiras viagens missionárias, do relato de suas lutas acerbas e de seus ingentes sacrifícios em prol da causa do Cristo. Mas também não se esqueceram da alegria dos primeiros frutos da Cristandade para além da Syria. Passaram os olhos nas cartas de Paulo como que procurando inspiração no exemplo do doutor de Tarsus em toda parte.

Um doce regozijo íntimo suavizou-lhes, então, a dor da separação e numa prece espontânea e sentida nossos amigos se entregaram à vontade de Deus, aceitando, de alma e boamente, o compromisso para com a redenção humana.

No firmamento, a noite alta acendia um manto de estrelas, convidando nossos amigos ao sono reparador do corpo físico.

Ruth, Ignácio e Johannes adormeceram em paz, sonhando com o Infinito.

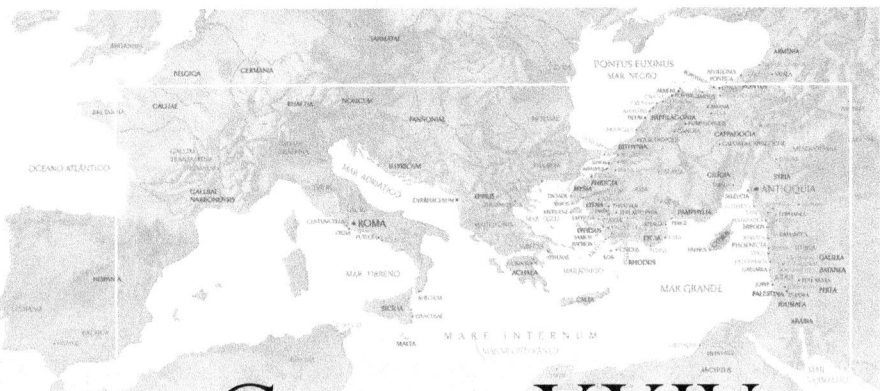

Capítulo XXIV

Mérito

ANO 48

Os preparativos para a partida dos jovens, em socorro da missão evangelizadora de João na Jônia distante, fizeram-se prestes.

Barsabás coordenou todas as providências, encarregando a Eusébio da coleta de provimentos indispensáveis à viagem dos confrades. A coleta monetária também se processou a contento, sob sua direta interferência.

Ruth, por sua vez, apressou-se a enviar um correio até Cafarnaum, convidando Isabel e os sobrinhos para colaborarem com os serviços espirituais da igreja de Antioquia, que, com a partida dos quatro jovens, ver-se-ia desfalcada de colaboradores. A providência também agradou a Barsabás, preocupado que ficara com a mesma questão.

De fato, três semanas após o envio da carta de Ruth chegava a Antioquia o filho mais velho de Isabel e de Malaquias, Daniel.

Homem feito, robusto e decidido, resolvera ir até Antioquia atendendo ao apelo da tia adorada. Os dois abraçaram-se longamente, Ruth admirando-se de como amadurecera aquele jovem franzino de outros tempos.

As lutas e os sofrimentos redentores haviam retemperado a sua personalidade impulsiva, trazendo-lhe ao espírito inquieto uma serenidade diferente e uma viril resignação às tramas do destino.

Desde o desaparecimento de seu pai Malaquias, com o consequente confisco arbitrário de todas as suas posses, Daniel havia se entregado à bênção do Cristo. O próprio João Boanerges fora o amigo generoso a batizar-lhe o espírito com a água viva do conhecimento redentor.

Sendo assim esforçara-se por consolar a mãezinha indefesa, trabalhando arduamente para sustentar o núcleo familiar, integrando a mãe e os irmãos de sangue aos serviços espirituais da igreja cristã de Cafarnaum. Todos eles haviam sido instruídos na sã doutrina de Jesus, convertendo-se em fiéis trabalhadores de sua seara.

Daniel esforçava-se para alinhavar todos os detalhes dos acontecimentos que sobrevieram à sua família, concluindo, por fim, que, nos últimos tempos, sua mãe Isabel achava-se muito chorosa. A carta de Ruth chegara em excelente momento, razão pela qual decidiu-se a ir a Antioquia no preparo da mudança de todos.

Ruth e Ignácio não se continham de alegria com a expectativa em andamento, aliviando, por sua vez, a sombria preocupação com a solitude de Ruth, tendo em vista a partida iminente.

Ignácio, a seu turno, enfatizou a Daniel a necessidade de se reciclarem os valores humanos na igreja de Antioquia e a chegada de seus coirmãos de Cafarnaum fazia-se bênção para todos. Daniel, Eliel, Rafael e os gêmeos, Jeremias e Neemias, poderiam cooperar com muito valor nas tarefas em curso em Antioquia e a presença deles seria de muita utilidade.

Ruth, de antemão, ofereceu a antiga residência de Manahen, onde ainda morava com Ignácio, para abrigar a família inteira.

Daniel explicou-lhe, contudo, que ele, sua mãe Isabel e os gêmeos chegariam na frente, dali a três semanas, enquanto

Eliel e Rafael, por razões de consórcio e de suas respectivas complicações familiares, chegariam mais tarde.

Assim ficou combinado entre nossos personagens.

Ao final de dois dias, Daniel regressou a Cafarnaum para buscar a mãezinha e os irmãos.

Embora guardando já o coração cheio de saudades e de preocupações em torno da partida de Ignácio, Ruth sentiu-se mais aliviada com a vinda da família. A perspectiva próxima consolou seu espírito sensível, entregando-se de boamente à vontade de Deus.

Enquanto isso, Tito, Trófimo e Tíquico também ultimavam planos para a partida próxima, junto aos seus entes queridos.

Na véspera da partida de nossa caravana para o Mar Egeu, Isabel chegou a Antioquia, acompanhada dos filhos.

Foi um dia de grandes emoções para todos eles.

A família não se reunia assim desde muito tempo, embora mantivesse contato frequente por intermédio de mensageiros amigos.

Naquela mesma noite, Barsabás reuniu em assembleia os irmãos cristãos de Antioquia da Syria, solicitando, em sentida prece, as bênçãos do Alto em favor dos jovens caravaneiros do Evangelho de Jesus.

Suaves aromas desceram dos céus em resposta à rogativa sincera de todos, enquanto diminutas filigranas de luz brilhavam no recinto, abençoando os jovens viajores.

Seguiram-se despedidas comoventes. Abraços demorados de um que outro confrade mais expansivo e amoroso. E os jovens Tito, Ignácio, Trófimo e Tíquico seguiram para a sua última noite junto à família, com os corações reconfortados de esperança.

Em casa, Ruth e Ignácio trocaram recomendações mútuas de carinho e de amor, repletas de comovente sinceridade e beleza.

Abraçaram-se, demoradamente, em profundo silêncio. Depois adormeceram com a consciência plena de paz.

No dia imediato, logo cedo, fora o próprio Barsabás quem foi buscar Ignácio e Johannes.

As despedidas emocionadas e chorosas cederam lugar a votos eloquentes de paz em nome de Deus.

Eusébio e Barsabás seguiram com os rapazes até ao porto de Selêucia, onde tomaram curiosa embarcação traciana, com destino ao Mar Negro.

Sem incidentes dignos de maior atenção, nossos viajantes fizeram uma tranquila viagem pelo Mar Grande, aportando em escalas nas cidades de Tarsus, Attalia, Rhodus e Miletus, antes de chegarem a Ephesus.

Aquela aventura pelo mar despertou em Ignácio uma alegria contagiante.

Extasiara-se ao longo do caminho com as belezas naturais da paisagem.

Tomado de sublimes inspirações, entregou-se enternecidamente ao chamado divino ao serviço do Cristo, sem suspeitar que durante todo o trajeto contou com a proteção espiritual de seu pai Isaac.

A chegada em Ephesus não tardou.

A estonteante beleza da capital dos efésios encheu de admiração o espírito juvenil de nossos viajantes.

Depois do desembaraço natural junto às autoridades romanas de controle do porto, Johannes apressou-se em levar os novos amigos até à presença de João.

Três meses após a sua partida para Antioquia, retornava ele satisfeito pelo cumprimento do dever, trazendo ao apóstolo do Cristo os colaboradores indispensáveis à extensão do Evangelho pela Ásia Romana.

Apolônio, que já os aguardava de antemão, havia providenciado trabalho digno para os cinco jovens, junto aos comerciantes de suas relações pessoais. Dessa forma eles não pesariam a ninguém, podendo, perfeitamente, se manter numa hospedaria da cidade, próxima ao Portão Magnesiano.

A chegada de nossa caravana à residência de Apolônio e Sybilla foi uma só nota de alegria.

Ignácio jogou-se aos braços de João Boanerges com a alegria de um filho que reencontra o genitor amado depois de longo tempo.

Todos se abraçaram, plenos de satisfação.

Mas uma cena haveria de ficar gravada para sempre na retentiva da memória espiritual dos participantes daquele encontro de almas: o momento em que João, voltando do interior da residência de Apolônio e Sybilla, trouxera veneranda senhora à presença dos jovens de Antioquia, exclamando, sorridente:

- Meus filhos, eis nossa mãe querida! Eis Maria de Nazareth, abnegada mãezinha de nosso Senhor Jesus Cristo!

Instintivamente, como se agissem num só movimento de sintonia, com reverência e respeito profundos, Ignácio, Tito, Trófimo e Tíquico ajoelharam-se comovidos diante de Maria, osculando-lhe as mãos generosas.

Dir-se-ia que os súditos do reino dos céus prostravam-se humildes diante da majestade de uma de suas mais luminosas estrelas.

- Ora, ora, meus jovens queridos! Mas o que é isso? Levantem-se para abraçar esta humilde serva do Senhor, que os receberá doravante como filhos queridos do coração!

A generosidade espontânea da digníssima matrona colocou todos mais à vontade.

Ignácio, contudo, tendo em vista o seu temperamento apaixonado e eloquente, emocionado até às lágrimas, curvou-se uma vez mais para oscular os pés daquele anjo celestial feito mulher na superfície do mundo.

Após um ligeiro repasto de boas-vindas, oferecido por Sybilla e suas filhas, nossos jovens foram devidamente encaminhados por João e Heleno à hospedaria que os aguardava.

No caminho, João Boanerges aproveitou para relatar-lhes as lutas acerbas enfrentadas na cidade para a veiculação da mensagem do Evangelho de Jesus. Recomendou-lhes que não se impressionassem com a beleza aparente das ricas colunatas da cidade, com suas belíssimas construções e suntuosos palácios, porque, na verdade, a alma popular estava se mostrando fria como aqueles mármores aos apelos do Cristo.

Ao interesse demonstrado pelos jovens colaboradores, relacionou as tricas do Farisaísmo na sinagoga dos hebreus de Ephesus, assim como também as intermináveis discussões estéreis provocadas pelos articulistas gregos, que frequentavam, vez por outra, as reuniões cristãs na casa de Apolônio.

João concluiu suas considerações antevendo muitas lutas e sacrifícios à frente do caminho de todos eles, caminho de testemunhos da verdade, responsabilidade para a qual foram convocados.

CAPÍTULO XXV

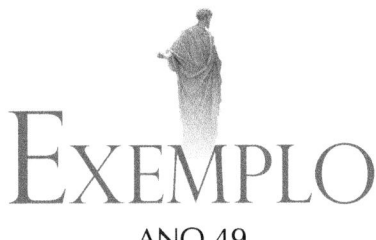

EXEMPLO

ANO 49

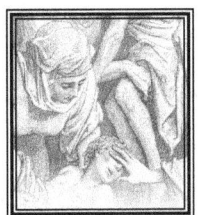

Durante um ano, nossos jovens chegados de Antioquia dedicaram-se com afinco ao trabalho honesto de seu próprio sustento, amealhado com os préstimos de Apolônio. Os parcos recursos poupados eram generosamente ofertados em benefício das reuniões de esclarecimento e na caridade sincera.

João Boanerges, durante as horas diuturnas, também dedicava-se ao trabalho digno. Oferecia seus conhecimentos de pesca à comunidade pesqueira no porto de Ephesus, colaborando ativamente na organização do mercado de peixes, à beira das instalações portuárias.

Sua alegria espontânea de viver granjeara a simpatia da grande maioria dos fregueses, a qual, muitas vezes, confiava-se a ouvi-lo nas dissertações amorosas sobre o Cristo de Deus.

Vez por outra, contudo, sua rotina tropeçava com episódios mais sombrios. Como todo mercado, aquele local fazia-se ponto de encontro das gentes de todas as procedências, de todos os credos, de todas as raças.

Assim como qualquer aglomerado humano em multidão, natural que os problemas surgissem.

Embriagados, coléricos, arruaceiros e desocupados de de toda ordem ali também faziam pouso, na esteira de suas próprias confusões. Não raro via-se o apóstolo do Senhor pacientemente apartando brigas e discussões acaloradas, com sua imperturbável serenidade.

Os próprios feirantes e pescadores, já conhecendo seu caráter apaziguador, solicitavam-lhe a presença sempre que problemas se delineavam.

Em pouco tempo, ei-lo acalmando os ânimos exaltados com sua palavra doce e amorosa. Até uma pequena roda de apostas, tão ao gosto dos efésios, estabelecera-se no mercado dos peixes sobre a duração de tempo necessária para que João silenciasse uma contenda. Dava gosto ver o generoso apóstolo saindo abraçado junto aos dois contendores, apaziguados com sua carinhosa assistência.

Certo dia do mês de outubro[1] do ano 49, um bando de malfeitores cruzou o recinto das bancas de peixes, com grande alarde: cerca de vinte rapazes, filhos das classes mais abastadas, moradores das residências e dos palácios das encostas à beira da Rua dos Curettes.

Não respeitavam quem quer que fosse diante de sua algazarra.

O ócio era a predileção daquele grupo inconsequente de jovens.

O desregramento de todas as suas forças físicas era resultado triste daquelas vidas em desperdício.

Disputavam entre si a supremacia do crime, da injúria, do descaso e da desordem.

Naquele dia, chegaram embebedados pelo vinho de todos os vícios, rindo-se, estentoricamente, de suas traquinagens, como se todos em derredor fossem apenas figurantes no teatro de suas arrogâncias e molecagens.

A cultura grega de seus antepassados ilustres para nada lhes servia.

Cultuavam a filosofia do prazer acima de quaisquer considerações.

---

[1] Vide nota da editora à página 531.

Escarneciam dos pobres e dos humildes.

Humilhavam os escravos.

Zombavam do trabalho honesto.

Desregravam as forças genésicas.

Roubavam.

Mentiam.

Acontece que um dos chefes desse bando de inconsequentes era Átalo, rapaz forte, de porte atlético e beleza invulgar. Átalo era primo de Heleno pela família de Apolônio e residia em Smyrna, cidade ao norte de Ephesus, a curta distância entre o Mar Egeu e as colinas de Hacimutsoste, também partícipe da província romana da Ásia.

Átalo e seus comparsas chegaram derrubando as tábuas de peixe fresco, atirando-as ao léu.

Temerosos de enfrentar os filhos das famílias poderosas da Jônia, os pescadores e feirantes anônimos recuavam receosos e hesitantes.

A guarda romana assistia àquele espetáculo deprimente como se ele fosse alguma comédia popular de gosto duvidoso, entregando-se ao riso franco e debochado.

Ninguém se atrevia a obstar aquele abuso.

João, que a tudo assistia atônito, imediatamente lembrou-se da indignada energia do Mestre perante os vendilhões do templo sagrado de Jerusalém.

Não eram aqueles jovens sem freio uns autênticos vendilhões do sagrado patrimônio das horas?

Que faziam eles da ocasião abençoada de viver senão desperdiçando-a fragorosamente?

Firme indignação fez a face antes serena de João ruborizar-se de chofre.

O apóstolo, tomando-se de grande energia, bradou, ante o assombro dos circunstantes:

- Meus filhos e irmãos da Jônia, acautelai-vos das armadilhas da sedição! Arrependei-vos enquanto estais a caminho no mundo para que o Cristo se apiede de vossa extrema ignorância e pobreza de coração. Aprendei com Jesus, porque leve é o seu fardo de amor e suave o jugo de sua misericórdia celestial. Quem não acender a chama da fé no caminho da verdade e da vida andará nas trevas da noite!

A balbúrdia cessou com a rapidez de um raio.

Silêncio mortal cruzou os ares do mercado.

Nunca alguém enfrentara com tal veemência aquele bando de imprudentes.

De repente, um grito lancinante fez-se ouvir no recinto. Era Átalo, que começou a se lamuriar, inconformado:

- Estou cego! Estou cego!

Surpresa geral na pequena multidão que acompanhava o caso. Metade do bando correu espavorida, exclamando:

- Feiticeiro em Ephesus! Feiticeiro à solta! Fujam todos! Feiticeiro! Feiticeiro!

A outra metade dos rapazes, mais suscetível em sua sensibilidade, prostrou-se aterrorizada diante de João.

Átalo chorava copiosamente, dizendo:

- Por quem sois, devolvei-me a visão! Quero meus olhos!... Quero meus olhos!...

João acompanhava tudo, imperturbável.

Carinhosamente, agachou-se e tomou o rapaz pelas mãos. Perguntou-lhe o nome e a procedência, logo descobrindo tratar-se de um sobrinho de Apolônio.

Em seguida, disse-lhe:

- Se aprouve à Divina Sabedoria apagar de uma vez o lume de teus olhos, Átalo, meu filho, é porque somente mergulhando nas sombras de ti mesmo terás condições de ver a luz que te clareará os caminhos doravante. Vem comigo à casa de teu tio Apolônio, que te vou apresentar a Cristo Jesus. Teus amigos serão também muito bem recebidos em nossas preces.

Aturdido, Átalo apoiou-se em João e seguiu com ele até à residência de seu tio. Três de seus amigos - Alceu, Dafnos e Eleutério - os seguiram com o espírito estupefato, enquanto os demais fugiram, temerosos.

Chegados à casa de Apolônio grande surpresa tomou conta de sua família. Contudo, como os preparativos para a reunião da noite estivessem a bom termo, todos aguardaram o momento propício para as orações em conjunto.

João Boanerges entregou o jovem rapaz Átalo aos cuidados de Maria de Nazareth, provisoriamente cegado por obra dos céus.

Em seguida, passou aos estudos evangélicos já programados.

No momento final das orações, Maria de Nazareth sentiu-se um tanto mais condoída pela sorte do rapaz, que chorava baixinho, aconchegado ao seu colo acolhedor.

Maria pressentiu a chegada de seu Filho adorado e inundada de um sentimento de puro amor fraterno beijou, delicadamente, os olhos inertes do rapaz.

Como por encanto, a visão de Átalo voltou de imediato. E enquanto ele pulava de alegria, gritando que via, Maria de Nazareth e João Boanerges puderam ouvir, espiritualmente, a voz doce e meiga de Jesus, dizendo-lhes:

- "Eu não vim curar os sãos!"

A reunião encerrou-se com todos rendendo graças à Bondade Divina.

No dia seguinte, o episódio alastrou-se como a grande novidade de todos os tempos para a mentalidade supersticiosa dos efésios e dos esmirnenses.

Capítulo XXVI

Apostolado

ANO 49

N ovas lutas se avizinhavam. A contenda e a incompreensão alastraram-se como erva daninha, sufocando a clareza de raciocínio das comunidades de Ephesus.

Sem atinar para as razões profundas de ordem espiritual, em torno das circunstâncias da provisória cegueira de Átalo e sua posterior reconquista da visão, o populacho entregou-se às considerações mais absurdas e às conclusões mais apressadas.

De imediato, os partidos se formaram. Havia os que temiam a presença outrora querida do apóstolo João, passando a vê-lo como feiticeiro vulgar, cujos poderes podiam até mesmo cegar os oponentes. Estórias absurdas foram inventadas da noite para o dia, animando o falatório inconsequente e leviano sobre a vida de João Boanerges. As lendas de seus poderes mágicos espalharam-se com rapidez. A própria família de Átalo de Smyrna inquietou-se preocupada com as repercussões do episódio, enviando a Apolônio uma missiva de alerta e repúdio às ideias cristãs do visionário da Palestina. O rapaz havia retornado ao recesso da convivência familiar cheio de superstições inusitadas na mente alterada, falando nos poderes de um novo deus de nome Jesus, que todos em Smyrna desconheciam. Apolônio, reconhecendo a ignorância dos parentes distantes, aconselhou-se com Sybilla, resolvendo silenciar sobre os protestos familiares.

Por outro lado, uma nova corrente de ideias passou a considerar a presença de Maria de Nazareth como a personificação de uma deusa descida do Olimpo, chegando alguns a tomá-la como sendo a própria Antígona, devolvendo os olhos ao desafortunado rapaz, cegado pela punição dos deuses.

As reuniões cristãs em casa de Apolônio tornaram-se conturbadas.

Enorme leva de curiosos espreitava os movimentos do Cristianismo nascente em sua residência, como se ali se encontrasse mais um oráculo milagroso do paganismo.

Outros tantos, insuflados de temores e de reservas absurdas, passaram a combater o ideal cristão como se se constituísse uma perigosa doutrina subversiva de suas tradições mais caras.

Bastou esse sinal para que a coletividade judaica também tomasse uma atitude hostil.

Os mais ortodoxos nos preceitos judaizantes passaram a atacar as preleções semanais de João na sinagoga dos hebreus, questionando a sua amizade e a sua consideração para com os gentios. Outros protestavam pelo fato de João estar à frente de um movimento de doutrinação dos gentios, apartado dos rigores da lei de Moisés e dos preceitos mais caros à coletividade dos eleitos de Deus.

Definitivamente, o campo de semeadura da Boa Nova em Ephesus tornava-se cada dia mais árido.

As contendas e as discussões inúteis tomavam conta de todas as reuniões, na casa de Apolônio e na sinagoga, nas quais, semanalmente, pretendia o apóstolo de Jesus semear a palavra da vida eterna.

Embora entristecido, João Boanerges não desanimava. Mantinha-se firme na fé e sereno no ânimo de prosseguir esclarecendo e abençoando os irmãos do caminho de lutas que o Cristo lhe ofertara.

Um fato, entretanto, passou a aborrecer o apóstolo.

Desde o episódio da recuperação da visão de Átalo pela intercessão de Maria de Nazareth, a generosa mãe do Senhor passou a ser perseguida pelos transeuntes na via pública e onde estivesse.

Atribuindo-se-lhe poderes sobrenaturais de cura, o populacho a seguia, tentando tocar-lhe as vestes ou as mãos, em busca de algum milagre dos deuses. Para tanto, acercavam-se de sua presença invocando as bênçãos de Zeus, Prometeu ou Pandora.

A situação afligia tanto a João quanto à própria Maria de Nazareth, quando, em determinada noite, os dois conversaram abertamente sobre o assunto.

Disse-lhe a respeitável e lúcida matrona:

- João, filho meu, preocupo-me muito com os últimos acontecimentos nesta cidade, tão apartada dos ensinamentos de meu filho Jesus. Hás de considerar esse terreno muito inóspito para as verdades celestiais. Aflijo-me quando me abordam, atribuindo-me poderes dos quais, absolutamente, não me revisto. Em vão, tento esclarecê-los de que toda a bondade vem de Deus, nosso Pai, que meu filho Jesus tão bem soube representar no solo deste mundo de lutas e de dores. Quando invoco o nome de meu amado Filho, logo surgem aqueles que o confundem com Zeus, Apolo ou coisa que o valha! Que fazer frente a esse enigma do destino? É certo que não podemos fugir ao contato com a ignorância, mas, igualmente, reconheço que não podemos compactuar com o engano.

João acompanhava o raciocínio lúcido da Senhora, aguardando-lhe carinhosamente as conclusões, que não se fizeram esperar:

- De mais a mais, João querido, já estamos aqui na casa que a hospitalidade de Apolônio e Sybilla nos recebeu há dezoito meses, e sinto-me um tanto quanto incomodada de dever-lhes tamanhos favores. Não achas que é chegada a hora de partirmos? Vejo que igualmente lutas pela difusão da Boa Nova do Cristo nesta cidade por grande tempo e nem a presença dos jovens de Antioquia te favoreceram o propósito superior de esclarecimento e de iluminação!

- É verdade, mãe querida, - retrucou-lhe o apóstolo - somente temos recebido em troca a crítica áspera, o apodo e a incompreensão. Entretanto, anima-me o fato de alguns poucos corações terem se tocado com a mensagem do Evangelho. E isso é motivo de suficiente alegria para prosseguirmos sem esmorecimento!

- Concordo com tuas ponderações, meu filho! - disse--lhe Maria. - Contudo, não terá chegado a hora de buscarmos outros sítios da vasta província romana da Ásia? Os amigos que fizemos aqui, em nome de Jesus, certamente serão iluminados para prosseguirem na fé, enquanto outras terras e outras vilas aguardam ansiosas pela bênção da mensagem de amor de Jesus, que poderemos levar-lhes com humildade e presteza!

- Tens plena razão, mãezinha. Tuas inspirações vêm em socorro de minhas cogitações mais íntimas acerca da tarefa que o Senhor nos confiou. Miremo-nos no exemplo do próprio Paulo, que tem cruzado todas as províncias da gentilidade, espargindo-as com a água viva do novo conhecimento, a dessedentar os espíritos cansados e aflitos. Esse é o propósito que deverá nos animar doravante! Amanhã mesmo chamarei os rapazes e decidiremos o que fazer. Certamente, seremos inspirados pelos amigos da Espiritualidade Maior. Estou exausto das contendas inúteis de Ephesus e o Senhor há de aliviar o nosso cansaço com novas oportunidades de serviço!

No dia imediato, João convocou uma reunião especial na casa de Apolônio. Logo ao entardecer, todos se reuniram na expectativa do assunto primordial em pauta. Lá estavam Apolônio, Sybilla, Heleno, Tirano, Selena, Ariadne, Erasto, Dionísia, Tito, Ignácio, Johannes, Trófimo, Tíquico, Átalo, Alceu, Dafnos, Eleutério, Jacob, Mnason e Jochedeb, além do próprio João, com Maria de Nazareth.

Após a prece inicial, proferida por Ignácio, João Boanerges expôs com serenidade e lucidez as suas preocupações mais íntimas e as conclusões acertadas a que chegara com o concurso da inspiração de Maria de Nazareth. Sugeriu, então, que a partir daquele instante empreendessem em conjunto um amplo roteiro de difusão do Evangelho, mantendo em Ephesus a base de suas operações.

Necessário fazia-se ajuizar providências para a empresa em perspectiva.

Os jovens ali presentes poderiam se oferecer ao concurso da propagação das verdades cristãs em outras plagas.

As famílias de Apolônio, Tirano e Jochedeb encarregar-se-iam de manter as conquistas da igreja cristã nascente de Ephesus, enquanto ele, João, encarregar-se-ia de coordenar o movimento das viagens de divulgação da Boa Nova.

Após um emocionado debate, que se seguiu ao apelo joanino, todos aquiesceram de bom grado a colaborar com o apóstolo.

Ficou decidido que Apolônio e Tirano, secundados por Sybilla, Selena, Ariadne e Dionísia, manteriam as reuniões semanais de estudos evangélicos aos domingos, da maneira como vinham fazendo desde o seu início. João os considerava plenamente aptos ao serviço.

Por sua vez, Jochedeb e Mnason manteriam o esclarecimento dos ensinos de Jesus junto aos irmãos da Casa de Israel, semanalmente, nas reuniões do sábado, na sinagoga da cidade.

Desse modo, os serviços de evangelização não sofreriam solução de continuidade, enquanto os demais se ausentassem na tarefa de disseminar o conhecimento cristão em outras cidades e vilas.

João coordenaria pessoalmente as viagens, elegendo de antemão, como primeiro pouso e destino, a vizinha cidade de Smyrna.

Erasto e Heleno deveriam seguir para o sul, na direção de Samos, Miletus, Kos, Cnidus e Rhodus.

Trófimo e Tíquico tomariam o rumo de Loadicea, Colossos, Pátara e Myra.

Ademais, os outros seguiriam com João Boanerges e

Maria de Nazareth para Smyrna, de onde se lançariam a novos roteiros. Antes, porém, de se expedirem a novas aventuras, João desejava estabelecer uma digna moradia para a mãe do Senhor na cidade de Smyrna, longe do assédio da inconveniência dos efésios, mas, ao mesmo tempo, próxima o suficiente de seus cuidados e da atenção de todos.

A partir de Smyrna, Johannes e Jacob tomariam o rumo norte para atingirem Pergamum, Mytilene, Adramyttium, Assos e Trôade.

Ignácio e Tito seguiriam para Sardis, Philadelphia, Tralis e Magnesia, plano esse que não se consumou.

Átalo, Alceu, Dafnos e Eleutério ficariam com João e Maria, cuidando dos interesses de Jesus na própria cidade de Smyrna.

Aos jovens missionários de Cristo João prometera a sua assistência pessoal, quando e onde necessitassem de auxílio.

Com alegria geral, a reunião foi encerrada e todos foram descansar, guardando sublimes esperanças no coração.

CAPÍTULO XXVII

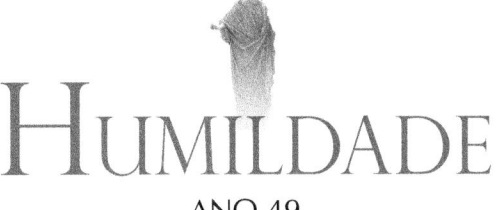

HUMILDADE

ANO 49

Duas semanas se passaram com os preparativos para as viagens sendo organizados com eficiência e cuidado. A generosidade de Apolônio e de Sybilla foi crucial para que não faltassem recursos aos viajantes do Cristo.

Com lágrimas nos olhos, Heleno partiu primeiro, em companhia de Erasto, despedindo-se, emocionadamente, dos pais e dos irmãos.

Depois, beijando delicadamente as mãos de Ariadne, prometeu-lhe fidelidade eterna, dizendo-lhe que era sua intenção esposar-lhe o coração sensível, como companheira abnegada de seus dias, pelos laços do matrimônio. Folgava ao imaginar a constituição de sua própria família, dedicando os filhos queridos à proteção de Jesus. Que ela aguardasse a sua volta com esperança e fé, a fim de que os dois consumassem a união como almas leais e sinceras.

Ariadne nada pôde dizer ao amado, entregando-se apenas aos soluços da saudade antecipada, deixando-se aconchegar nos braços de sua mãe, Selena, que a tudo acompanhava, sensibilizada.

Após as despedidas carinhosas, com votos de paz e de realizações com Jesus, Heleno e Erasto embarcaram no navio pesqueiro que os levaria até ao porto da ilha de Samos, no Mar Egeu.

No mesmo dia, Trófimo e Tíquico despediram-se dos companheiros de fé, tomando o rumo leste, deixando a cidade de Ephesus pela Porta Magnésia. Por serem jovens robustos, optaram por fazer o percurso inicial até à cidade de Loadicea e Colossos, o coração da Cária, seu primeiro objetivo na missão, unicamente a pé. Depois de levarem o Evangelho de Jesus a essas plagas, tencionavam descer à costa da Lycia, entre Pátara e Myra, onde residiam parentes distantes.

Na manhã seguinte, a grande caravana do Evangelho liderada por João partiu na direção de Smyrna.

Apolônio havia preparado extensa carta de apresentações dirigida a seu irmão Andronikos, pai de Átalo, para que o mesmo acolhesse com hospitalidade os mensageiros de Jesus. Igualmente solicitava ao irmão que auxiliasse João Boanerges na procura de uma casa simples, com que pudesse abrigar a veneranda Maria de Nazareth. Solicitava dele ainda a disponibilidade de um emprego digno ao apóstolo, com a finalidade de prover-lhe os recursos necessários à própria manutenção, junto à digna mãe de Jesus.

Antes de partir, João e Maria abraçaram-se longamente a Apolônio, a Sybilla e aos filhos, abençoando-lhes a amizade e a consideração em nome de Deus.

Maria acomodou-se no pequeno muar, que lhe serviria de transporte até Smyrna, e a caravana partiu nos últimos dias do mês de novembro do ano 49.

Tito, Ignácio, Johannes, Jacob, Alceu, Átalo, Dafnos e Eleutério seguiram à frente da caravana, abrindo caminho para a passagem do apóstolo e da abençoada genitora do Senhor. A alegre jovialidade dos oito rapazes encantava os transeuntes e os viajores da estrada. Cantavam felizes hinos de louvor a Deus e canções que homenageavam as belezas da natureza.

A viagem durou cerca de três dias, ao final dos quais os amigos chegaram exaustos ao destino planejado.

Nos portões da exuberante Smyrna, cidade costeira diante de grande enseada do Mar Egeu, nossa caravana achou por bem dividir-se.

Átalo, Alceu, Dafnos e Eleutério, sendo nascidos na cidade, buscariam cada qual o convívio da própria família.

João e Maria de Nazareth seguiriam com Átalo até à casa de seu pai Andronikos para que o apóstolo lhe entregasse pessoalmente as cartas e recomendações de Apolônio.

Jacob e Johannes rumariam para a casa de Eleutério, enquanto Tito acompanharia Dafnos até à residência de sua família.

Ignácio, por sua vez, seguiria com Alceu até à casa de sua irmã Távia, onde pernoitariam.

Assim nossa caravana se dispersou, combinando um encontro para dali a dois dias.

Desnecessário dizer da fria recepção que Andronikos e sua mulher, Sofia, dispensaram a João e à Maria.

O próprio filho Átalo ressentiu-se da frieza dos pais, que passaram a tomá-lo na conta de um louco, desde quando se convertera ao Evangelho de Jesus.

Não fora a prestimosa missiva de Apolônio e o casal não hesitaria em tocar dali mesmo do pátio externo de sua residência para o olho da rua os visitantes peregrinos da Galilea.

A carta de Apolônio, todavia, continha tal veemência em apelos e considerações que Andronikos e Sofia não tiveram outra escolha senão hospedar os viajantes em sua casa.

Andronikos era de uma personalidade irascível, de humor inconstante. Só tinha olhos para os negócios que a sua tapeçaria multiplicava, trazendo as novidades da Pérsia distante. O sucesso de seus empreendimentos comerciais permitia-lhe gozar de certa proeminência social na cidade dos esmirnenses. Sofia, sua mulher, era matrona de muita soberba, cujos interesses primordiais centravam-se nas futilidades do ócio, na ostentação improdutiva e nas fofocas das classes mais altas. Nenhum dos dois tinha qualquer atenção para com os filhos.

Em pouco tempo de convivência com a família de Átalo, João Boanerges compreendeu as razões pelas quais a juventude do rapaz fora desperdiçada na agitação, desorientado que esteve pelo descaso familiar.

Meditou, então, o apóstolo as bênçãos de uma família cristã, cujos pais devotados e solícitos oferecem aos seus rebentos o alimento espiritual dos ensinos de Jesus, fortalecendo-lhes o caráter e preparando-lhes para as lutas do porvir. Quando o mundo todo compreendesse o alcance dessa verdade simples, não haveria mais lugar para o morticínio e a guerra, a escravidão e a fome, a injúria e o crime.

Com humildade, João e Maria de Nazareth se submeteram ao tratamento áspero dos pais de Átalo.

Aquela humildade espontânea, contudo, intrigou sobremaneira o espírito arguto do irmão de Apolônio. Em poucos dias de convívio, Andronikos passou a considerar mais a presença dos visitantes galileus, ensaiando um fio de conversa e uma réstia de atenção aos nossos personagens queridos.

João Boanerges passou a trabalhar com devotamento e dedicação inexcedíveis na tapeçaria de Andronikos e, com isso, ganhou a confiança franca do senhorio.

Sofia, no entanto, longe de deter mais amplos patrimônios de sensibilidade, fazia questão de ignorar a presença de Maria de Nazareth, relegando-a à companhia de suas servas mais humildes. Maria, entretanto, nada reclamou. Passou a estimar as servas da casa como se fossem filhas do coração. Com resignação e humildade, esquivava-se de aborrecer a senhoria com sua presença indesejável, procurando ofertar sua colaboração simples nas tarefas da casa, enquanto João desempenhava suas atribuições na tapeçaria.

Essa situação durou até que Andronikos, mais à vontade e confiante com a presença de João como dedicado servidor em seu estabelecimento, resolvera conduzir o apóstolo e a mãe de Jesus para uma pequena moradia de sua propriedade nas encostas da colina de Hacimutsoste. A mesma encontrava-se abandonada desde há muito e, assim sendo, João e

Maria poderiam nela residir. Em troca, Andronikos manteria a propriedade cercada dos cuidados dos galileus e livre da ação dos malfeitores e desocupados.

Logo após separarem-se da caravana na chegada a Smyrna, Ignácio e Alceu chegaram à casa de Távia. A jovem senhora, irmã de Alceu, recebeu-os com grande alegria, na companhia do marido Naxos.

A recepção não poderia ter sido mais calorosa e amiga!

Diferentemente da família de Átalo, os familiares de Alceu eram almas simples e generosas, que se haviam alegrado muito quando o rapaz abandonou a irreflexão da juventude desviada e enferma, entregando-se com fervor a Jesus de Nazareth.

Reconhecendo a mudança radical que se operara no íntimo do irmão, reconduzindo-o ao caminho do reto proceder e do bem comum, Távia abençoou o nome desse Mestre Jesus que ainda desconhecia, mas em quem já confiava, no imo do coração.

Ao receber o irmão querido na companhia do novo amigo Ignácio, Távia trazia nos braços uma criança de olhar meigo e luminoso, em seus presumíveis dois aninhos de idade.

Ao ver o tio chegar, a criança abriu largo sorriso. Essa cena nunca mais sairia da memória de Ignácio, que se impressionou muitíssimo com o olhar do sobrinho de Alceu.

Tratava-se a criança de Policarpo, que anos mais tarde converter-se-ia num dos mais dedicados discípulos de João, amigo dileto do Cristo, martirizado na arena romana do Coliseum, no ano 133, na companhia de vinte e dois confrades, dentre os quais Nestório,[1] Ciro, Germânico e Quinto da Phrygia.

Muitos anos mais tarde, o próprio Ignácio escreveria emocionado a Policarpo, registrando o momento em que o conhecera nos braços da mãezinha.

Ignácio expressou-se sobre esse encontro mais ou me-

---

[1] Vide nota do autor espiritual à página 531.

nos nestes termos:

"*Dando acolhida a teus sentimentos em Deus, rejubilo-me exaltado, porque eles estão fundados numa rocha inabalável e porque eu fui julgado digno de contemplar o teu rosto puro, gozo esse que gostaria de perpetuar em Deus*".[2]

---

[2] Nota do editor: trecho da epístola a Policarpo de Smyrna, capítulo I, versículo 1.

Capítulo XXVIII

Esperança

ANO 49|50

Dois dias após a chegada em Smyrna, nossa caravana se reuniu na praça principal da cidade, junto à movimentação frenética de seu porto. Alceu, com sua colaboração generosa, pôde coordenar o encontro, aprazando a hora e local da reunião dos caravaneiros do Cristo.

O dia avançava e o sol a pino inundava de claridade e de calor o final do outono esmirnense.

À pequena distância dali, o azul de turqueza tonalidade do Mar Egeu estendia-se a dominar a enseada, desde o porto da cidade até às praias ao longe. A contemplação desse maravilhoso cenário empolgou de alegria todos aqueles corações.

Ali mesmo, sob a coordenação de João, nossos amigos trocaram as primeiras impressões sobre a cidade e delinearam os primeiros planos em torno de suas tarefas evangelizadoras.

Tomado de grande inspiração, João Boanerges subiu em pequeno banco de praça e, acompanhado dos amigos, orou com fervor, pedindo a assistência de Jesus para aquelas paragens e o seu povo.

Alguns curiosos aproximaram-se cautelosos e o populacho aos poucos aglomerou-se em derredor do apóstolo.

João, divinamente inspirado, discorreu com simplicidade e beleza sobre as primícias do reino de Jesus.

Falou do Messias com emocionada entonação na voz, tocando os corações mais sensíveis.

Explicou ao povo humilde que a partir daquele instante todos poderiam se decidir a buscar o roteiro do Evangelho do Cristo, aceitando o fardo leve das obrigações de amor uns para com os outros e recebendo dele o mais suave dentre todos os jugos.

Por quase uma hora, o apóstolo anunciou a Boa Nova àquelas almas simples, recebendo a simpatia e o sorriso amigo de quase todos.

Ao final de sua primeira preleção evangélica na praça maior de Smyrna, encerrou suas considerações louvando à Bondade Divina e convocando todos eles ao serviço da redenção espiritual com Jesus Cristo.

Recebido com generosidade e carinho pela alma popular, comentou depois com seus seguidores mais diretos:

- Meus jovens amigos, em Ephesus ficamos mais de dezoito meses esclarecendo os chamados mais sábios e doutos deste mundo em nossas reuniões semanais na sinagoga e na casa de Apolônio. Ali frequentavam sacerdotes, filósofos, cientistas e comerciantes ilustres. No entanto, muito embora a farta semeadura das verdades celestiais, a colheita foi muito pobre de bênçãos na maioria daqueles corações, empedernidos de soberba e vaidade. Aqui em Smyrna decidimos por abordagem bem diversa da veiculação do Evangelho, dirigindo-nos despretensiosamente ao coração do povo angustiado e aflito pelas lutas de cada dia. Notastes a espontaneidade de seu gesto acolhedor para com a mensagem cristã? Vistes a alegria no olhar dos que nos receberam a palavra com sinceridade? Notastes o interesse genuíno das almas simples que se nos acercaram da pregação, desejosas de conhecer a verdade? Eis por que o venerável Mestre dos mestres já havia nos advertido a esse respeito, pela frase que a lucidez de Levi registrou em seu Evangelho: "Graças te dou, ó Pai, Senhor do céu e da terra, porque ocultastes essas cousas aos sábios e entendidos e as revelastes aos pequeninos".[1]

Os companheiros daquela tarde inesquecível se abraçaram comovidos pelo esclarecimento do apóstolo. Vários irmãos aproximaram-se respeitosos, desejando conhecer mais detidamente os ensinamentos de Jesus, enquanto outros solicitavam com interesse cópias das anotações de Levi Mateus.

Ignácio, Tito, Johannes, Alceu, Jacob, Eleutério, Dafnos, Átalo e o próprio João Boanerges se desdobraram no atendimento das dúvidas e questões. Por longas horas, deixaram-se ficar na praça pública, em tarefa de esclarecimento e de amor.

A tarde já caía tingindo o horizonte com seus matizes avermelhados quando Alceu reconheceu, ao longe, a figura da irmã, Távia, trazendo o pequeno Policarpo pelas mãos. Ao acenar para a irmã querida, Alceu chamou a atenção de João, que pousou seu olhar lúcido na figura graciosa da criancinha.

O apóstolo, instintivamente, recordou-se de quando conheceu Ignácio, ainda criança, e o carinho que Jesus dispensava sempre aos pequeninos. Esboçando largo sorriso na face iluminada pelo cumprimento do dever, João reconheceu-se em grande familiaridade com o pequeno.

Sem compreender o impulso espontâneo, correu na direção do garoto, abrindo os seus braços como a convidá-lo a saudoso amplexo. Policarpo, então, desprendeu-se de pronto das mãos da mãezinha e, dando intermitentes gargalhadinhas infantis, correu rumo ao apóstolo, atirando-se-lhe ao colo como se fossem velhos conhecidos.

Desnecessário dizer da afinidade natural que ligou instantaneamente o coração do apóstolo à família de Távia.

A irmã de Alceu, também emocionada pelo que assistira entre João e seu filhinho, aproximou-se, satisfeita.

Após as apresentações e um breve colóquio, vendo que os divulgadores do Evangelho estampavam na face o cansaço de um longo dia, convidou-os a seguir com ela até sua resi-

---

[1] Vide nota do autor espiritual à página 531.

dência, onde poderiam se revigorar com pães, chás e leite.

Todos de acordo, a caravana seguiu até à casa de Távia e Naxos, pais do pequeno Policarpo, que haviam hospedado Alceu e Ignácio. Após o reconforto da alimentação e do descanso, João ouviu o pedido de Távia para que a instruísse nas verdades cristãs.

Assim, com simplicidade, nasceu o primeiro culto do Evangelho de Jesus num lar da cidade de Smyrna, que mais tarde seria convertido no principal núcleo da igreja cristã dos esmirnenses, sob a direção do próprio Policarpo.

Dali, da casa de Távia e de Naxos, surgiria um dos maiores focos de evangelização do mundo pagão, coordenado diretamente pela assistência e lucidez de João, o apóstolo querido de Jesus. Ali também João conheceria outro de seus mais devotados discípulos e seguidores: Papias, que sob a inspiração do apóstolo, anos mais tarde, levaria a mensagem do Evangelho às terras distantes da Thracia, da Macedônia, do Epirus e do Illyricum.

Da igreja cristã de Smyrna logo correu fama. As pregações de João atraíam peregrinos de longe, desejosos de conhecer Jesus. Novos seguidores do Evangelho se incorporaram às tarefas, dentre os quais destacamos Epitropos e sua mulher Cleonides, os jovens Eutecno, Fílon e Reos Agátopos.[2] Todos muito dedicados e amorosos, tornaram-se amigos diletos de João Boanerges, Maria de Nazareth e Ignácio de Antioquia.

O sucesso das pregações de João, entretanto, não tardou a sopitar a ira dos hebreus de Smyrna. Novas lutas surgiram. A sinagoga, inconformada com o sucesso das iniciativas cristãs junto ao povo sofredor, iniciou amplo movimento contendor, perseguindo os novos seguidores do Cristo. Seus ataques foram sempre sistemáticos e, por isso mesmo, a igreja de Smyrna viveria às voltas com a perseguição implacável dos fariseus.

Após alguns meses de estabelecimento da igreja cristã na casa de Távia e de Naxos, nossa caravana do Evangelho novamente se preparou para dispersar-se.

No alvorecer do ano 50 de nossa Era, Johannes[3] e Jacob

---

2 e 3 Vide notas do autor espiritual à página 531.

iniciaram o roteiro de suas viagens missionárias, escolhendo como primeiro destino a cidade de Pergamum, a cidadela alta, antiga sede do reino de mesmo nome, vizinho da Galatia, e igualmente de origem celta.

Os celtas da Ásia Menor, da Galatia e de Pergamum, como seus coirmãos celtíberos, gauleses cisalpinos, gauleses transalpinos e bretões, eram um povo herdeiro das tradições mais caras dos druidas, cujos avançados princípios já traziam muitas semelhanças e afinidades com o Cristianismo primitivo.

As suas "Leis de Tríades" enfeixavam como princípios básicos de sua filosofia a unidade de Deus, o infinito dos espaços, a força de vida e amor contida na natureza, a pluralidade dos mundos e estrelas como estações para o desenvolvimento do espírito em ascensão para o bem, a necessidade da reencarnação como roteiro inevitável de progresso e de aperfeiçoamento da alma, a lei de causa e efeito, a comunicabilidade dos vivos com os mortos pelas faculdades mediúnicas, a abnegação em favor dos deserdados da sorte.

Johannes, nascido na Bretanha, o santuário da alma céltica da Galliae, era também um herdeiro dessa raça valorosa e espiritualizada, e que tanto havia encantado a personalidade de João por sua vivaz compreensão e clareza filosófica. Johannes abraçara o Cristo de alma e coração, compreendendo nele o guia espiritual de todos os homens. Natural, portanto, que viesse a escolher como primeiro destino de sua viagem a capital de Pergamum, onde o Cristianismo nascente floresceu com vigor. Sua alma céltica foi bem aquela massa pronta que o fermento do Evangelho de Jesus viera levedar para o crescimento do pão da vida eterna.

Jacob, filho de Mnason, e companheiro das viagens missionárias de Johannes, muito viria a aprender com a lucidez espiritual do amigo, e, muitos anos mais tarde, influenciaria decisivamente a formação espiritual de seu neto Nestório.[4]

Johannes e Jacob traçaram um luminoso roteiro de evangelização dos gentios, pregando a palavra de Jesus também em Mytilene, Adramyttium, Assos e, por último, em Trôade.

---

[4] Vide nota do autor espiritual à página 531.

CAPÍTULO XXIX

PERSEVERANÇA

ANO 50|52

As tarefas da igreja esmirnense prosseguiram ininterruptas. Por um bom tempo ainda, Ignácio e Tito auxiliaram João nas atribuições de propaganda e de esclarecimento em torno das pegadas do Mestre.

A igreja cristã florescia a olhos vistos.

O esforço evangelizador da região já se fazia sentir com o aumento substancial dos peregrinos e dos mensageiros das cidades próximas, que buscavam o contato com o apóstolo João.

Muitos o procuravam para ouvir os relatos e testemunhos pessoais de sua convivência com Jesus, outros apenas para trazer notícias ou pedidos de orientação daqueles jovens que haviam partido em tarefa missionária.

João, Ignácio e Tito exultavam com a multiplicação das oportunidades de servir com o Senhor.

Heleno, Erasto, Trófimo, Tíquico, Johannes e Jacob, todos eles enviavam notícias alvissareiras do desdobramento das atividades.

Por outro lado, Alceu, Eleutério, Dafnos e Átalo eram companheiros dedicados, sempre dispostos a correr distâncias entre Smyrna e Ephesus, ligando também essas cidades àquelas outras, onde a semente do Evangelho já eclodia pelo trabalho dos pioneiros do Cristo.

Entretanto, as dificuldades maiores surgiram mesmo na cidade dos efésios. Pelos informes obtidos, Apolônio, Tirano, Mnason e Jochedeb enfrentavam crescentes empecilhos para a manutenção dos serviços cristãos.

Incompreensão e preconceitos por toda parte sopitavam de improviso.

Em vão, os amigos efésios tentavam contorná-los.

O paganismo, com seus ídolos e imagens de pedra, infiltrava-se sorrateiro, qual erva daninha sufocando as mais genuínas florações do Cristianismo original. De outra parte, influenciados pelos coirmãos esmirnenses, os israelitas combatiam vigorosamente a doutrina cristã, que repudiavam como impura.

Vezes sem conta, Apolônio e Jochedeb enviavam emissários até Smyrna, implorando pela assistência direta do discípulo de Jesus, que não se fazia de rogado.

Pacientemente, João acalmava os ânimos mais acirrados, com sua palavra mansa e esclarecedora. No entanto, bastava que o apóstolo se ausentasse de Ephesus para que o bate-boca retornasse estéril e improdutivo, desviando a atenção dos espíritos de boa vontade.

Faltava para a cidade dos efésios a energia moral dos que têm inabalável a fé, transbordando de amor o coração.

Debalde João Boanerges contemporizava, de longe. No íntimo, reconhecia que seria preciso guardar grandes reservas de paciência para com seus irmãos de Ephesus.

Tal situação acabou por impedir que Ignácio e Tito se lançassem, por sua vez, na conquista de novos corações para o Cristo, conforme os planos originais.

Por força dessas circunstâncias, foram obrigados a assumir a condução dos assuntos evangélicos em Smyrna, em substituição a João, toda vez que este se ausentava.

Por mais de dois anos isso perdurou, fazendo com que

Ignácio de Antioquia se apegasse de amor e cuidados pelo pequeno Policarpo.

Em princípios do ano 52, chegou a notícia de que Paulo de Tarsus estava em Corinthus da Achaea. A novidade alegrou muitíssimo a João Boanerges, a Ignácio e a Tito.

Paulo era bem o espírito destemido, que muito poderia ajudá-los nas questões suscitadas em Ephesus. Sua defesa desassombrada da independência do Evangelho de Jesus era comentário corrente no meio cristão, em qualquer parte. Seus méritos na difusão da pureza doutrinária da Boa Nova eram reconhecidos por todos. "Por que não contar com o auxílio do apóstolo dos gentios?" Essa era a pergunta que não pôde calar na mente dos nossos amigos.

Os três conversaram muito a respeito, aconselhando-se também com Maria de Nazareth. De comum acordo, deliberou-se enviar Tito até Corinthus, com a finalidade de apelar pelo auxílio paulino.

João escreveu longa missiva explicando ao dileto amigo dos gentios as lutas e as dificuldades acerbas enfrentadas pela igreja cristã nascente de Ephesus. Além disso, João recomendou muito a Tito que usasse toda a sua capacidade de persuasão para convencer Paulo de Tarsus a ajudá-lo, lançando mão dos fortes laços de amizade que os unia desde Antioquia da Syria.

E assim foi feito.

A esse tempo, Erasto e Heleno já haviam retornado a Ephesus, trazendo na bagagem o sucesso da fundação dos primeiros núcleos cristãos em Samos, Miletus, Kos, Cnidus e Rhodus.

Heleno, guiado pelos impulsos mais ternos de seu coração, decidiu-se por fixar residência permanente em sua cidade natal, próximo aos pais e aos familiares queridos.

Com o júbilo natural das famílias, em festa genuína de corações, obtendo a aprovação de todos, consorciou-se, finalmente, com a delicada Ariadne, filha de Selena e de Tirano.

Dessa forma, Heleno dedicou-se permanentemente às atividades cristãs dos efésios, colaborando junto da esposa querida, com os esforços de seus pais e dos sogros, em prol do Evangelho de Jesus.

Desse consórcio de almas gêmeas no amor e no devotamento recíprocos nasceria mais tarde uma filha única, que receberia o nome Hanna Maria, sendo a primeira homenagem na Terra a reverenciar a presença de Maria de Nazareth, mãe de Jesus, entre os homens.

A pequena cresceria cercada de mimos e de cuidados dos pais e dos avós efésios, e também rodeada do carinho e da atenção da própria mãe do Senhor, por quem se tomaria de amor desde tenra infância. A generosa matrona muito se alegraria ainda com os carinhos da afilhada, sempre pródiga em ofertar-lhe espontânea afetividade.

Com a decisão de Heleno de fixar-se em Ephesus, e a partida de Tito para Corinthus, a fim de buscar Paulo de Tarsus, Erasto, a pedido de João, fixou-se nas tarefas de Smyrna. Isso possibilitou que as programadas viagens missionárias de João pelas cidades circunvizinhas se realizassem para proveito de todos.

Dessa feita, João Boanerges partiu na companhia de Ignácio em direção à cidade de Pergamum, cumprindo uma solicitação de Johannes nesse sentido.

Antes de partirem, no entanto, providenciaram o retorno de Maria para a cidade dos efésios. Com o auxílio de Apolônio e de Sybilla, situaram a veneranda Senhora em pequena casa, numa das encostas do monte Coressus, local com magnífica vista do Mar Egeu.

Em Pergamum, João testemunhou pessoalmente sobre sua convivência próxima com o Cristo, falando com simplicidade e beleza sobre os feitos e a mensagem do Mestre nazareno. A assembleia dos primeiros cristãos pergameses rejubilou-se profundamente com a estadia do apóstolo do Senhor entre eles. De lá, deliberaram seguir com o plano de evangelização da Ásia. João Boanerges seguiu na companhia de Johannes em demanda às cidades da Lydia, atingindo Thyatira, Sardis, Philadelphia e, por último, Laodiceia.

Enquanto isso, Ignácio e Jacob, seguindo o rearranjo dos planos originais das viagens missionárias, retornaram para Smyrna e Ephesus, de lá se lançando a Magnesia, às margens do Rio Meandro, no afã de levar a palavra do Cristo aos seus habitantes.

Magnesia, situada a sudeste de Ephesus, era antiga cidade costeira do reino da Cária, na região entrecortada pelo Mar Egeu. Havia sido colonizada pelos navegadores fenícios e helenizada pelos dorianos. À época da chegada dos jovens precursores da evangelização cristã, gozava Magnesia o *status* de cidade livre, aliada aos interesses romanos.

Ignácio e Jacob chegaram à cidade trazendo informes e recomendações de Apolônio para que procurassem um seu amigo de juventude. Tratava-se de Basso, generoso ourives dedicado ao comércio de joias e de ornamentos.

Basso recebeu nossos visitantes com alegria inaudita na alma expansiva e franca. Havia tempos que não recebia notícias do amigo Apolônio e rejubilou-se por hospedar os enviados dele em sua própria casa.

Basso foi logo apresentando os recém-chegados ao filho Zócio, que regulava em idade com Jacob.

Instantânea afinidade e simpatia estabeleceram-se entre ambos desde então, sendo que nos anos vindouros Zócio viria a ser grande amigo e companheiro de Jacob.

A palavra do Evangelho de Jesus não demorou a penetrar aquela residência e tal foi a emoção e o amor com que Ignácio transmitiu-lhes as primeiras notícias de Jesus Cristo e os preceitos cristãos, que Basso e Zócio, pai e filho, de pronto mudaram o modo de vida. A partir daquele instante, inesquecível para suas vidas, devotaram-se com ardor e fidelidade incomuns à causa cristã.

Sua residência em Magnesia converteu-se em importante centro de caridade e de amor aos irmãos desvalidos da sorte.

Aos poucos, ordenadamente, Basso, com a aquiescência do filho, dispôs de toda a sua fortuna pessoal, amealhada em anos de trabalho honesto, em favor dos tristes, dos enfermos e dos desesperados de toda ordem.

Sua casa foi, desde a primeira hora, uma genuína casa de caridade, que, em nome do Cristo, passou a espargir esperanças e consolações para toda a Cária.

Confiantes no sucesso de Magnesia, Ignácio e Jacob partiram na direção de Tralis da Ásia, situada às margens do Mediterrâneo, o Mar Jônico, que banhava parte da Cária.

Em Tralis, pregaram o Evangelho em plena praça pública, lembrando-se da inspirada decisão de João quando do início das tarefas cristãs em Smyrna.

Dessa primeira exortação cristã na cidade dos tralianos, receberam a simpatia e o apreço de jovem marceneiro chamado Políbio. Apesar de não trazer grande instrução, Políbio esforçou-se por anotar os apontamentos de Levi sobre os ensinos do Cristo, oferecendo a própria residência humilde para sede da igreja nascente.

Diferentemente de Magnesia, contudo, grande dificuldade surgiu para os esforços de Ignácio, Jacob e Políbio. A incompreensão geral dominava todas as reuniões e, não raras vezes, as discussões estéreis adentravam a madrugada, esquentando os ânimos. Foi preciso lançar mão de avantajado estoque de paciência e perseverança para que as primeiras florações evangélicas surgissem entre os tralianos.

Cumprido o objetivo essencial da fundação do núcleo cristão em Tralis da Ásia, nossos amigos partiram novamente. Dessa vez buscaram o rumo da cidade de Philadelphia, onde Ignácio e Jacob se reuniram novamente a João e a Johannes.

Em Philadelphia, grande atividade apostolar estabeleceu-se com o concurso dos quatro paladinos da esperança e da consolação.

Foi nessa cidade que João recebeu Papias de Smyrna, que, a pedido de Erasto, trazia notícias sobre o insucesso da missão de Tito junto a Paulo de Tarsus. O apóstolo dos gentios relutava em atender aos apelos de João para que o auxiliasse nas tarefas do Evangelho junto aos efésios.

Deixando Ignácio na companhia de Johannes, João deliberou retornar a Smyrna junto de Papias, enquanto Jacob, saudoso dos laços de família, resolveu retornar a Ephesus em definitivo.

Em Smyrna, João trocou ideias e impressões com Erasto e de comum acordo decidiram escrever novamente a Paulo de Tarsus em Corinthus, implorando seu concurso e instando-o a cooperar com a problemática igreja de Ephesus.

Para tanto, resolveram que Erasto iria pessoalmente buscar o apóstolo dos gentios na capital da Achaea.

CAPÍTULO XXX

SEARA

ANO 52 | 54

Corria o ano 52 da nossa Era Cristã. Erasto encontrara Corinthus em grande turbulência. As perseguições judaicas ao apóstolo dos gentios, Paulo de Tarsus, haviam suscitado os acontecimentos infelizes que culminaram na prisão do convertido de Damascus. Arrastado às barras do tribunal romano, e acusado pela vilania de Sóstenes, Paulo recebeu a simpatia do procônsul da Achaea, Júnio Galius, que encerrou o processo, libertando-o.[1]

Agastado com as constantes investidas do despeito farisaico pelos sucessos da igreja cristã, Paulo recebeu com alegria a visita de Erasto, que lhe trazia nova carta de João Boanerges, solicitando os seus préstimos para a pregação evangélica em Ephesus.

Admirou-se o apóstolo com a movimentação cristã levada a efeito pela inspiração de João na província romana da Ásia. Ouviu com atenção e cuidado os relatos pormenorizados de Erasto, notando-lhe a cultura e o sincero entusiasmo pelo Evangelho de Jesus. Fortes laços de amizade e carinho estabeleceram-se entre os dois, desde aquela tarde memorável.

---

[1] Vide nota do autor espiritual à página 531.

Cansado das lutas e tricas do Farisaísmo em Corinthus, e desejoso de manter as conquistas cristãs na capital da Achaea, Paulo acedeu, finalmente, ao apelo joanino.

Confidenciou a Erasto e a Tito seus planos de partir ao encontro de João, sem ocultar o sonho há muito acalentado de conhecer pessoalmente a generosa genitora de Jesus de Nazareth.

Pediu-lhes que ficassem por mais algum tempo colaborando com os coríntios na difusão da Boa Nova, igualmente recomendando a Tércio, Lúcio, Sosípatro, Jason, Gaio, Onorto, Febe, Silas e Timóteo que ajudassem os amigos de João no que viessem a precisar.

Contando com a colaboração dos amigos, Paulo partiu pela primeira vez com destino a Ephesus, levando consigo os companheiros diletos do oásis de Dan, Áquila e Prisca, que o seguiram devotadamente.

———————

Os três se instalaram em Ephesus com alegria no coração.

João, Maria e Ignácio os receberam, jubilosos.

A breve tempo, tomaram pé da situação, decidindo-se pela imediata cooperação com os esforços de Jochedeb, Mnason e Jacob junto à sinagoga dos judeus.

Jacob afeiçoou-se muitíssimo ao estilo ardoroso e franco do apóstolo, no que foi também seguido por Ignácio de Antioquia. Também a alegria contagiante de Áquila e Prisca a todos cativou.

João estava cheio de contentamento ao ver a palavra valorosa de Paulo zurzir com o látego das verdades mais altas, reconduzindo o pensamento dos irmãos de raça para longe de conceitos fantasiosos e exclusivistas. Um ambiente de maior tolerância e compreensão se fez presente ao influxo do vigor e sinceridade paulinos.

Naquelas breves noites de convívio fraterno, Ignácio, Jacob e outros confrades efésios se deixaram levar pelos relatos vivos das viagens missionárias de Paulo de Tarsus, admirando-lhe a coragem e a fé.

Paulo já se havia convertido num exemplo indiscutível de transformação moral pelos padrões evangélicos, a ser seguido por todos os que aspirassem trilhar o caminho do Cristo.

Paulo, contudo, vencidos os primeiros obstáculos, e com a chegada de reforços de Corinthus nas pessoas de Tito, Erasto, Silas e Timóteo, deliberou partir em direção à Judea. Seguiu na companhia de Silas e Timóteo, prometendo voltar em outra ocasião, quando então demorar-se-ia mais detidamente na região jônica. Combinou também com Áquila e Prisca que estes, por estarem muito bem instalados na cidade dos efésios, lá ficariam dando suporte ao trabalho de João.

O tempo escoava célere na ampulheta das realizações de cada dia e o trabalho da multiplicação do Evangelho colhia seus frutos promissores nas cidades da Ásia, quando um mensageiro de Antioquia da Syria trouxe a notícia do falecimento de Aurora, carinhosa mãezinha de Tito.

Desejoso de abraçar os familiares queridos que deixara na Syria saudosa e distante, Tito seguiu no encalço de Paulo de Tarsus, com quem se reuniria mais tarde em sua cidade natal.

Ao despedir-se de Ignácio, emocionou-se sobremaneira. Alguns anos haviam se passado sem que os jovens houvessem logrado o secreto desejo de retornar ao convívio querido dos amados de Antioquia.

Desejoso de mandar notícias à Ruth, Ignácio entregou a Tito longa missiva, plena de saudades do espírito sensível da irmã de Malaquias, na qual relatava-lhe todas as peripécias vividas em anos de profícuos labores em nome do Cristo - carta essa que Ruth receberia mais tarde, com os olhos marejados de pranto.

Corria o ano 53 quando, numa reunião sabática na sinagoga dos judeus, apresentou-se à tribuna avantajado varão proveniente de Alexandria do Aegyptus.

Formado nas escolas retóricas de Fílon, e batizado pela tradição dos seguidores de João Batista, o valoroso escriba, de nome Apolo, assombrou a assembleia com sua erudição.

Seus precisos conhecimentos das Escrituras Sagradas traçaram um luminoso roteiro acerca da vinda do Messias, por quem seu coração ansiava, esperançoso.

O viajante egípcio, de origem grega, ainda não tivera notícias acerca do Cristo, mas quem pôde ouvir-lhe a preleção amorosa diria, certamente, tratar-se de um genuíno adepto do Crucificado.

Áquila e Prisca, que na companhia de Jacob acompanharam a lucidez dos conceitos daquele escriba, ao final dos trabalhos logo se acercaram de Apolo. Anunciaram-lhe com entusiasmo que o Cristo já viera e esteve entre nós, instruindo-o com alegria nos conhecimentos da Boa Nova.

Apolo soltou um grito de alegria, vindo das profundezas de seu coração devotado. Em pouco tempo, convertera-se em batalhador incansável do Evangelho de Jesus, colaborando ativamente com João Boanerges e com todos mais nas atividades esclarecedoras. Sua palavra inspiradora arrebatava dezenas de corações arrependidos para as fileiras cristãs e isso muito contribuiu com os serviços em curso.

Apolo tomou-se de simpatia espontânea por Ignácio e os dois amigos fizeram planos de viajarem juntos, algum dia, na tarefa evangelizadora das terras distantes da Bithynia e do Pontus. Projeto esse que efetivamente realizariam alguns anos mais tarde.

Antes, porém, desejoso de demandar a Achaea e a Macedônia, Apolo partiu na companhia de seus amigos diletos, Áquila e Prisca, rumo a Corinthus. O lúcido casal reconhecia no pregador a genuína fonte inspiradora de espiritualidade e beleza, acompanhando com alegria os passos do discípulo.[2]

Nesse mesmo período, já com o coração pleno de sau-

---

[2] Vide nota do autor espiritual à página 531.

dades da mãezinha pelo coração, Ignácio aconselhou-se com Maria de Nazareth e João Boanerges, decidindo-se pela volta à sua querida Antioquia da Syria, com a finalidade de aconchegar ao próprio peito o espírito sensível de Ruth.

Assim, seis anos após sua partida da Syria, Ignácio retornou a Antioquia, utilizando-se da via marítima, partindo do porto de Ephesus com destino à cidade costeira de Selêucia, a bordo de um navio fenício.

A viagem transcorreu sem eventos dignos de nota. Ignácio retornou a Antioquia da Syria em meio ao entrechoque de fortes emoções a dominar-lhe o peito opresso de saudades.

Sem aviso prévio, penetrou cuidadosamente o interior da casa inesquecível, onde morou desde que fixara residência na cidade antioquena sob a proteção de Manahen. Mais alguns passos e vemo-lo correndo a abraçar, num transporte de júbilo inexcedível, aquela que lhe fora substituta de mãe extremosa e solícita.

Ruth, desfalecida de surpresa, abraçou o tutelado querido, beijando-lhe o rosto e as mãos com grande ternura. Ignácio não se continha de alegria. Trocaram confidências de carinho e todos os pormenores do sucedido nos últimos seis anos percorreram a narrativa viva de ambos na atualização saudosa e justa de seus assuntos.

Como Ruth admirou-se ao ver Ignácio, homem feito e experimentado nas lutas em prol do Evangelho de Jesus! Emocionou-se até às lágrimas ao lembrar-se do primeiro encontro com o Mestre, ao lado de Sara, e do convite amoroso e firme para que acolhesse Ignácio como seu próprio filho. Desde então, não medira esforços para orientá-lo e inspirá-lo no roteiro do bem. Podia, agora, recolher o fruto da semeadura na alma terna e meiga do menino Ignácio, transformado, diante de seus olhos, num valoroso servidor do Cristo.

Os dois se demoraram longamente na madrugada adentro conversando, conversando...

Capítulo XXXI

Esclarecimento

ANO 57|63

O tempo correu apressado, marcando de experiências o espírito dedicado de nossos personagens.

Isabel, esposa de Malaquias, havia partido de volta à vida espiritual. Seu filho Daniel e seus irmãos colaboraram ativamente com a evangelização de toda a Syria, estendendo sua atuação até às alturas do Tauro.

Ignácio, Trófimo e Tíquico dedicaram-se com valor à direção de Barsabás à frente da igreja antioquena. Vezes inúmeras, empreenderam viagens de evangelização. Em outras ocasiões, partiram eles no socorro às atividades do Caminho na Galilea, na Judea e até mesmo em Alexandria do Aegyptus.

Mais de três anos se passaram até que, em 57 de nossa Era, irromperam em Roma as primeiras perseguições oficializadas pelo Império aos adeptos do Cristianismo nascente. A loucura e a insanidade de Nero incendiaram os ânimos turbulentos das massas ignorantes contra os inofensivos e pacíficos seguidores de Jesus.

Naquele instante, Ignácio sentiu no íntimo um poderoso e forte chamamento à multiplicação de novas viagens missionárias. Recordou-se de Apolo e da combinação de ambos para levarem o Evangelho de Jesus aos reinos distantes da Bithynia e do Pontus, feitos províncias romanas. Em breve tempo, expôs seus planos à comunidade antioquena.

Dessa vez, Ruth não aceitou ficar em Antioquia. Quis seguir viagem na companhia de Ignácio até Ephesus, onde finalmente haveria de conhecer Maria de Nazareth, mãe de Jesus. Além disso, seu coração delicado ansiava rever João Boanerges.

Antes que chegasse a estação do inverno do ano 59, os dois partiram para Ephesus, levando na bagagem um misto de saudades e de esperanças.

A chegada na capital dos efésios foi coberta com a genuína alegria das almas afins que se reencontram após longo período de ausência.

Ruth abraçou-se ao apóstolo João, admirando-lhe a face iluminada pelas rugas da experiência. Seus olhos lúcidos brilhavam como nunca no instante do reencontro. Por longas horas, aquelas duas almas gêmeas na afinidade espiritual trocaram as mais ternas expressões de saudade, confidenciando todos os acontecimentos dos anos em que estiveram distantes, pormenorizando suas lutas, testemunhos, renúncias e sacrifícios para que a mensagem cristã lograsse algum êxito nas tarefas a que cada qual se dedicara.

Igualmente, Ignácio reconfortou o coração na presença de seu pai espiritual.

Novos projetos surgiram no ideal daqueles pioneiros cristãos. A perseguição injusta desencadeada pelas mentes perversas e impenitentes aos vanguardeiros do Cristo, desde Jerusalém até à capital do Império, tornava urgente novo esforço de planejamento em prol dos serviços de evangelização do mundo. Certamente a ausência física dos encarcerados seguidores do Senhor far-se-ia sentir de forma direta no ânimo dos recém-convertidos à causa. Necessário era, portanto, empreender redobrados esforços em prol da divulgação da mensagem da Boa Nova.

Ignácio expôs a João seus planos de buscar Apolo para novas viagens missionárias ao reino da Bithynia e ao reino do Pontus. Concordes no cometimento, mandariam chamar Apolo, que, a essa altura, coordenava as pregações cristãs na Macedônia.

Era preciso continuar. João Boanerges, com precisão admirável, relatou a Ignácio a grande frutificação das sementes evangélicas plantadas no coração das nações circunvizinhas ao Egeu, desde a Macedônia, a Achaea e a Grécia, até aos confins da Mysia, da Lydia, da Phrygia e da Pamphylia.

Por toda parte, o Cristianismo florescia com suas bênçãos de amor e sabedoria inexcedíveis. Um grande movimento de solidariedade entre as igrejas nascentes estabelecera-se, intensificando o intercâmbio de experiências e ideias renovadoras.

Nesse particular, o trabalho de Paulo de Tarsus e de Simão Pedro havia trazido frutos inequívocos de cooperação.

Áquila e Prisca se desdobravam na condução dos interesses cristãos em Roma.

Apolo lutava com valor junto aos irmãos da Macedônia.

Erasto era o timoneiro na Achaea e na Grécia.

Johannes realizava a evangelização dos tracianos, estendendo-a a Pergamum e à Galatia.

Tito se desdobrava no serviço cristão em Creta.

Policarpo, ainda muito jovem, estava à frente da evangelização em Smyrna da Jônia, ao lado de Alceu e de Átalo.

Timóteo sustentava os serviços na Pamphylia e na Psídia, enquanto João Marcos enviava notícias alvissareiras da ilha de Cyprus, da Cilícia e da Cappadocia.

Em Ephesus, segundo a narrativa de João, havia ele concentrado as atenções após o desenlace de Apolônio. Ali contava com o apoio valoroso de Heleno, de Jacob e seus familiares. A igreja dos efésios tornara-se importante fulcro irradiador da esperança e da consolação cristãs.

No dia imediato a essa conversa, Ignácio pôde rever e abraçar os companheiros de outrora, apresentando-os com desvelado carinho, um a um, pessoalmente, à sensibilidade de Ruth, que os recebeu com alegria e bondade.

A essa altura, Maria de Nazareth havia se recolhido com o avançado da idade à tranquilidade do campo, longe do burburinho das cidades da Jônia.

Com a ajuda de Alceu e de Policarpo, João conseguiu situá-la nos altiplanos do Hacimutsoste, nos arredores de Smyrna, em singela casinha campestre, de onde se contemplavam as maravilhas da natureza: de dia, as belezas do Mar Egeu, com sua coloração inconfundível de azul-turqueza na bênção das aragens marinhas reconfortantes; de noite, o insuperável esplendor das estrelas, descortinando no horizonte o manto celeste iluminado de fulgores.

Ali mesmo, em sua casa humilde e simples, a venerável Senhora recebia com extremos de bondade os peregrinos de todas as partes, notadamente os doentes, os tristes e os solitários de toda ordem, impondo-lhes suas mãos dadivosas e abençoando-lhes a existência em nome de seu filho Jesus. Inúmeras curas ali se processavam na surdina, porque a generosa matrona pedia aos seus assistidos que guardassem silêncio sobre o ocorrido, exemplificando, por sua vez, comovente humildade.

Foi nesse ambiente rupestre e simples que Ignácio, mais uma vez, pôde rever Maria Santíssima, e, juntamente a João, apresentar-lhe o devotamento do espírito sensível de Ruth.

Com a concordância de todos, Ruth deixou-se ficar na companhia carinhosa de Maria por tempo indeterminado, auxiliando-a nos afazeres diários e conhecendo-lhe pessoalmente os relatos amorosos das peripécias de Jesus, desde os primeiros anos de menino até aos tristes instantes do calvário e os gloriosos momentos da ressurreição. Ruth ficara inebriada de amor pela convivência mais íntima com aquele anjo celestial feito mulher e mãe na face da Terra.

O desdobramento das atividades cristãs tomava o tempo de nossos personagens, situados entre as cidades de Ephesus e Smyrna.

Apolo havia chegado, respondendo ao apelo de João e de Ignácio de Antioquia.

Os três conversaram longamente sobre os rumos da atividade cristã.

Surgiu dessa conversa uma ideia inspirada pela Espiritualidade Maior, que lhes presidia a movimentação. A igreja cristã nascente proliferara-se com velocidade espantosa em todos os confins do Império. Os embates com as sombras da ignorância, no entanto, recrudesciam assustadoramente. De um lado, o formalismo ritual farisaico sufocava a liberdade do Evangelho de Jesus no seio dos irmãos hebreus. De outro, a superficialidade dos cultos pagãos começava a introduzir novidades estranhas à pureza original dos ensinamentos do Cristo junto às coletividades gentias.

"Como enfrentar tamanhos dilemas sem assustar os adeptos de todas as raças?"– eis a questão, tema central do debate entre João, Ignácio e Apolo.

Nesse ponto da conversa, a visão espiritual dos três interlocutores se abriu e, tomados de êxtase, vislumbraram a aproximação de um vulto luminoso. Vertendo lágrimas de jubilosa saudade, João reconheceu o próprio irmão Tiago, semimaterializado, desenrolando extenso pergaminho, no topo do qual podia-se ler, grafado em caracteres luminosos: "Instruções didáticas".[1]

A cena perdurou por alguns instantes até que Tiago, dirigindo-se a João, disse:

- "Por que não convocar os trabalhadores da seara do Mestre para a unificação didática no entendimento geral de seus ensinamentos de amor e de luz? João, irmão querido, confia na bondade augusta de nosso Senhor Jesus! É da vontade do divino Mestre que Simão Pedro venha a ter contigo em Ephesus, pessoalmente, daqui a algum tempo. Simão ser-lhe-á de grande valia na tarefa ainda a realizar. Espera e age no bem de todos, que o Senhor nos acompanhará os passos a serviço do Evangelho. Por que temermos a ignorância ou a maldade?"

Feita a pergunta, deixada no ar, a visão esmaeceu-se, desaparecendo o enviado dos céus. Por longos minutos, nossos amigos guardaram absoluto silêncio, recolhendo-se à pre-

---

[1] Vide nota do revisor doutrinário à página 532.

ce, maravilhados pela misericórdia de Jesus, enviando-lhes a inspiração necessária e justa.

Debateram entre si as providências pertinentes ao caso em pauta. Após o que deliberaram convocar os colaboradores mais assíduos da tarefa cristã, desde o Aegyptus e Israel, passando pela Syria e pela Ásia, até à sede romana do Império, para consultas recíprocas, onde reuniriam esforços no traçado de um sucinto roteiro, que expusesse didaticamente as instruções apostólicas baseadas nos ensinos do Evangelho e nas cartas dos apóstolos.

Esse período de reuniões unificadoras do pensamento doutrinário cristão perdurou por três anos até à esperada chegada de Simão Pedro a Ephesus.

De fato, conforme as informações dadas pelo espírito de Tiago de Zebedeu, desde muito tempo, chegara a Ephesus a venerável personalidade de Simão Pedro, trazendo junto de si mulher e filhos.

Passados os primeiros momentos da efusiva alegria do reencontro, João deu-se pressa em pôr o amigo a par dos acontecimentos, inteirando-se, por sua vez, de todas as lutas da igreja em Jerusalém.

Simão Pedro, após avistar-se com Maria de Nazareth, prestando-lhe em vida os seus últimos respeitos, anuiu em colaborar ativamente com os planos de João, Apolo e Ignácio na conclusão de um documento escrito, contendo algumas instruções evangélicas, a fim de prevenir os incautos das novidades estranhas ao ensinamento de Jesus.

Surgiu, assim, o primeiro rascunho do documento que seria conhecido pela posteridade como o "Didaqué", ou "A Instrução dos Doze Apóstolos".[2]

Originalmente escrito na cidade de Ephesus, em princípios do ano 63, com a colaboração direta de dezenas de servidores do Cristo, o "Didaqué" passou por emendas posteriores nas cidades de Antioquia da Syria, Jerusalém, Corinthus e Roma. Sua base original é bem o retrato da pureza evangélica no combate às novidades estranhas ao Cristianismo primitivo,

---

[2] Vide nota do autor espiritual à página 532.

relacionando também os costumes e as tradições das primeiras comunidades cristãs do mundo.

Apenas a título ilustrativo, destacaremos aqui algumas pérolas de preciosidade desse texto, considerado dos mais importantes da era pós-apostólica:

"Este é o caminho da vida: primeiro, ama a Deus que o criou; segundo, ama a teu próximo como a ti mesmo. Não faças ao outro aquilo que tu não queres que façam a ti." (D I: 2); *"Este é o ensinamento derivado dessas palavras: bendizes aqueles que te amaldiçoam, rezes por teus inimigos e jejues por aqueles que te perseguem. Ora, se tu amas àqueles que te amam, que graça tu mereces? Os pagãos também não fazem o mesmo? Quanto a ti, ama àqueles que te odeiam e assim tu não terás inimigo algum."* (D I:3); *"O segundo mandamento da instrução é: não mates, não cometas adultério, não corrompas os jovens, não forniques, não roubes, não pratiques a magia nem a feitiçaria. Não mates a criança no seio de sua mãe e nem depois que ela tenha nascido. Não cobices os bens alheios, não cometas falso juramento, nem prestes falso testemunho, não sejas maldoso, nem vingativo. Não tenhas duplo pensamento ou linguajar, pois o duplo sentido é armadilha moral. A tua palavra não deve ser em vão, mas comprovada na prática. Não sejas avarento, nem ladrão, nem fingido, nem malicioso, nem soberbo. Não planejes o mal contra teu próximo. Não odeies a ninguém, mas corrijas alguns, rezes por outros e ames ainda aos demais, mais até do que a ti mesmo."* (D II:1 a 7); *"Filho, procura evitar tudo aquilo que é mau e tudo que se parece com o mau."* (D III:1); *"Filho, não fales demais, pois falar muito leva à blasfêmia. Não sejas insolente, nem tenhas mente perversa, porque as blasfêmias nascem dessas coisas. Sê manso, pois os mansos herdarão a terra. Sê paciente, misericordioso, sem maldade, tranquilo e bondoso. Respeites sempre as palavras que escutaste. Não louves a ti mesmo, nem te entregues à insolência. Não te juntes aos poderosos, mas sim com aos justos e os pobres. Aceites tudo o que acontece contigo como coisa boa e saiba que nada acontece sem a permissão*

de Deus."(D III:6 a 10); "Procura estar todos os dias na companhia dos fiéis para encontrar forças em suas palavras. Não provoques divisão. Ao contrário, reconcilia aqueles que brigam entre si. Julga de forma justa e corrige as culpas, sem distinguir as pessoas." (D IV:2 e 3); "Não rejeites o necessitado. Compartilha tudo com teu irmão e não digas que as coisas são apenas tuas. Se vós estais unidos nas coisas imortais, tanto mais estareis nas coisas perecíveis." (D IV:8); "Detesta toda hipocrisia e tudo aquilo que não agrada o Senhor." (D IV:12); "Fica atento para que ninguém te afastes do caminho da instrução, pois quem faz isso ensina coisas que não pertencem a Deus. Tu serás perfeito se conseguires carregar todo o jugo do Senhor. Se isso não for possível, faze o que puder." (D VI:1 e 2); "Não rezes como os hipócritas, mas como o Senhor ordenou em seu Evangelho." (D VII:2); "Nós te agradecemos, Pai Santo, por Teu santo nome que fizeste habitar em nossos corações e pelo conhecimento, pela fé e imortalidade que nos revelaste através do Teu servo Jesus. A Ti, glória para sempre." (D X:2); "Todo profeta que ensina a verdade, mas não pratica o que ensina, é um falso profeta." (D XI:10); "Acolhe todo aquele que vier em nome do Senhor. Depois, examina para conhecê-lo, pois tu tens discernimento para distinguir a esquerda da direita." (D XII:1); "Escolhei presbíteros e diáconos dignos do Senhor. Eles devem ser homens mansos, desprendidos do dinheiro, verazes e provados, pois também exercem para vós o ministério dos profetas e do Mestre." (D XV:1); "Reuni-vos com frequência para que, juntos, procurem o que convém a vós; porque de nada vos servirá todo o tempo que vivestes a fé se, no último instante, não estiverdes perfeitos e preparados." (D XVI:2).

Na sequência dos acontecimentos, após a escrita do "Didaqué", Simão Pedro e João resolveram partir em direção a Corinthus, atendendo aos comoventes apelos de Erasto.

A situação da igreja dos coríntios não era favorável, tendo em vista a discórdia reinante entre o partidarismo de uns e o exclusivismo de outros. A presença pessoal dos dois apóstolos de Jesus certamente haveria de acalmar os ânimos exaltados, restituindo-os à fraternidade legítima e ao dever da benevolência e compreensão recíprocos.

Dessa forma, os dois apóstolos mais próximos de Jesus demandaram os sítios da capital da Achaea, em missão de unificação e socorro.

Demoraram-se em Corinthus por algum tempo e de lá partiram rumo à capital do Império, Roma, seguindo a inspiração de Mais Alto e a realização de sonhos desde há muito acalentados. Estavam dispostos a colaborar com os cristãos de Roma na solução dos problemas cruciantes que os afligiam, e, ao mesmo tempo, abraçar o espírito intimorato de Paulo de Tarsus. Antes da partida, Simão Pedro escrevera comovente carta dirigida ao apóstolo dos gentios, avisando-o de suas intenções.[3]

---

[3] Vide nota do autor espiritual à página 532.

Capítulo XXXII

Difusão

ANO 64|67

Não demorou muitos anos e a notícia do desaparecimento de Paulo de Tarsus e do martírio de Simão Pedro em Roma chocou a comunidade cristã, já numerosa no mundo inteiro.

Corria o ano 65 da nossa Era.

A esse tempo, Ignácio de Antioquia e Apolo se uniram finalmente para a consecução de seu esperado projeto de evangelização dos reinos da Bithynia e do Pontus.

Para tanto, puderam contar com o entusiasmo de Silvano, discípulo de Simão Pedro, um dos chamados "forasteiros da dispersão", a que Pedro se refere em sua primeira carta.[1]

Silvano era um judeu natural da capital do reino da Bithynia, Nicomedia, convertido à fé cristã pelas mãos de Simão Pedro, na cidade de Roma.

Desde então dedicara-se à dispersão da mensagem cristã em Roma, Corinthus, Thessalonica, Miletus e Ephesus, colaborando ativamente também com Paulo de Tarsus e João.

Com o beneplácito joanino, os três batalhadores da Boa Nova traçaram luminoso roteiro de serviços em seu país natal, estendendo os planos para mais além, junto aos reinos da Paphlagonia e do Pontus.

---

[1] Vide nota do autor espiritual à página 532.

A Bithynia era o reino ao norte da Anatólia, estendendo desde muitos séculos seus domínios para o controle hegemônico do Mar Negro e suas rotas de navegação e comércio entre o Mar de Marmara e o Bósforo.

Nicomedia, sua capital, fundada sete séculos antes de Cristo, fora reconstruída por Nicomede I, de quem herdou o nome. Desde 74 antes de Cristo, por obra de Nicomede III, o reino da Bithynia aliara-se a Roma, encerrando um antagonismo secular, que remontava aos tempos de Aníbal. Naquela ocasião, o rei do Pontus, Mitridate VI, havia sido vencido pelas hostes de Lucio Licínio Lucullo, Aurelio Cotta, Valerio Triario e Barba.

A Bithynia era à época de nossas personagens uma província senatorial romana sob o controle direto do Senado, que lhe indicava um governador, o chamado "Legati Augustus Pro Praetor".

Secundados por Silvano, Ignácio e Apolo não tiveram dificuldades em penetrar aquelas paragens de encantadora beleza. Partiram inicialmente de Ephesus, sob as bênçãos de João Boanerges. Passaram por Smyrna, onde estiveram longamente com Policarpo e seus auxiliares mais diretos, Zózimo e Rufus. Subiram as escarpas do Hacimutsoste para abraçar a veneranda figura de Maria de Nazareth, junto à adorável Ruth, meses antes de sua partida definitiva para a pátria celestial.[2] De lá seguiram rumo ao norte para atingir Pergamum, onde se reencontraram com Johannes, com o coração tomado de alegria fraternal.

Na sequência, rumaram para Adramyttium e depois, finalmente, para a esperada Bithynia, às margens da costa do Propôntide, na pequena Cyzicus. De Cyzicus, seguiram a pé de vila em vila, à beira-mar, falando, com devotamento e amor, sobre as bem-aventuranças celestes.

Os pescadores humildes receberam-lhes a palavra esclarecedora com bondade e reconhecimento.

De Cyzicus a Khios, Ignácio, Silvano e Apolo se rejubilaram ao contato daquelas almas simples, sedentas de consolação e esperança. Vários núcleos evangélicos foram fundados

---

[2] Vide nota do autor espiritual à página 532.

em casebres humildes à beira-mar, contando-se às centenas os corações tocados por eles.

De Khios, tomaram rumo sul, longe das aragens marítimas, para atingir importante entreposto da fronteira entre a Bithynia e Pergamum, a cidade de Prusa, também conhecida como "Prusa ad Olympicum", e mais tarde Bursa, fundada três séculos antes pelo rei Prusa I da Bithynia.

Nossos amigos admiraram-se com as belezas da paisagem em Prusa, situada aos pés da face norte da cadeia montanhosa do Olympus, cujos topos nevados apontavam para a abóbada celeste, evocando em seus espíritos a grandeza universal da Paternidade Divina.

Em Prusa, nossos amigos foram saudados com alegria por numerosos cristãos, instruídos sobre o Evangelho de Jesus através de André, irmão de Simão Pedro, que por lá passara. Lá souberam que depois da separação dos apóstolos, seguida à ascensão do Senhor na Palestina, André havia tomado um navio até ao Mar Negro, escolhendo o desembarque na Cytia para pregar a palavra do Cristo. Por longos e profícuos anos de sacrifícios e abnegação, o irmão de Simão Pedro, André, espalhou a Boa Nova até aos confins do Mar de Aral, retornando depois pelo Euxinus até Chalcedon, onde fundara o primeiro movimento de evangelização da Bithynia. De Chalcedon, outros núcleos foram assentados em Nicomedia, em Nicaea e em Prusa.

Ignácio, Silvano e Apolo se admiraram ao encontrar essas notícias acerca de André, de quem não se conhecia, até então, o destino. E lá mesmo tomaram ciência de que, após fundar a igreja cristã em Prusa, André retornara a Nicomedia, de onde, tomando um galeão romano, rumou para as terras distantes da Etiópia, segundo as instruções espirituais de um varão que lhe aparecera solicitando o concurso em favor de Levi Mateus.

Nossos amigos visitaram os núcleos cristãos da Bithynia fundados por André, esforçando-se no estabelecimento de uma corrente de fraternidade e intercâmbio entre aquelas isoladas comunidades cristãs e suas congêneres da Ásia, da

Achaea e de Roma. Foi somente com a chegada de nossos peregrinos que aqueles seguidores de Jesus, relegados ao isolamento de sua humildade, puderam ter mais amplas notícias das viagens missionárias de Paulo de Tarsus e de suas epístolas, do esforço evangelizador de João Boanerges nas cidades da Ásia, dos sucessos de Simão Pedro na Roma dos césares, e de todo o movimento de intercâmbio espiritual em torno do Evangelho de Jesus, que se processava em todas as partes do Império. Ignácio achou prudente espalhar essas notícias também às outras cidades por onde André havia pregado e, assim, deliberaram os três perlustrar os mesmos caminhos do apóstolo do Senhor, indo de Prusa a Nicaea, depois a Nicomedia e da capital da Bithynia até Chalcedon.

Em todas essas importantes cidades, a igreja cristã tomou novo impulso, revigorando suas forças, alegrando-se sobremodo com o desenvolvimento da mensagem de Jesus por todo o mundo.

Novo entusiasmo entre os adeptos do Cristo nessas terras fez o movimento florescer com vigor. Muitas bênçãos espirituais foram recolhidas pelos servidores de Jesus.

A palavra lúcida de Apolo soava cada vez mais como a mais pura inspiração superior, cheia de sensibilidade e beleza.

Ignácio, por sua vez, com lágrimas de profundo reconhecimento à Bondade Divina, passou a operar com muita propriedade, empregando as próprias mãos na cura de doentes e obsedados de toda ordem.

Silvano notabilizava-se pela lúcida orientação na fundação de inúmeras casas de caridade, onde os seguidores de Jesus poderiam, enfim, pôr em prática a fraternidade mais sincera e legítima.

Por quase dois anos, Ignácio, Silvano e Apolo estiveram entre Prusa e Chalcedon, ao mesmo tempo em que procuravam colocar essas comunidades cristãs em contato com os mensageiros de Ephesus, Corinthus e Roma.

No alvorecer do ano 67, após os rigores do inverno, nossos amigos, sentindo a firmeza dos núcleos cristãos da região, demandaram o reino do Pontus. Recordando-se do gosto paulino pelas caminhadas de peregrinação a pé e, no sentido de homenagear o esforço do apóstolo da gentilidade, Ignácio de Antioquia, Silvano de Nicomedia e Apolo de Alexandria caminharam de Chalcedon à Paphlagonia. Tomaram a rota costeira do Bósforo e do Mar Negro, de praia em praia, de vila em vila, falando aos corações simples que encontravam sobre as bênçãos de Jesus de Nazareth. O trajeto de Chalcedon a Heraclea demorou quase seis meses, exigindo-lhes grande cota de sacrifício e abnegação. Em Heraclea, contudo, dolorosas surpresas os esperavam.

CAPÍTULO XXXIII

PERDÃO

ANO 67 | 70

A cidade de Heraclea, às margens do Mar Negro, guardava ainda suas tradições guerreiras intactas no orgulho de seus cidadãos, como o último refúgio de Mitridate VI, rei do Pontus, antes da conquista romana de Marco Aurelio Cotta.

Ali grande comunidade hebraica beneficiava-se das rotas de comércio, provenientes das terras distantes para além do Pontus Euxinus, desde a Cytia e o Aral, tendo como destino as grandes cidades do Império Romano.

Ao chegarem na cidade, Ignácio, Apolo e Silvano logo se abrigaram do sol causticante, junto à tranquilidade da sinagoga.

Recebidos inicialmente com discreta cortesia pelos irmãos de raça, puderam descansar por algumas horas em tenda acolhedora, armada em benefício dos viajantes que aportavam àquelas paragens.

Banharam-se com grande alívio e alimentaram-se convenientemente, até que foram convidados aos serviços religiosos da noite.

Após o ritual, cumprido à risca pela casta sacerdotal de Heraclea, a palavra foi aberta aos peregrinos de outras terras.

Apolo levantou-se com intrepidez e, usando de sua fluência verbal admirável, passou a lembrar os relatos e predições de Isaías acerca da vinda do Messias de Israel.

Aparentemente apoiado pelo interesse dos ouvintes, de súbito a paisagem mental se transformou. Quando Apolo começou a falar, anunciando que, em verdade, o esperado Messias já viera ao mundo do desterro na figura de Jesus Cristo, os apupos da assembleia exaltada surgiram de toda a parte.

Ignácio e Silvano levantaram-se em defesa dos princípios esposados por Apolo, instando a que os varões de Israel daquela parte da Bithynia escutassem os alvitres da Boa Nova de Jesus de Nazareth.

Gargalhadas frenéticas cruzaram os ares, dando o tom da ironia ambiente. Em breve, gritos coléricos de intolerância fizeram-se ouvir:

- Fora aos blasfemadores!
- Punição à ousadia dos hereges!

Acontece que Heraclea era a cidade onde, desde muito tempo, residia um ancião de Jerusalém, de nome David, irmão do sumo sacerdote Ananias, que anos antes havia presidido grande movimento de perseguição aos adeptos do Cristianismo na Cidade Santa, notadamente com o intuito de prender e exterminar o apóstolo Paulo de Tarsus, lembrado por ele como pérfido desertor das tradições mais sagradas da raça.

David, feito sumo sacerdote da cidade, estivera pessoalmente em Jerusalém por ocasião da prisão de Paulo de Tarsus, no processo que lhe moveu Ananias, seu irmão, com o intuito de aniquilar-lhe a vida.

Àquele tempo, todos os esforços de Ananias, de Tértulo e dos demais maiorais do Sinédrio e do templo foram infrutíferos para a consecução de seus propósitos escusos, ante a negativa do procurador romano Antônio Félix de entregar o apóstolo da gentilidade às autoridades máximas do Judaísmo.

David guardara grande frustração, despeitado com a rápida proliferação da mensagem cristã. Ao partir para a Bithynia, por razões de ordem profissional, prometera a si mesmo sufocar com violência e rapidez qualquer aproximação dos adeptos daquele Cristo que desprezava. Seu ódio indisfarçável ao Cristianismo nascente espalhara-se com facilidade junto aos hebreus de Heraclea, que recebiam dele longas exortações, prevenindo-os dos perigos da nova seita, inculcando em seus corações despreparados a semente odiosa do preconceito puro e simples.

Não sem razão, nossos amigos se assombraram ante a reação violenta dos circunstantes na sinagoga, diante da primeira alusão à figura amorosa de Jesus.

Foi o próprio David quem dominou a assembleia em fúria para, no despeito de sua pretensa superioridade, humilhar os pregadores do Evangelho em sua sanha de desforra e vingança.

Ali, diante de seus olhos intumescidos de cólera, estavam finalmente três dos seguidores daquele Paulo de Tarsus, que ele tanto odiava. Por sua mente insana perpassou, de chofre, tenebroso plano, no qual os três pagariam a desonra do desertor de Damascus, que havia preferido o carpinteiro de Nazareth aos preceitos mais caros e sagrados dos profetas de Israel.

- Como ousam conspurcar o sagrado recinto da casa de Deus com a lembrança pusilânime de um carpinteiro que morreu na cruz entre os ladrões? - bradou, dirigindo-se a Apolo, a Ignácio e a Silvano. - Guardas, guardas! Prendam imediatamente os blasfemos covardes do Nazareno!

Nova agitação irrompeu no cenáculo, enquanto David concluía, triunfante:

- Apodrecerão no cárcere até que Jerusalém tome ciência e nos informe, de fato, quem, porventura, sois na hierarquia de vosso odioso movimento subversivo cristão.

Cientes da gravidade da hora, os três não opuseram resistência, rendendo-se cada um à prece silenciosa, em busca do amparo espiritual imprescindível.

Aturdidos, foram conduzidos a ferros a uma prisão imunda e insalubre. Foi Ignácio quem primeiro falou, consolando os companheiros de infortúnio.

Lembrou-se da prisão injustificável em sua tenra infância em Cafarnaum da Galilea e das muitas bênçãos que se seguiram àquele triste episódio. Jesus haveria de ter um propósito superior para os seus testemunhos de dor e angústia.

Resignadamente, os três vanguardeiros do Evangelho de Jesus adormeceram, confiados na proteção celestial.

A prisão em Heraclea tinha o centurião romano Tulius Quercius como diretor despótico, corrupto e cruel.

Por ser a mais afastada cidade da sede do governo provincial em Nicomedia, Heraclea se deixava aos cuidados de Tulius Quercius, como preposto do governador.

Sua tirania e vilanidade, contudo, faziam fama para além das fronteiras. Todos na cidade temiam cair no desagrado de sua vontade opressiva.

Sabia-se, à boca pequena, que qualquer processo sob a sua jurisdição era tocado pelo móvel ignóbil dos favores e das trocas pecuniárias.

O sumo sacerdote David, na ardilosidade de seus planos inconfessáveis, não teve dificuldades em comprar a cumplicidade de Tulius Quercius em troca de alguns favores.

Desse modo, o processo formal contra os acusados não passou das primeiras alegações, sumindo dos arquivos pretoriais para sempre. Sem processo, não houve qualquer audiência formal de acusação, tampouco chance para as alegações da defesa.

Sob a tirania de Tulius Quercius, Ignácio, Apolo e Silvano foram deixados no cárcere de Heraclea por longos dois anos e meio, sem qualquer contato com a vida exterior.

A princípio, tal situação, amargurosa, confrangeu dolorosamente os seus corações sensíveis e dedicados. Mas, aos poucos, foram compreendendo os projetos do Cristo em torno de seus destinos tormentosos.

Ali mesmo, naquelas celas misérrimas, encontravam-se

os filhos do infortúnio, submetidos pela tirania, perseguidos pela injustiça e dominados pela desesperação que a Boa Nova do Cristo poderia consolar.

Na calada da noite, tocado de inspiração superior, foi Ignácio de Antioquia quem brandamente elevou a sua voz, recordando-se das bem-aventuranças descritas nas anotações de Levi:[1]

- "Bem-aventurados os que choram, porque serão consolados. Bem-aventurados os que têm fome e sede de justiça, porque serão saciados. Bem-aventurados os que sofrem perseguição por amor da justiça, porque deles é o reino dos céus".

Desde aquele dia inolvidável, os três amigos do Evangelho revezavam-se na elucidação da mensagem do Cristo para aqueles corações sofredores e aflitos, prodigalizando-lhes doces consolações e esperanças.

Diariamente, aguardavam o recolhimento da guarda pretoriana para iniciar os serviços da pregação lúcida e amorosa.

Por dois longos anos, a cena repetiu-se plena de beleza espiritual, na escuridão do cárcere. Centenas de prisioneiros, injustiçados e perseguidos converteram-se às bênçãos do Cristo. Outros tantos criminosos, tocados de renovação interior, arrependeram-se de passados enganos, desejosos de reconstruir a própria estrada da existência com as luzes da nova crença.

Nossos prisioneiros do Cristo foram cercados do respeito de todos os detentos, amealhando para si também, pela conduta exemplar, a simpatia e o apreço dos próprios verdugos da soldadesca.

Um episódio, contudo, é digno de nossos mais significativos registros.

Certo dia, alquebrado velhinho, que de há muito acompanhava com interesse as prédicas cristãs de Ignácio, tomou coragem para acercar-se mais proximamente de sua cela, agarrando-se com extrema dificuldade à grade que os separava. Entre lágrimas de contrição, chamou por Ignácio, desejoso de falar-lhe em particular.

Ignácio abaixou-se solícito, reparando na fácies maci-

---

[1] Vide nota do autor espiritual à página 533.

lenta do ancião. Seus olhos denunciavam profunda tristeza n'alma e a esfarrapada túnica escondia os primeiros sintomas da lepra galopante em seu corpo doente.

A parca luminosidade de uma lamparina a óleo não pôde ocultar a angústia a dominar-lhe o peito opresso.

Acostumado ao contato com doentes de toda ordem nas casas de caridade dos núcleos cristãos, desde Antioquia da Syria até Smyrna, Ignácio não se alarmou diante da precariedade da situação. Antes procurou forças em sua fé inabalável, rogando a misericórdia de Jesus para o enfermo que insistentemente o chamara.

- Que a paz de Jesus esteja em vosso coração, irmão! Em que posso servir-vos? - perguntou Ignácio.

Ao que o velhinho, timidamente, respondeu:

- Meu jovem, tua palavra iluminada tocou-me o coração arrependido com a esperança do perdão para as minhas faltas inomináveis. Sou o triste resultado de minha própria incúria, na ambição desmedida que me consumiu os dias felizes da juventude e da madureza distantes. Tomado pela ilusão do predomínio e da riqueza, trilhei um tenebroso caminho de enganos infelizes, que a consciência teima em acusar, perturbando-me os últimos dias de vida. Haverá lugar nesse reino de teu Jesus para os réprobos e pecadores como eu?

Ignácio deu-se pressa em responder:

- Meu irmão, Jesus não veio curar os sãos! Sua mensagem excelsa é refrigério de consolação e esperança para nossas almas desviadas de seu aprisco de amor e luz. Confiemos em Jesus e ele nos receberá no serviço de sua misericórdia!

A essa altura, o velhinho soluçava baixinho. Com a voz entrecortada de pranto, continuou, falando a Ignácio:

- Sou velho hebreu natural de Nazareth da Galilea. Comerciante dos mais destacados em minha cidade, desejei estender os meus domínios e as minhas posses por todas as cidades ao redor do Tiberíades. Contudo, meus planos estavam sendo frustrados pelo sucesso de concorrentes imediatos em Cafarnaum, embalados pela movimentação crescente dos peregrinos que ali buscavam a presença pessoal de teu mestre Jesus. Àquela época, passei a odiar teu Senhor, não reconhecendo nele senão a figura de ignorante mistificador, filho de conhecido carpinteiro morador de minha cidade natal. Logo após a crucificação do teu Jesus e motivado pelos primeiros movimentos de perseguição à Casa do Caminho, ordenada pelo Sinédrio de Jerusalém, aproveitei-me do ensejo para urdir tenebroso plano. Utilizando-me da prerrogativa de amizade interesseira com o preposto Esdras, enviado do Sinédrio, para denunciar meus concorrentes de Cafarnaum como agitadores perigosos, chefes dos revolucionários do Caminho, sugeri o confisco puro e simples de seus bens, levando-os a amargar a prisão e a morte injustificáveis. Se meus planos iniciais foram, a princípio, bem-sucedidos, cumulando-me dos favores que a riqueza material prodigaliza, desde então guardo a consciência em chamas acusatórias de meus torpes delitos. Estranho pânico dominou-me as emoções e passei a vislumbrar a presença de perseguidores invisíveis aos olhos de minha esposa e filhos, espreitando-me os movimentos para atirar-me em rosto libelos acusatórios. Anos se passaram até que os de minha própria casa, desejosos de se apossarem de minhas propriedades, expulsaram-me do lar adorado, tomando-me na conta de perturbado mental ou louco vulgar. Por anos a fio, vaguei sem consolo algum, sob a ironia e os maus tratos da multidão incompreensível, apenas achando companhia nos doentes e leprosos deixados no vale dos imundos de nossas cidades. Cruzei desesperançado toda a Syria, a Cilícia, a Cappadocia e o Pontus até achar pouso certo aqui, em Heraclea. Novamente constituí família e negócios, bafejado com os ares renovados do Mar Negro, especializando-me na pesca. Há cinco anos, contudo, tive mulher e filhos brutalmente assassinados pelos asseclas de Tulius Quercius, que não se conformara com a negativa de Ana, minha pobre filha, em aceder aos seus encantos pecaminosos. Não contente com o assassínio torpe, mandou-me chicotear e prender, apossando-se de meus pobres bens e pertences. Com a consciência culpada de passados delitos, não reclamo da pena de talião, que Deus Todo-Poderoso certamente me impôs. Contudo, ao ouvir-te a palavra esclarecida e iluminada de beleza, até então desconhecida, senti-me profundamente tocado, e, sem saber a razão do motivo que me impele, tenho desejado ardentemente solicitar o teu perdão!

Ignácio estava lívido diante daquela confissão espontânea. Grossas lágrimas tomaram-lhe o rosto. O passado surgiu-lhe na retentiva da memória: a infância em Cafarnaum, o carinho de Ruth, a presença de Isabel e de Malaquias em sua vida, a prisão sem apelações em Cafarnaum da Galilea, o desaparecimento misterioso de Malaquias na prisão...

Ignácio compreendeu naquele instante o projeto do Cristo em seu destino. Ali estava o responsável por todos os sofrimentos de sua família adotiva, à época de sua infância. No imo da alma, um enviado da Espiritualidade Maior disse-lhe, lembrando-se do Cristo: "Vai primeiro reconciliar-te com teu irmão, e então, voltando, faze a tua oferta. Entra em acordo sem demora com o teu adversário, enquanto estás com ele a caminho".[2]

Soluçando de emoção, Ignácio perguntou-lhe o nome e o velhinho respondeu:

- Chamo-me Felipe. Felipe de Nazareth.

Vivamente emocionado, Ignácio beijou-lhe a destra trêmula, envolta em panos imundos.

Por entre as grades que os separavam nas celas a que estavam relegados, Ignácio de Antioquia abraçou-se a Felipe de Nazareth, exclamando, entre lágrimas de profunda fé e comoção:

- Felipe de Nazareth, meu irmão, eu te abençoo para sempre em nome de Jesus Cristo, nosso Mestre e Senhor! Levanta-te da culpa que te consome a existência para o serviço redentor do Evangelho, na vida renovada de esperança no Cristo de Deus!

Súbita claridade inundou o recinto para assombro de todos. Felipe de Nazareth sentiu as feridas se reconstituirem como que por encanto. Todos os sintomas da lepra desapareceram ante o influxo daquela bênção repleta de amor.

Vivamente comovido, reconheceu, num lampejo de

---

[2] Vide nota do autor espiritual à página 533.

entendimento superior, que Ignácio era uma de suas vítimas de outrora.

Chorando copiosamente, exclamou, jubiloso:

- Perdoa-me, meu filho! Perdoa-me! E que Jesus se apiede de minha ignorância!

Naquela luz a envolver o penitente, Ignácio pôde divisar a presença espiritual de seus pais, Sara e Isaac, acompanhados de Isabel e de Manahen, que vieram em socorro a Felipe.

Em poucos instantes, a luminosidade findou-se e o corpo alquebrado de Felipe de Nazareth, pelo avançado da idade, sucumbiu, desfalecido, para as vascas da morte.

Seu espírito, no entanto, certamente recebia da Espiritualidade a bênção da misericórdia do Pai, nas asas da renovação dos caminhos evolutivos.

Capítulo XXXIV

Evangelização

ANO 70|75

Corria o ano 70 da Era Cristã quando o filho primogênito do imperador romano Vespasianus - Titus Flavius Vespasianus -, conhecido como o futuro imperador Titus - Titus Vespasianus Augustus -, pôs fim à reconquista da cidade de Jerusalém, após a revolta hebraica iniciada desde os idos do ano 66.

Conta-se que, nas lutas de reconquista da Palestina, por volta do ano 68 Titus conhecera a belíssima princesa hebreia Berenice, filha do rei Agripa I e irmã do rei Herodes Agripa II, por quem desenvolveu um amor devotado e incondicional.

Berenice era de uma personalidade fortíssima, estrita observadora das tradições judaicas, não obstante guardar no íntimo grande simpatia pelo movimento do Cristianismo nascente.

À época do imperador Nero, Berenice conhecera pessoalmente o apóstolo Paulo de Tarsus, ouvindo-lhe a palavra lúcida e esclarecedora a respeito do Messias nazareno e de seu Evangelho em Caesarea, no vasto auditório da corte provincial de Pórcio Festo. Sua poderosa influência sobre o ânimo de Titus foi capaz de fazer com que ele desenvolvesse em seu coração uma certa benevolência em relação ao povo hebreu, amainando as perseguições injustificáveis iniciadas no Império contra os adeptos do Cristianismo desde os tempos de Nero.

A contribuição de Berenice, portanto, para a paz e a tranquilidade do movimento do Cristianismo nascente, foi notável e decisiva.

Em Heraclea, a esse tempo, a tirania do pretor Tulius Quercius havia cessado, uma vez que o infeliz tombara assassinado por mãos justiceiras. Um período de paz e tranquilidade social tomara a cidade com a chegada de Plautus Lucius Sextus, enviado pelo governador romano para a pretoria. Homem ponderado e justo, deu-se pressa em revisar todos os éditos de prisão, consciente dos abusos cometidos pela administração de seu antecessor. Não custou muito para reconhecer a ilegalidade das prisões de algumas dezenas de pessoas, dentre as quais Ignácio, Apolo e Silvano, libertados na primavera do ano 70, com recomendações expressas do novo pretor para que partissem de Heraclea e se instalassem bem longe da influência do sacerdote hebreu David.

Efetivamente, assim que se viram livres nossos amigos beijaram humildemente o solo da via pública, agradecendo a Jesus as suas bênçãos da vida, plenas de calor e de luz.

Por três dias ainda permaneceram na cidade, acolhidos pela simpatia de familiares de colegas da prisão, pessoas que haviam esclarecido no Evangelho de Jesus.

Bastou essa breve estada para que, numa residência humilde, fosse fundado um núcleo cristão de estudos e de preces.

De Heraclea, os três tomaram o rumo da Paphlagonia, seguindo a costa do Euxinus até cruzarem o Rio Parthenius.

Entraram no país pela parte norte de suas férteis e extensas planícies verdejantes, preferindo evitar os difíceis terrenos montanhosos do sul, de onde o Monte Olgassys enviava suas numerosas ramificações cobertas de florestas ainda virgens.

Pelo caminho, cruzaram por ricos e numerosos olivais, contemplando a paisagem bucólica de grandes criatórios de ovelhas.

Passaram inicialmente pelas cidades costeiras de Amastris, Eritinia, Cromna, Cytorus, Aegialus, Cimolis, Potami, Armene e Sinope.

A origem siríaca da Paphlagonia fez com que Ignácio se sentisse em casa, lembrando-se de sua Antioquia querida.

Uma atmosfera de paz e refazimento espiritual envolveu nossos peregrinos, que puderam desfrutar da hospitalidade da gente simples do campo ou das zonas costeiras, e pregar-lhes a palavra do Evangelho, com grande alegria no coração.

Na baía de Armene, próxima a Sinope, encontraram próspera região, dedicada ao comércio da pesca no Euxinus.

A cidade de Sinope já havia sido a capital do reino do Pontus e ainda guardava seu ar de esplendor, com suas praças bem fortificadas por robustos muros, adornados de pórticos e de belíssimos afrescos.

De colonização grega, passou pelo domínio de várias coletividades, dos milesianos aos cimerianos e efésios, depois caindo no domínio dos reis do Pontus e dos césares romanos, que lá haviam construído seus templos e edifícios públicos magníficos.

A diversidade cultural de sua origem e de seus habitantes tornou possível a Ignácio, a Apolo e a Silvano colherem muitos frutos na evangelização para o Cristo.

Nessa cidade, demoraram-se por mais de um ano, fazendo-a base para rápidas excursões pelas cidades vizinhas, desde a foz do Rio Halys, na divisa com o Pontus, até ao interior da Paphlagonia e sua capital Gangra, nas fronteiras com a Galatia.

Nas incursões às zonas montanhosas do Olgassys, levaram a palavra do Cristo até aos remotos promontórios de Carambis e Syrias, de Scorobas e Cytorus, cruzando com valor todos os nove distritos do interior do país, dentre os quais destacamos Timonitis, Gezatorigus, Marmolitis e Samisene.

Nessas paragens interioranas, os pregadores do Evangelho de Jesus foram defrontados com o adversário da grande superstição de sua gente simples e ignorante.

Acostumados à reclusão de suas montanhas e à rudeza da vida campestre, cheia de lendas e mitos ancestrais, seus habitantes temiam os forasteiros, enxergando Ignácio, Apolo e Silvano como feiticeiros vulgares.

As curas ali realizadas em nome do Cristo foram tomadas à conta de sortilégios temerosos e não foram poucos os que, assustadiços com a fama dos missionários do Evangelho, se esquivaram de sua presença, amaldiçoando-lhes os nomes.

Certa noite, um tanto quanto decepcionados pelos esforços infrutíferos de fundarem naquelas montanhas uma igreja cristã nos arredores da cidade de Gangra, Ignácio, Apolo e Silvano deixaram-se deitar no chão de extenso pomar, com suas macieiras plenas de frutos.

Enquanto se alimentavam com saborosas maçãs, Ignácio considerou:

- Amigos, lembremo-nos, nestes instantes de desânimo pelo insucesso de nossos esforços aqui em prol do Evangelho, que o próprio Senhor nos ensinou, conforme consta da narrativa de Levi Mateus: "Se não vos receberem nem ouvirem as vossas palavras, ao sairem para fora daquela casa ou cidade sacudi o pó dos vossos pés".[1]

Depois disso, com a concordância de todos, resolveram partir na manhã seguinte em direção à cidade de Pompeiópolis e, de lá, retornaram para Sinope, caminhando sempre pelas margens do importante Rio Halys, até sua foz no Euxinus, perto de Amisus.

De volta a Sinope, contemplaram com alívio a cidade construída sobre uma península, avançando rumo ao mar. Sua edificação compacta chegava tão perto do Euxinus que na maré alta era impossível caminhar por sobre suas praias, cheias de pedras. As águas avançavam até às muradas das construções, deixando uma impressão de inexpugnável fortaleza.

Desde as conquistas romanas de Lucullus, a cidade gozava de grande liberdade e independência sociocultural, que faziam dela um agradável e alegre pouso a todos os estrangeiros. Artistas de todas as partes vinham apreciar as belezas de

---

[1] Vide nota do autor espiritual à página 533.

seus feitos artísticos e esplêndidas construções arquitetônicas.

Também no campo religioso Sinope era considerada uma cidade de tolerância, e, por essa mesma razão, nossos amigos se rejubilaram em retornar aos seus sítios.

Vislumbrando a ilha de Scopelus, rodeada de galeões e navios de várias partes do mundo, Ignácio sentiu grande alegria espiritual. Aquela imagem simbólica sugeria-lhe importantes conclusões quanto ao futuro. De Sinope haveria de partir a mensagem do Evangelho de Jesus a todos os povos que residiam às margens do Pontus Euxinus. Certamente, não fora em vão que Jesus os havia enviado até ali.

Rapidamente, chegaram ao núcleo cristão da Casa do Caminho, fundado por eles na residência do romano Julius, sendo recebidos com entusiasmo pelo convertido.

Os serviços do Evangelho se desdobravam a contento.

Vários colaboradores haviam surgido, ofertando, com generosidade, o tempo de que dispunham em favor dos mais necessitados.

Em breve tempo de repouso, Ignácio, Apolo e Silvano compreenderam que os sinopenses estavam muito bem amparados na fé e na disposição ao trabalho do Cristo.

Era necessário avançar na direção do Pontus.

Apesar dos protestos da comunidade amiga, e passadas três semanas, nossos três vanguardeiros partiram rumo a Amasia.

Traçaram um plano de ação que englobava a execução da tarefa missionária de Amasia até às cidades de Boristhenes, Ístria e Apollônia Pôntica. De igual modo, de Amasia até Zela e Caesarea Cappadociae. E também na direção de Comana, Polemonium, Cerazus, Trapezus - Trebizonda. Seus planos pretendiam atingir também a longínqua Armênia, cuja capital era Sebastea.

Estabelecidos em Amasia, resolveram dividir-se, cada um dos três, tomando um dos rumos traçados para a evangelização do Pontus. Para não viajarem sozinhos, levariam consigo alguns aprendizes do Evangelho que, porventura, se interessassem pela tarefa em sua bela capital.

Não demorou muito tempo para que o Cristianismo flores-cesse em Amasia. Oito meses depois, vários irmãos na fé se reu-niam cheios de júbilo, em encontros semanais de esclarecimento e consolo. Nessa ocasião, Ignácio sentiu-se mais seguro de propor as viagens missionárias aos aprendizes do Cristo.

Após a explanação de seus objetivos, chamando os vo-luntários ao serviço, três varões, ainda muito jovens, levan-taram-se resolutos, predispondo-se a acompanhá-los. Assim, após algumas semanas de preparativos, três caravanas cristãs deixavam em Amasia os companheiros saudosos para somen-te retornarem dois anos depois.

Ignácio seguiu na companhia de Cefas em direção a Amisus, Boristhenes, Ístria e Apollônia Pôntica. Apolo teve a companhia de Eudóxio para rumar para as terras de Cerazus e Trapezus, a partir de Neocaesarea. E, por fim, Silvano seguiu com Atilano para as cidades de Zela, Caesarea Cappadociae e Sebastea da Armênia.

Foram dois anos de profícuas atividades em prol do Evangelho de Jesus a partir do reino do Pontus. Numerosas agremiações cristãs foram fundadas com devotamento e valor.

Contudo, haveremos de destacar um episódio que mar-caria para sempre a vida de Ignácio de Antioquia.

Numa noite estrelada, em que pernoitava em compa-nhia de Cefas, em plena pradaria, Ignácio sentiu-se transporta-do em espírito no tempo e no espaço. Viu-se ainda criancinha tenra, desprotegida e frágil, com o coração batendo descom-passado pela ansiedade manifesta de conhecer, pessoalmen-te, Jesus de Nazareth. Reviu com grande emoção o quadro vivo de seu encontro com o Mestre divino. A cena imorredoura comovia-lhe as fibras mais íntimas do espírito, num êxtase inex-cedível de amor e fé.

Entre o pranto e a alegria, viu que uma figura feerica-mente iluminada se lhe aproximava do coração, como se suas vestes resplandecessem o firmamento das estrelas do Infinito. Não teve dúvidas em reconhecer a presença do Mestre ado-rado, acenando ao longe.

Instintivamente, jogou-se de joelhos aos pés do Senhor, que levou as mãos abnegadas à cabeleira espessa de Ignácio.

Com voz branda e compassiva, Jesus lhe disse apenas:

- "Ignácio, lembra-te do que disse aos meus discípulos para que deixassem vir a mim as criancinhas!"[2]

A inesquecível visão se desfez junto às brumas da madrugada. Ao pé da relva umedecida do sereno da manhã, Ignácio acordou, em convulsivo pranto. Cefas assustou-se, acudindo-o pressuroso. Ignácio o tranquilizou:

- Cefas, meu filho, Jesus veio nos dar a sua bênção misericordiosa, instruindo-nos no caminho a seguir. De hoje em diante, nos devotaremos à evangelização da criança para o Cristo. Apollônia Pôntica vai marcar o início de novas atividades com Jesus. Haveremos de encontrar corações devotados à infância para guiá-la em nome do Mestre para as bênçãos da Eterna Luz!

De fato, assim foi feito desde a manhã que se seguiu ao encontro espiritual. Em Apollônia Pôntica, generosas senhoras se predispuseram ao trabalho de amparar e instruir as criancinhas para as luzes do Evangelho de Jesus. Foi lá que Ignácio e Cefas encontraram uma jovem senhora romana, de nome Blandina,[3] que se destacou pelo devotamento e pelo carinho no amparo aos pequeninos. Desde então, em todas as partes, em vinte e um séculos de Cristianismo, a humanidade assiste ao desdobramento e à multiplicação da árdua e meritória tarefa da evangelização infantil.

Da migalha de uma singela iniciativa em Apollônia Pôntica, na primavera do ano 75, até aos dias de hoje, no século XXI da Era Cristã, a tarefa multiplicou-se. Centenas de milhares de criaturas devotam-se com decisão e valor ao amparo da mente infantil, orientando os seus pequeninos corações para o roteiro do dever, da ordem e da responsabilidade de viver segundo a máxima cristã de que devemos sempre fazer aos outros aquilo que desejamos que nos façam.

---

2 e 3 Vide notas do autor espiritual à página 533.

Capítulo XXXV

FRATERNIDADE

ANO 80 | 84

Alguns anos mais à frente e os sucessos tenebrosos da destruição de Pompeii e de Herculanum, pela erupção do Vesúvio, correram fama por todo o Império Romano. Uma penosa impressão pairava no ânimo e na imaginação de todos os seus súditos.

No mais íntimo, reconhecia-se que a mão implacável dos deuses havia recolhido, pela espada do sofrimento coletivo, a justiça inflexível diante dos desregramentos do Império.

Em princípios do ano 80 de nossa Era, o assunto ainda empolgava o espírito das massas em Apollônia Pôntica.

Numa tarde fria, de fim de rigoroso inverno, Ignácio conversava animadamente com Cefas e Blandina acerca dos acontecimentos assombrosos, quando, inesperadamente, receberam a visita de Apolo, na companhia de Silvano.

Os amigos se abraçaram demoradamente, já que não se viam já há alguns anos.

Cada qual predispôs-se a relatar as tarefas desenvolvidas sob a égide do Cristo, em suas regiões respectivas.

Silvano relacionou as lutas na Armênia, de onde prosseguiu, na companhia de Atilano, até à Pérsia distante.

Apolo, por sua vez, nomeou as dificuldades enfrentadas até Trebizonda, de onde retornou a Sinope, contando com a colaboração de Eudóxio para, de lá, empreenderem inúmeras viagens missionárias pelo Mar Negro, atingindo as estepes eslavas.

Ignácio relatou-lhes o desdobramento da evangelização da criança a cargo de Blandina, e suas incursões ao sul pela Cappadocia, junto de Cefas, onde reencontraram João Marcos[1] em valoroso afã de trabalho e serviço com o Cristo.

Por toda parte florescia a mensagem do Evangelho do Senhor e grande satisfação empolgou-lhes o espírito de devotamento à causa.

Depois de longa conversa, atualizando-lhes os assuntos no interesse comum, soube-se que tanto Apolo quanto Silvano, em regiões distintas, receberam, pela Espiritualidade, a ordem de se dirigirem a Apollônia Pôntica, em busca de Ignácio.

Ignácio, que há dias havia guardado no íntimo cariciosa saudade dos sítios por onde haviam pregado, recebeu tais revelações com atenção e respeito. De certo, o Senhor os convocava a levantar âncora e, novamente, navegar nas águas do destino.

O seu entendimento ampliou-se, secundado que estava por generosos amigos espirituais.

Arrebatadamente, falou aos companheiros queridos:

- Amigos, o Senhor nos convoca a revisitar os núcleos cristãos que fundamos em seu nome, indo de casa em casa no caminho de retorno até Ephesus da Jônia, onde, certamente, reencontraremos Pai João à nossa espera!

Apesar dos protestos de Blandina e de Cefas, o cometimento não tardou. Logo após as providências de praxe, os três vanguardeiros do Evangelho partiram de Apollônia Pôntica com destino a Ephesus.

No retorno de porta a porta, casa a casa, percorreram todas as cidades onde fundaram núcleos cristãos, do reino do Pontus à Paphlagonia, da Bithynia à Phrygia, Pergamum e Jônia.

O percurso penoso, a pé, sem recursos financeiros e facilidades materiais, foi vencido à custa de ingentes sacrifícios.

---

[1] Vide nota do autor espiritual à página 533.

Por vezes inúmeras, nossos amigos foram visitados pela peste, apresentando sinais de fraqueza e de desnutrição.

Em outros momentos, a penúria avassaladora retardou--lhes a marcha intimorata. Em outras ocasiões, receberam a visita de malfeitores das estradas, roubando-lhes os parcos provimentos, que a generosidade dos companheiros de fé lhes havia ofertado.

O fato é que de Apollônia Pôntica até Ephesus os três amigos gastaram nada menos que quatro longos anos de penosos sacrifícios.

Antes, porém, de se acercarem de Ephesus, estacionaram com grande reconforto na residência de Policarpo de Smyrna, que os inteirou de todas as novidades da região.

Por trinta dias demoraram-se com Policarpo, recuperando as forças desgastadas. Távia, a generosa genitora de Policarpo, não mediu esforços para o reconforto dos irmãos de fé.

Após esse período de paz e recuperação da saúde, Ignácio deliberou partir para Ephesus, com o coração cheio de saudades angustiosas de sua mãe espiritual, Ruth, e de seu pai pelo coração, João Boanerges, o "filho do trovão".

Corria o ano 84 da Era Cristã.

Apolo e Silvano permaneceram em Smyrna, auxiliando os serviços da igreja cristã a cargo de Policarpo.

Ignácio percorreu a distância entre as duas cidades jônicas com grande rapidez, guardando o coração opresso de saudades.

A paisagem querida de Ephesus surgiu diante de seus olhos, vibrantes de ansiedade. Percorreu sofregamente suas aleias floridas, transpondo, sem dificuldades, as avenidas lotadas de transeuntes.

Ao aproximar-se da antiga residência de Apolônio e Sybilla, estacou por um instante, como a recompor-se, tomando o fôlego que lhe faltava.

Distando alguns metros apenas da entrada principal, recordou-se dos primeiros tempos de labores evangélicos que ali se desdobraram sob a direção de João e o cuidado dos donos da casa.

Reparou o movimento animado das pessoas que adentravam o cenáculo cristão, em busca das luzes espirituais.

Gentilmente, penetrou o peristilo, já repleto de fiéis para os serviços da noite que se anunciava. Foi Heleno o primeiro a reconhecê-lo no meio do povo:

- Ignácio de Antioquia, irmão querido! Louvado seja o Senhor Jesus que te traz de volta à nossa casa de oração!

Os dois se abraçaram demoradamente, os olhos marejados de pranto pela alegria do reencontro.

Não demorou muito e vários outros amigos foram surgindo para abraçar o visitante querido.

Ariadne seguiu-se ao contato fraterno, esclarecendo ao amigo que desde a partida para a Vida Maior de seus pais ela e Heleno haviam para lá se mudado com a finalidade de sustentarem os serviços do Evangelho. Para tanto, contavam também com a ajuda de sua filha Hanna Maria, que havia esposado o mancebo Nathanael, filho primogênito de Jacob e Verônica. Com o coração transbordando de alegria, Ariadne fez questão de apresentar a Ignácio o netinho adorável, Nestório, [2] nascido há poucas semanas.

Contagiante alegria tomou conta do ambiente, enquanto Ignácio abraçava-se a Jacob, à Verônica, à Hanna Maria e a Nathanael.

Após lavar-se convenientemente, fez questão de carregar o bebezinho no próprio colo, aproveitando a ocasião para lembrar a todos os presentes sobre a predileção do Senhor Jesus pelas criancinhas.

Ignácio tomou a liberdade de relatar aos amigos suas próprias experiências com a evangelização infantil, levadas a cabo em Apollônia Pôntica, sugerindo-lhes que o mesmo mo-

---

[2] Vide nota do autor espiritual à página 533.

vimento em prol da infância fosse iniciado em Ephesus.

Enquanto todos o ouviam, interessados e atentos, eis que cândida figura de animado velhinho assoma à cena do peristilo, amparado nos ombros fortes de Johannes. Era João Boanerges.

- Pai João, amor de minha vida! - exclamou Ignácio, mal contendo as lágrimas abundantes a escorrerem pelo rosto.

- Ignácio, meu filho! Meu filhinho amado! Jesus te trouxe de volta para conforto de meu coração alquebrado. Não poderias vir em melhor ocasião!

Aquela frase, pronunciada num misto de pesar e de alívio, sobressaltou o espírito inquieto de Ignácio.

Sem ousar perguntar a João a razão de suas preocupações, Ignácio lançou-lhe profundo olhar, tão súplice que comoveu as fibras mais íntimas do apóstolo.

Nada foi dito, mas Ignácio compreendeu com gravidade que a ausência de sua querida mãezinha Ruth no recanto das orações significava algo preocupante.

João fez sinal de silêncio, selando-lhe a boca prestes a perguntar por Ruth. Em seguida, convidou-o:

- Vamos às preces, meu filho! O dever nos chama e nossos amigos aqui presentes não podem esperar. Depois trataremos de nossos assuntos particulares.

Assim foi feito. O culto do Evangelho de Jesus foi realizado para aquela assembleia numerosa. Vários amigos foram convidados à palavra pela carinhosa direção de João Boanerges. Heleno, Jacob, Nathanael, Johannes, cada qual dispôs de cinco a dez minutos para suas interpretações. Ignácio, graciosamente, esquivou-se à palavra, argumentando que nas próximas reuniões relataria aos confrades o resultado de suas viagens por toda a Ásia Menor na companhia de Apolo e de Silvano.

Ao encerramento dos trabalhos da noite, João dedicou sua narrativa aos enfermos, lembrando-se, com emoção, do amor com que Jesus os acolhia nos tempos idos da Palestina distante.

Na oração final, João rogou em favor de Ruth.

Ignácio, então, tudo compreendeu. Sua mãezinha pelo coração estava enferma.

Ao findar o movimento dos amigos de fé, despedidos na paz de Deus, Ignácio e João detiveram-se em íntimo colóquio.

Delicadamente, João colocou-o a par dos acontecimentos em torno da saúde de Ruth.

Desde a partida de Maria de Nazareth, a abnegada mãe de Jesus, para as paragens celestiais, Ruth dedicara-se com grande afinco a minorar o sofrimento dos deserdados do mundo.

Velhinhos desamparados, enfermos anônimos, desesperados e desiludidos procuravam nela o apoio espiritual imprescindível. Ruth oferecia-lhes o próprio coração na singeleza de uma prece, numa bênção, num copo com água cristalina e pura em nome do Senhor, num sorriso ou num abraço fraternal.

O movimento de sofredores aumentou consideravelmente em sua casa humilde, notadamente o de irmãos portadores da lepra. Muitos deles foram limpos ao influxo do amor demonstrado nas preces de Ruth.

Aconteceu, porém, que ela passou a apresentar as marcas do sofrimento no próprio corpo, sofrimento que absorveu para si ao aliviar a dor dos assistidos.

O relato de João confrangeu enormemente a sensibilidade de Ignácio.

João acariciou-lhe a fronte, dizendo-lhe, com bondade:

- Meu filho, não desanimemos. Se o Senhor assim o permitir, haveremos de nos conformar, não é mesmo? Há razões profundas, cujas raízes remontam ao nosso passado de sombras, que justificam todo e qualquer sofrimento passageiro deste mundo. E, ademais, o fardo de nosso Senhor Jesus há de ser o mais leve, e o seu jugo, o mais suave!

Ignácio apenas pôde retrucar:

- Seja feita a vontade de Deus, meu pai!

Amparados pela amizade de Johannes, os dois demandaram a vivenda humilde do apóstolo, onde Ruth jazia em estado crítico da lepra.

A noite seguia alta.

A luminosidade da lua, com seus reflexos claros no céu, abriu caminho aos três vanguardeiros do Evangelho.

No trajeto de volta para casa, olhando fixamente o infinito da criação divina, Ignácio verteu grossas lágrimas, entregando-se à Misericórdia Celeste.

Capítulo XXXVI

Despedida
ANO 84

L eve ranger do portão em ferrugem fez com que
Ruth acordasse de ligeiro sono reparador. Perce-
beu as passadas suaves de João, que se aproximava na companhia de mais alguém, além de Johannes, para as
preces da noite.

Sem atinar a razão de súbito sobressalto no peito, Ruth
sentiu-se flutuando de emoção.

Os três amigos entraram com vagar, cuidando de não
acordarem a enferma querida. Entretanto, a voz trêmula de
Ruth fez-se ouvir, indagadora:

- João, Johannes, quem vem junto de vós?

- Vê por ti mesma, minha boa Ruth! - respondeu o
apóstolo.

- Minha mãe! Minha adorável mãezinha do coração!
Sou eu, Ignácio!

A cena não poderia ser mais comovedora!

Ruth e Ignácio se abraçaram, deixando que convulsivo
pranto de saudades os absorvessem, alheando-os do mundo
exterior. Ignácio fechou os próprios olhos delicadamente para
não registrar de primeiro o impacto que a decadência física de
Ruth pudesse lhe causar.

Antes, fez questão de abraçá-la fortemente de encontro ao próprio peito, aconchegando-se em seu regaço maternal.

Subitamente, contudo, Ruth lembrou-se constrangida da enfermidade que a acometera, esquivando-se de maiores contatos físicos com o filho do coração:

- Afasta-te, Ignácio. Já deves saber que estou na condição de velha imunda que a lepra vergasta. O Senhor me concedeu a chance de expiar o passado culposo, permitindo-me agasalhar, na própria carne, o estigma do sofrimento dos que me buscam hoje em Seu nome, à procura de alívio e reconforto. Em meus sonhos, filho meu, revejo cenas de um passado distante, em que me reconheço a causadora de grandes males a uma comunidade inteira! Oh, filhinho, quanto me doem essas cenas execrandas!

- Mas o que é isso, Ruth, minha querida, deliras? - retrucou Ignácio, tomando-a nos braços, num amplexo de grande ternura e preocupação.

- Não, Ignácio, minha lucidez é perfeita! Nas cenas a que me refiro, revejo um por um, os assistidos que me procuram a bênção em nome do Cristo, como aqueles mesmos de outros tempos, que arrojei desprevenida às vascas da angústia e da morte. Mas a bondade de Jesus permitiu-me refazer os caminhos enganosos deste mundo de dores e de lágrimas, ofertando-lhes hoje a bênção da renovação na alegria do Evangelho, a Boa Nova da vida eterna![1]

Ignácio aterrara-se com a firmeza dos conceitos emitidos pelas palavras serenas e graves de Ruth, com a mais convincente certeza.

Um turbilhão de pensamentos absorveu-lhe por longos minutos, nos quais ambos guardaram silêncio.

Sem qualquer escrúpulo preciosista, Ignácio acariciava a fronte macerada da mãe adotiva cheio de carinho e cuidado.

João e Johannes observavam a cena comovedora discretamente, lágrimas nos olhos, em respeitosa distância.

Por fim, Ignácio recomendou à doente o repouso justo ante o avançado da hora. Era necessário descansar, a noite

---

[1] Nesse diálogo com Ignácio, Ruth faz referência a uma reencarnação anterior.

ia alta e, no dia seguinte, certamente haveriam de ter muito tempo para palestrarem animadamente sobre todos os seus assuntos favoritos.

Ante a aquiescência de Ruth, todos se recolheram, recomendando-se, mutuamente, à proteção divina.

Logo pela manhã, a luz dos primeiros raios de sol veio felicitar o casebre humilde onde residiam João e Ruth.

Como de costume, João Boanerges já estava de pé, oferecendo a alguns gatinhos pequeninos uma generosa tigela de leite de cabra, que os animaizinhos sorviam satisfeitos. O apóstolo querido palestrava animadamente com os felinos, domesticados por seu carinho e atenção.

Logo surgiu a figura de Ignácio, recostando-se ao marco da porta de entrada, observando Pai João com os filhotinhos.

Os pássaros, em alegre algazarra, gorjeavam sua reverência à exuberância da natureza, com notas de singela harmonia musical.

O orvalho do campo desvanecia-se ao contato do calor solar, animando a alvorada de um novo dia.

Ignácio beijou enternecidamente as faces de João Boanerges e os dois se assentaram à soleira da porta.

João pressentiu a angústia da dor represada no coração do filho adotivo quanto aos sofrimentos físicos de Ruth, mas, delicadamente, esquivou-se de penetrar o assunto.

A conversa tomou rumo diferente. Foi o próprio João quem iniciou a palestra, exigindo todos os detalhes sobre os vários anos de peregrinações de Ignácio na companhia de Apolo e Silvano pela Ásia Menor. Igualmente, Ignácio solicitava de João notícias sobre os sucessos do Evangelho de Jesus nas comunidades vizinhas ao Egeu.

Por mais de três horas, aquelas duas almas afins no ideal superior trocaram impressões e relatos sobre os movimentos evangelizadores na renovação do mundo. Johannes havia se integrado ao assunto, colaborando, por sua vez, com os informes de sua própria experiência.

Embora as dificuldades naturais das lutas humanas, nossos amigos se rejubilaram com as conquistas empreendidas pela difusão da Boa Nova do Cristo entre os homens de boa vontade. A conversa seguia animada até que um gemido lancinante cruzou os ares, assustando-os.

Era Ruth. A pobre enferma havia acordado já há algum tempo, mas permanecera silente acompanhando com interesse redobrado a conversa animada dos três amigos. Uma grande alegria dominou-lhe o coração exausto ao registrar pela audição o desdobramento das responsabilidades de seu adorado filho do coração com Jesus.

No íntimo, sentia-se plenamente realizada ao constatar que todos aqueles anos de espera por notícias do seu Ignácio não foram em vão.

Lembrava-se, como num filme projetado nos recessos de sua memória mais profunda, das cenas em que abraçara Ignácio, ainda criancinha, pela primeira vez.

Recordou-se do drama vivido por sua mãe, Sara, a quem acolhera na condição de irmã espiritual.

Emocionou-se ao se lembrar do primeiro encontro com Jesus de Nazareth, à beira do lago da Galilea querida, ocasião em que conhecera João Boanerges.

Reviu as cenas inesquecíveis da desencarnação de Sara, quando tomou como filho do coração o pequeno Ignácio, a quem deveria guiar e orientar para a bênção de Deus.

Rememorou a prisão infame nos dias das primeiras perseguições cristãs.

Lembrou-se da abnegação de Manahen na Antioquia distante, acolhendo-os como familiares queridos.

Recordou os anos de amadurecimento do jovem Ignácio junto a Tito, Trófimo e Tíquico, e suas primeiras incursões em prol da doutrina do Cristo.

Reviu a partida para Ephesus e a alegria do encontro tão esperado com Maria de Nazareth, a abençoada mãezinha do Senhor, de saudosa memória.

A emoção, num ápice de encantamento, dominou-lhe o peito arfante. Com sofreguidão, continuou a vislumbrar na tela da memória as primeiras viagens missionárias do filho adorado, reconhecendo nele o homem de bem cuja vida de realização o próprio Senhor Jesus abençoara, antecipando-lhe os feitos. Ali estava Ignácio de volta, homem feito, experimentado pelas agruras da vida de lutas e de sacrifícios, de tribulações e de sofrimentos, mas cândido de alegria e de amor, de fé e de esperança na vitória plena da luz sobre as sombras da ignorância humana.

Que mais poderia ela desejar neste mundo? Reconhecia-se realizada pela desincumbência de seus compromissos de amor ao filho adorado, que Sara lhe deixara nos braços. Súbito, recordou-se das próprias lutas e realizações com Jesus desde a Galilea distante, passando pela Syria até à Jônia daqueles dias.

A lepra degradante era a visita incômoda a absorver-lhe todas as forças, mas uma branda serenidade envolvia-lhe o fulcro da consciência do dever retamente cumprido. Pensava de si para consigo mesma que nada mais lhe restaria viver na face da Terra senão a bênção da mais terna despedida, plena de amor e carinho para com os corações amados de João e Ignácio. Reconhecia que Jesus, em sua bondade, ouvira as suas mais recônditas rogativas para que não lhe faltassem forças para o adeus ao filho do coração. Ali estava Ignácio, de volta ao aposento do seu coração dedicado de mãe extremosa.

Queria gritar a plenos pulmões o amor que lhe devotava, em nome de Deus, mas a voz morria-lhe na garganta, com implacável falta de ar a oprimir-lhe o peito.

Entrou a perceber outro mundo de sensações, até então inusitadas.

Sentiu imensas saudades de Malaquias e de Isabel, parentes que se foram no curso dos anos incessantes.

Divisou luminosas presenças a rodear-lhe o leito, numa profusão de raios exuberantes que fossem provisoriamente desviados do astro solar. Num átimo, reconheceu entre as falenas luminosas a presença espiritual de Sara, a amiga querida de outros tempos, a sorrir-lhe, graciosamente, da Vida Maior.

Instantaneamente, compreendeu a aproximação da hora derradeira para o transe final de sua vida terrena.

Empreendeu vigoroso esforço para chamar os entes queridos, com a finalidade das despedidas. A dor da angina, contudo, sufocava-lhe o peito.

Apenas conseguiu proferir ruidoso gemido de aflição, chamando a atenção assustadiça de Ignácio, João e Johannes.

Embora sem conseguir articular palavra, Ruth estava satisfeita por ter atraído a atenção dos entes queridos.

A hora extrema era chegada e não se daria ao luxo de desperdiçá-la.

— Ruth! Ruth! Meu Deus, o que houve? — arguiram os três amigos, preocupados.

Ruth, entretanto, não se incomodou com a resposta, sorrindo de satisfação pela chance de lançar-lhes uma última vez o olhar meigo e carinhoso nas bênçãos do adeus.

Grossas lágrimas escorreram-lhe dos olhos, que se tornaram iluminados pela ignota chama da tocha da mais pura fé.

Enquanto Ignácio se arrojava aos seus pés, pressentindo o desenlace próximo, João e Johannes puseram-se em oração, proferindo comovedora prece de despedidas, rogando as bênçãos de Jesus para a doente tão querida.

Após ouvir atentamente o reconforto da oração amiga, Ruth, encorajada por forças novas, recobrou energia suficiente para dizer, em êxtase profundo:

— Ignácio, meu filho, Deus te guarde e abençoe para sempre!

Ignácio abraçava-se ao seu regaço, enquanto Ruth acariciava-lhe os cabelos revoltos.

João e Johannes choravam baixinho.

Nessa hora, a dor cessou para Ruth.

Num misto de alegria e reconhecimento, sentiu-se envolta em profunda atmosfera de paz e amor.

Aos poucos, reconheceu a presença espiritual de amigos e de familiares queridos. Todos vinham, sorridentes, abraçá-la para a nova vida.

À frente, Sara e Isaac levantaram-na do leito.

O corpo, antes coberto de chagas, transfigurou-se em alva roupagem espiritual, ligada aos despojos por tênue fio de cor argentada.

Ruth sentiu-se leve como pluma, capaz de voar com os pássaros.

Entre lágrimas de gratidão, abraçou-se ao velho Manahen, beijou a afetuosa cunhada Isabel e osculou as mãos iluminadas de Simeão de Samaria.

Interessou-se por dirigir-se ao quintal de sua humilde casinha, ouvindo a saudação amiga de pequena multidão.

Surpreendeu-se com a presença de inúmeras entidades sorridentes a lhe acenarem com respeitoso cumprimento, reconhecendo nelas os enfermos e os assistidos que acolhera em nome de Jesus, em suas singelas tarefas de amparo aos deserdados da sorte.

Agradeceu a todos entre comovida e surpresa.

Nessa hora, luminosa estrada rasgou o dia e pôde reparar a chegada de duas falenas do Infinito materializando-se ao seu lado, com extremos de atenção e cuidado.

Uma delas reconheceu como sendo Ana, a sobrinha de Simeão de Samaria, que a havia levado até à presença de Jesus décadas atrás. A outra reconheceu como sendo a mesma entidade que vira anos antes, libertando Manahen das amarras da carne. De fato, a generosa amiga apresentou-se como Abigail, que, portando insólita tesoura, cortou-lhe os derradeiros laços com os despojos terrestres.

Ruth voltou seu olhar meigo para os queridos que ficavam na Terra. Abraçou Johannes com gratidão. Beijou a fronte de Ignácio, que chorava baixinho, transmitindo-lhe viva sensação de paz e bem-estar. Cruzando o olhar com o olhar percuciente de João Boanerges, reparou que a vidência do apóstolo querido do Senhor permitira-lhe a tudo acompanhar. Acenou com bondade para ele, ofertando-lhe um ósculo de seu eterno amor, ao que o apóstolo retribuiu com comovido suspiro:

- Vai com Deus, minha Ruth querida!

Segurando as mãos de Sara, Ruth pediu licença para orar, agradecendo a Jesus. Todos os presentes a acompanharam numa sentida prece de louvor.

Ao longe, um coro de vozes argentinas fez-se ouvir, num toque de celeste harmonia.

Pétalas de rosas suavíssimas caíam dos céus, iluminando o ambiente e inundando-o com seu suave perfume.

Uma estrela do Infinito pousou, graciosamente, no centro daquela assembleia de justos. Muitos choravam de recolhida emoção ao reconhecerem nela a presença misericordiosa de Maria de Nazareth.

A amorosa Senhora aproximou-se de Ruth com bondade, tomando-a levemente pelas mãos, dizendo, por fim:

- "Vem, Ruth, para o reino da paz que fizeste por merecer. Recebe o galardão do amor que soubeste despertar no coração dos semelhantes, porque és bem-aventurada na bênção de meu filho Jesus!"

Ao influxo desse poderoso convite, toda a caravana ascendeu para as glórias celestiais, dispersando-se no Infinito. À frente, Maria de Nazareth levava de volta à Pátria Maior o espírito liberto de Ruth, aconchegada ao próprio peito.

FIM DA 2ª PARTE

TERCEIRA PARTE

FRUTIFICAÇÃO
MADUREZA | IMORTALIDADE

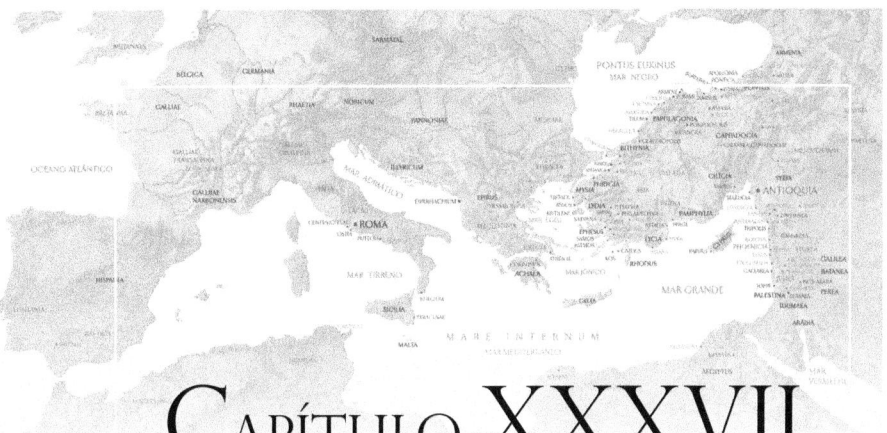

CAPÍTULO XXXVII

INCUMBÊNCIA

ANO 86|87

Dois anos se passaram desde a volta de Ruth ao plano espiritual. Nesse ínterim, Ignácio se integrou, juntamente a Apolo e Silvano, às tarefas do esclarecimento cristão levadas a efeito pela personalidade querida do apóstolo João em toda a região circunvizinha à cidade de Ephesus.

Corria o ano 86 da Era Cristã, quando chegou um mensageiro proveniente da Syria.

Esculápio trazia a difícil incumbência de convencer o apóstolo João a seguir viagem até Antioquia, com a finalidade de auxiliar a comunidade cristã a afastar-se de interpretações enganosas.

Os comoventes apelos de Evódio, materializados em cartas suplicantes, traziam notícias acerca de estranhos desvios do pensamento cristão na cidade.

Ideias e conceitos esdrúxulos sobre a presença de Jesus Cristo no mundo começavam a perturbar o livre desenvolvimento da pureza evangélica dos primeiros tempos apostólicos.

Desde a desencarnação de Barsabás, no ano 68, a igreja antioquena lutava para manter-se fiel aos princípios genuínos do Nazareno. Contudo, desde que assumira a condução dos destinos do núcleo cristão mais destacado da Syria, Evódio viu-se quase sozinho no combate às novidades estranhas ao Cristianismo, trazidas pela influência de ilustrados novatos na fé, provenientes da Pérsia, do Aegyptus e da Índia.

Como os primeiros cristãos da cidade, convertidos nos tempos apostólicos, já haviam partido em demanda a outras terras e a novos compromissos com a Boa Nova do Cristo, Evódio sentia extrema dificuldade no esclarecimento geral.

Com o grande fluxo migratório de outras culturas, Antioquia da Syria padecia da confusão das ideias dos novos cristãos, que pretendiam impôr aos confrades as suas próprias interpretações personalistas em torno dos fatos da vida de Jesus.

Dentre as perigosas novidades, esclarecia Evódio em sua carta, uma estava dominando as suas preocupações: o surgimento de uma corrente de pensamento, segundo a qual Jesus Cristo não estivera em carne e osso na face da Terra. Pelo absurdo da proposição, era necessário restaurar a verdade dos fatos, razão pela qual implorava, humildemente, pela vinda de João Boanerges, o único apóstolo do Senhor ainda vivo na Terra, para reverter o engano aos fiéis de Antioquia.

Ao ler a sentida missiva, João ficou estupefato.

Imediatamente, convocou uma reunião com seus colaboradores mais diretos, com a finalidade de atinarem o que fazer. No íntimo, reconhecia-se velho demais para a perigosa jornada até à Syria. Mas, ponderava, o relato de Evódio merecia mais detida análise e consideração pela gravidade do assunto em pauta.

À reunião aprazada compareceram Heleno, Jacob, Johannes, Policarpo, Ignácio, Apolo e Silvano.

O assunto fora amplamente debatido, sem que se chegasse a um consenso sobre o que fazer. Todos, no entanto, concordavam com a permanência de João em Ephesus. A viagem até Antioquia da Syria poderia custar-lhe a vida.

Nesse instante, Esculápio, o mensageiro de Evódio, pediu licença para reforçar o convite, tendo em vista os riscos de desvios doutrinários inerentes ao problema, com vistas ao porvir do Cristianismo, ainda tão incipiente ante a ignorância humana.

Suas ponderações calaram fundo na assembleia.

Foi aí que, tocado no coração, Ignácio dirigiu-se aos companheiros, mais ou menos nestes termos:

- Irmãos de fé, todos concordamos que a viagem de Pai João até à Syria será cometimento dos mais arriscados, com o qual não podemos concordar. Ademais, nossas atividades evangélicas a partir de Ephesus exigem-lhe a presença lúcida na condução esclarecida de nossos destinos. Igualmente, nenhum de nós ousará discordar da relevância do tema proposto pelo mensageiro amigo de Evódio. Antioquia da Syria padece do ataque das trevas da ignorância, que poderá retardar-lhe a marcha para a redenção com o divino Mestre. Não nos será justo relegar a cidade querida da Syria distante ao abandono da própria sorte. Urge façamos alguma coisa. Embora me doa o coração em ter de afastar-me novamente da companhia amorosa de Pai João, da mesma maneira confrange-me o espírito saber que a comunidade cristã tão querida de Antioquia, onde pude iniciar-me nos primeiros passos do serviço cristão, suplica por nossa despretensiosa ajuda. Assim sendo, se Pai João não pode seguir até lá, pelo avançado da idade e condicionamento físico, proponho que eu vá em seu lugar, e em seu nome. Minhas afinidades naturais com a cidade credenciam-me para a tarefa e, além disso, vós não ignorais que fui, eu próprio, testemunha ocular da presença física de nosso mestre Jesus entre nós, na face do mundo terrestre! Por tudo isso, submeto a minha modesta colaboração ao vosso alvitre!

Ao término de sua exposição, Ignácio recebeu a aclamação geral dos companheiros, que o abraçaram confiantes.

Esculápio não se continha de satisfação e veio lhe agradecer com um gesto de comovido reconhecimento.

João Boanerges, contudo, tentava esconder as furtivas lágrimas que lhe caíam dos olhos, sem querer trair para os amigos a dor e a emoção que a ideia da partida de Ignácio lhe causara.

Foi Ignácio quem, aproximando-se de Pai João, cheio

de ternura, enxugou-lhe as lágrimas, aconchegando-o num abraço bem apertado.

- Meu pai, haja o que houver, estaremos sempre juntos, unidos pela misericórdia de Jesus!

- Sim, meu filho! - retrucou-lhe João. - Deus nos uniu os corações para todo o sempre! Vai cumprir o teu destino em nome do Senhor. Eu estarei contigo, assim como te guardarei no meu coração.

Uma semana depois, Ignácio partia do porto de Ephesus na companhia de Esculápio, a bordo de um navio mercante da Thracia com destino a Cyprus, para de lá atingir sua querida Syria.

Na algibeira do manto que o agasalhava Ignácio levava expressiva epístola assinada por João, o discípulo amado do Cristo, filho de Zebedeu e Salomé, dirigida aos fiéis da igreja antioquena, que Evódio desejava elucidar de uma vez por todas.

Na carta que a Cristandade inteira reverenciaria um dia como a 1ª Epístola de João, poderemos destacar, para nossos estudos, trechos relevantes para o nosso assunto em foco, como aquele que se convencionou chamar de Capítulo 4:

"*Amados, não deis crédito a qualquer espírito: antes, provai os espíritos se procedem de Deus, porque muitos falsos profetas têm saído pelo mundo afora. Nisto reconheceis o Espírito de Deus: todo espírito que confessa que Jesus Cristo veio em carne é de Deus; e todo espírito que não confessa a Jesus não procede de Deus; pelo contrário, este é o espírito do anticristo, a respeito do qual tendes ouvido que vem, e presentemente já está no mundo. Filhinhos, vós sois de Deus, e tendes vencido os falsos profetas, porque maior é aquele que está em vós do que aquele que está no mundo. Eles procedem do mundo, por essa razão falam da parte do mundo, e o mundo os ouve. Nós somos de Deus; aquele que conhece a Deus nos ouve, aquele que não é da parte de Deus não nos ouve. Nisso reconhecemos o espírito da verdade e o espírito do erro*".

Ignácio chegou a Antioquia com o espírito cheio de alegria, abraçando-se demoradamente a Evódio.

Apresentado aos irmãos de fé, que ainda não lhe conheciam a presença, tratou logo de se relacionar bem com os companheiros, abraçando a todos como amigos queridos.

A breve tempo, com a supervisão de Evódio e a ajuda de confrades outros como Esculápio, as palestras de esclarecimento acerca do tema preocupante passaram a fazer parte da rotina semanal da igreja cristã de Antioquia da Syria.

Os debates seguiram acalorados por meses a fio, sem que os adeptos do "corpo fluídico" de Jesus se convencessem do contrário.

Debalde Ignácio deu o próprio testemunho da presença carnal de Cristo na Terra, tendo sido ele próprio carregado em seu colo acolhedor.

Os mais impertinentes duvidaram de sua sinceridade, apegando-se às suas ideias preconcebidas. Não foram poucos os espíritos levianos e inconsequentes que colocaram em dúvida até mesmo a autenticidade da carta de João Boanerges.

Secundado por Evódio e Esculápio, Ignácio combateu vigorosamente o desvio do pensamento cristão, segundo o qual Jesus não estivera entre nós em carne e osso.[1]

Jamais deixou de combater semelhante anomalia do pensamento cristão, mostrando aos companheiros de ideal o absurdo da proposta. Se levada às últimas consequências, a estranha doutrina levaria à conclusão de que Jesus não havia verdadeiramente sofrido as injunções e os sofrimentos da carne. Todo o seu martírio na cruz da ignomínia não teria passado de uma farsa.

A palavra de Ignácio soava como azorrague no látego da verdade cortante, desfazendo ilusões. Com muito custo, o entendimento geral foi-se ampliando e a ideia doceta foi perdendo terreno.

Mas antes que pudesse assistir à vitória da verdade, Evódio, à frente do núcleo cristão de Antioquia da Syria desde os idos do ano 68, foi chamado à pátria espiritual pela via da morte do corpo físico.

---

[1] Vide nota do autor espiritual à página 533.

Após as sentidas homenagens dos fiéis, que, nas despedidas fúnebres de Evódio, respeitosamente endereçaram-lhe um "até breve", a comunidade antioquena reuniu-se para decidir, sob o influxo da Espiritualidade, e por unanimidade de votos, pela permanência de Ignácio em substituição ao dirigente morto.

Entre lágrimas e preces sentidas à bondade celestial, Ignácio aceitou a incumbência como quem recebe a delegação de sagrado dever.

Assim, desde os primeiros meses do ano 87, vê-lo-emos à frente dos irmãos cristãos antioquenos na condução dos assuntos pertinentes ao desdobramento das tarefas evangélicas.

Por quase três décadas, Ignácio foi responsável pelos destinos da Cristandade antioquena, razão pela qual ficaria ele conhecido com a alcunha de Ignácio de Antioquia. Ainda mencionando as lutas que travou contra o Docetismo, tomamos a liberdade de relembrar alguns trechos de suas conhecidas epístolas, que viriam a ser escritas muito mais tarde.

Em sua missiva aos efésios, lemos a seguinte advertência - Capítulo 7:

"Um é o médico, em carne e espírito, gerado e não gerado, aparecendo na carne como Deus, na morte vida verdadeira, tanto de Maria quanto de Deus, primeiro capaz de sofrer, depois impassível, Jesus Cristo, Senhor nosso".

Depois, no Capítulo 9:

"Soube de pessoas que por lá passaram, fazendo-se portadoras de más doutrinas: não lhes permitistes espalhá-las entre vós, tapando os ouvidos para não acolhêreis as sementes por eles espalhadas".

Depois, na carta aos erminenses - Capítulos 4, 5 e 6, vemos:

"Alguns o negam, por ignorância. A estes não conseguiram convencer as profecias, nem a lei de Moisés, nem mesmo, até hoje, o Evangelho e as torturas de cada um de nós. Pois sobre nós professam eles a mesma opinião. De que me vale um homem - ainda que me louve - se blasfema contra meu Senhor,

não confessando que ele assumiu carne? Quem não o professa negou-o por completo e carrega consigo seu cadáver. Fugi das discussões, fonte de misérias!"

Mais adiante, na carta aos magnésios - Capítulo 8, encontramos:

"Não vos deixeis iludir pelas doutrinas heterodoxas, nem pelos velhos mitos sem utilidade. Pois se ainda agora vivemos conforme o Judaísmo, confessamos não ter recebido a graça. Pois os profetas, tão divinos, viveram segundo Jesus Cristo. Por isso mesmo foram perseguidos. Inspiraram-se em sua graça, a fim de que os incrédulos se convencessem plenamente de que há um só Deus a manifestar-se por Jesus Cristo, Seu Filho, Sua palavra saída do silêncio, que em tudo agradou Àquele que o enviou".

E, por fim, em sua epístola aos tralianos - Capítulo 6, anotamos:

"Exorto-vos, pois - não eu, mas o amor de Jesus Cristo: servi-vos tão-somente de alimento cristão, abstende-vos de planta estranha, isto é, de heresia. Misturam Jesus Cristo a si próprios, fazendo-se passar por dignos de fé, como quem mistura droga mortífera juntamente com vinho e mel, bebida que o ignorante toma com gosto, mas gosto mau, pois é para a morte".

E mais adiante - Capítulos 9, 10 e 11:

"Mantende-vos surdos na hora em que alguém vos falar de outra coisa que de Jesus, da descendência de Davi, Filho de Maria, o qual nasceu, de fato, comeu e bebeu, foi, de fato, perseguido por Pôncio Pilatos, de fato, crucificado, e morreu à vista dos que estão nos céus, na terra e debaixo da terra. O qual, de fato, também ressurgiu dos mortos, ressuscitando-o o próprio Pai. É o mesmo Pai dele que, à Sua semelhança, ressuscitará em Cristo Jesus aos que cremos n'Ele; fora d'Ele não temos vida verdadeira. Se, porém, como afirmam alguns que são ateus, isto é, sem fé, ele só tivesse sofrido aparentemente - eles é que só existem aparentemente - eu, porque estou preso, por que peço para combater com as feras? Morro, pois, em vão.

Estaria, então, a mentir contra o Senhor. Fugi, pois, dessas plantas parasitas, que produzem fruto mortífero. Se alguém provar delas, morre na hora. Não são, pois, eles plantação do Pai? Se o fossem, apareceriam como rebentos da cruz, e seu fruto seria imperecível".

Capítulo XXXVIII

Exílio

ANO 87 | 97

O último imperador da dinastia flaviana, Titus Flavius Domitianus, governava o Império Romano com sua política centralizadora e uma atitude tirânica, que espalhava o terror e a morte entre os habitantes de Roma.

Seu irmão mais velho, Titus, que o havia precedido no trono do Império, morrera no ano 81 da Era Cristã. Desde então Domitianus executou uma sistemática política de limitação dos poderes do Senado, atraindo para si os títulos de cônsul, de 82 a 88, e de censor perpétuo, a partir de 85. Com isso, granjeara grande animosidade entre os senadores, bastante ciosos de suas prerrogativas de poder.

A única classe que o louvava era a militar romana, que, no seu reinado, expandiu-se enormemente com a conquista da Britannia e com os sucessos da construção da fronteira fortificada ao longo do Danúbio, além do favorável armistício com os dácios.

Domitianus promoveu uma ampla reorganização administrativa no Império, favorecendo grandemente a nobreza rural, em detrimento da aristocracia citadina, de quem confiscou bens e aumentara impostos para financiar os gastos militares e suas construções faraônicas.

À férrea repressão política seguiram-se as perseguições religiosas ordenadas por ele contra os judeus e os cristãos, apavorando a população indefesa.

Tornara-se, desse modo, o imperador terrível e odioso a toda a gente.

Desde muito tempo, tomado por lúgubres presságios acerca da própria morte, Domitianus cercara-se de médiuns caldeus e assírios, e muitas vezes os mandava executar ao menor sinal de contrariedade.

Domitianus guardava uma grande veneração pelas antigas tradições religiosas romanas, mandando celebrar com pompa e circunstância os seus rituais, com especial pendor ao culto à deusa itálica Minerva.

Por isso mesmo resolvera interromper o período de tolerância religiosa instaurado por seu irmão Titus, passando a devotar verdadeiro ódio aos de descendência judaica, e, por consequência, aos profitentes cristãos.

Essa tendência à perseguição religiosa agravou-se a partir do ano 95, quando Domitianus condenou à morte o cônsul Acilius Glabione, e também a seu primo Flavius Clemente, com seus dois filhos, além de enviar Flávia Domitilla, mulher de Flavius Clemente, ao exílio. Embora a história oficial registre que essas ações foram executadas por conta de uma suposta conspiração palaciana para a sucessão dinástica ao trono de Roma, a verdade é que os executados eram simpáticos adeptos da causa cristã.

Sombrios vaticínios pairaram sobre a capital do Império após esses tristes incidentes e conta-se que durante oito meses seguidos choveu torrencialmente em toda a cidade, tendo inúmeros raios destruído construções palacianas e templos religiosos.

Tais sucessos acabaram por sobre-excitar a imaginação doentia do imperador, que, ouvindo os informes deturpados de sua polícia política, passou a atribui-los à feitiçaria dos cristãos, que tinham em João Boanerges o seu máximo representante.

Convicto de sua influência sacrílega para os interesses do Império, nas primeiras semanas do ano 96 de nossa Era Domitianus ordenou a prisão do apóstolo do Cristo na cidade de Ephesus e o seu desterro para a ilha de Patmos, no Mar Egeu.[1]

Com grande consternação, a comunidade cristã de Ephesus despediu-se de João Evangelista, levado a ferros por um decurião da guarda do procônsul da Ásia Menor.

Um novo período de trevas inaugurou-se para a Cristandade.

A notícia da prisão e do exílio de Pai João caiu como um raio sobre as comunidades cristãs. Foi Policarpo de Smyrna quem deu pressa em despachar um correio para avisar a Ignácio de Antioquia na Syria sobre os tristes acontecimentos.

Ignácio, contudo, a essa altura, nada podia fazer em auxílio direto ao apóstolo querido. Reconhecia sua impotência ante a autoridade imperial violenta e tirânica, mas, ao mesmo tempo, nunca abdicou dos poderes maiores da oração e da confiança extrema na Providência Divina.

Diariamente, pedia o auxílio dos amigos espirituais em favor do caso, entregando a solução nas mãos do Cristo.

Não pôde Ignácio seguir de imediato em atendimento ao chamado de Policarpo, tendo em vista os desdobramentos das responsabilidades da igreja de Antioquia, a assoberbar-lhe de obrigações e compromissos. No entanto, tratou de despachar dois jovens auxiliares na companhia do mensageiro para tomarem pé da situação em Ephesus e atinarem as providências pertinentes ao assunto.

Enquanto isso, em Roma, em meio aos desmandos de Domitianus, destacou-se a figura de jovem e brilhante orador, erudito advogado, que pertencia ao pequeno círculo de favoritos do imperador: Gaius Plinius Caecilius Segundus, nascido no ano 62, contando, portanto, 34 anos de existência à época.

Plinius, o moço, era de uma instrução incomum, muito versado em letras e famoso epistológrafo, cujas cartas são até os dias de hoje importantes documentos que nos auxiliam a entender a vida cotidiana na Roma imperial.[2]

---

1 e 2 Vide notas do autor espiritual à página 533.

Por seus inflamados discursos em favor dos acusados à justiça romana, verdadeiras peças de magnífica oratória, Plinius, o moço, nada cobrava dos clientes.

Era sobrinho de Plinius, o velho, ou Caius Plinius Secundus, literato de grande erudição, que muito influenciou na formação cultural do sobrinho e que, à época do imperador Titus, havia compilado mais de dois mil livros de autores romanos e estrangeiros, além de escrever a "História Naturalis", um tratado de história natural em trinta e sete volumes, onde relatou todo o conhecimento científico até então.[3]

Plinius, o velho, havia desencarnado heroicamente quando, no comando da frota em Messina, seu último cargo público, dirigiu-se a Estábia na tentativa de ajudar os sobreviventes de Pompeii, de Herculanum e de Estábia na erupção do Vesúvio. Entretanto, na ânsia de estudar o fenômeno, pereceu asfixiado pelas cinzas do vulcão.

Plinius, o moço, também teve como amigo e preceptor o escritor latino Marcus Valerius Martialis, protegido de Titus, além do historiador, biógrafo e etnólogo Publius Cornelius Tacitus, mais tarde nomeado cônsul (97) pelo imperador Nerva e procônsul da Ásia (112-113) pelo imperador Trajanus. Também no círculo dos amigos mais íntimos de Plinius, o moço, apresentava-se o intelectual Marco Flavius Quintilianus.

A última fase do governo de Domitianus no ano 96 caracterizou-se pelo recrudescimento de sua tirânica loucura de poder, cujo escopo foi tão-somente reprimir toda forma de oposição político-senatorial ao seu governo, e toda forma de expressão religiosa judaico-cristã.

Mas como os destinos da humanidade são governados por Mais Acima, aos quatorze dias antes das calendas de outubro desse mesmo ano, contando 45 anos de idade, e quinze de reinado, tombou Domitianus assassinado pelo punhal de Estéfano, então procurador de sua própria esposa, Domitia Longina.

A sucessão transcorreu rapidamente, com os integrantes do Senado, opositores de Domitianus, desprezando a figura e a memória do imperador morto.

---

[3] Vide nota do autor espiritual e da editora à página 534.

Por ser leal ao Senado, filho e neto de respeitados talentos jurídicos em Roma, Marcus Cocceius Nerva foi o escolhido para o trono de Augusto.

Sua confiabilidade havia sido demonstrada durante a crise política da rebelião de Saturninus. Também, por duas vezes, havia ocupado a honrosa cadeira de cônsul, em 71, na companhia de Vespasianus, e em 90 junto do próprio Domitianus. Além disso, sua avançada idade e o fato de não ter descendência o colocaram na posição ideal de imperador provisório.

Suas primeiras decisões a cargo da direção imperial foram a anistia aos exilados políticos, com a proclamação da "Libertas", e a libertação dos presos por motivação religiosa.

Por trás disso tudo a Espiritualidade Maior agia para que João, o único remanescente do colégio dos apóstolos do Cristo, ainda vivo na face da Terra, fosse finalmente posto em liberdade para a continuidade de suas tarefas missionárias.

Nerva acercou-se de conselheiros veneráveis e ilustrados como Frontinus e Virginius Rumus.

As construções faraônicas de Domitianus foram terminadas e prosseguiram-se com as reformas administrativas e financeiras na sede do governo central do Império.

Entretanto, ao redor do ano 97, as revoltas de Calpurnius Crassus e a turbulência da guarda pretoriana, chefiada por Casperius Elianus, fizeram com que o imperador Nerva, sem descendentes para a coroa do Império, adotasse como seu sucessor o cônsul Marcus Ulpius Trajanus, nascido em 53 na província da Baetica, perto de Hispalis,[4] filho do governador romano da Ásia à época de Vespasianus e que, igualmente, havia sido o governador romano na Syria.

Trajanus foi aquele sobre a direção de quem as fronteiras do Império Romano foram levadas ao seu ponto máximo

---

[4] Vide nota do autor espiritual à página 534.

de expansão geográfica e política. Realizou um vasto número de obras públicas, como o novo Forum Romano, estradas, pontes, aquedutos, portos, banhos públicos e obras de infraestrutura e de saneamento básico. Dedicou-se à reorganização imperial com o decisivo apoio do Senado, que lhe concedeu o título insuperável de "Optimus Princeps".[5]

---

[5] Vide nota do autor espiritual à página 534.

Capítulo XXXIX

Legado

ANO 97

C om o desaparecimento de Domitianus e a ascensão de Nerva, João Boanerges foi libertado
da ilha de Patmos e escoltado de volta à cidade
de Ephesus por decuriões da guarda romana, que se lhe afei-
çoaram ao modo de ser, admirando-lhe a bondade natural e
espontânea.

Sua chegada, previamente anunciada aos quatro cantos, foi um acontecimento de enorme repercussão na movimentada capital da província romana da Ásia.

Ephesus se engalanou de flores e perfumes, e uma atmosfera de paz e alegria inusitada pairou sobre o ambiente
citadino.

Numerosa massa de admiradores acorreu ao porto da
cidade com o fim de receber o apóstolo querido. O curioso é
que a grande maioria trazia nas mãos ramos floridos, com os
quais saudaram o venerável ancião.

João Boanerges desembarcou com lágrimas nos olhos,
surpreso pelas demonstrações de carinho que recebia da comunidade amiga. No íntimo, contudo, a sensibilidade de seu
coração simples e humilde fez pesar em seu espírito estranhas

sensações, enquanto a turba contente o recepcionava com alegria, gritando-lhe:

- Bendito seja aquele que vem em nome do Senhor!

João lembrou-se da recepção carinhosa do povo a Jesus de Nazareth, num domingo de Páscoa, na Jerusalém de outros tempos.

Aquela lembrança lhe afligiu o íntimo porque recordou-se de que menos de uma semana depois daquele feito fora Jesus crucificado, quase sozinho e sem defensores.

Entre um e outro abraço amigo, grossas lágrimas escorriam-lhe pelas faces.

João apenas orava: "Senhor, não é a mim que o coração do povo quer, mas sim a vossa presença magnânima e compassiva por intermédio de vosso servo, que aqui está em vosso nome. Não permitais que as alegrias do reencontro amigo nos obscureçam a visão para a enormidade do serviço ainda por fazer. Valei-nos, Senhor Jesus, porque somos apenas um cisco neste mundo de Deus!"

E o serviço do Cristo não se fez esperar.

Naquele mesmo instante, um cortejo fúnebre cruzou com a caravana que saudava a volta do apóstolo. Era o de Drusiana, dedicada colaboradora da igreja cristã de Ephesus.

Os pais dela trataram de abrir caminho até João. Também as irmãs e os filhinhos da morta achegaram-se chorosos ao colo acolhedor do emissário do Cristo. E todos eles exclamavam, desconsolados:

- Pai João, Drusiana partiu sem ver-te novamente! Ela, que ardentemente desejava tua volta, não resistiu para ver-te de volta a Ephesus! Nos últimos dias, ela afirmara, por inúmeras vezes, que gostaria de ter a felicidade de ver o apóstolo do Cristo antes de morrer! Eis que retornas e ela não pode ver-te!

Súbito, a visão espiritual de João Boanerges abriu-se ao Infinito. Visivelmente emocionado, divisou ao longe a figura excelsa de Jesus, acenando-lhe do alto de um monte, a dizer-lhe:

- "João, meu querido, eu vim para que todos tenham vida, e vida em abundância!"

Tomado de forte emotividade e compaixão, o discípulo amado de Jesus acercou-se do catre onde restavam os despojos da amiga.

Os familiares de Drusiana puseram respeitosamente a padiola no chão e lhe tiraram a mortalha do corpo cadaverizado, atendendo ao pedido do apóstolo.

João orou fervorosamente, sendo acompanhado pelos circunstantes atentos.

Ao final, ordenou, resoluto:

- Drusiana, minha filhinha, que meu Senhor Jesus Cristo te ressuscite. Levanta-te e vai de volta a casa, em nome de Deus!

A jovem, como que acordando de profundo torpor, levantou-se assustada, sem atinar ao certo sobre o que ocorrera. Reconhecendo a figura querida de Pai João, abraçou-se demoradamente ao apóstolo, enquanto o povo, assombrado, não continha as exclamações de espanto.

João dizia a todos, por entre lágrimas de reconhecimento infinito:

- É Jesus, meus filhinhos! É Jesus que nos dá vida abundante!

Isso feito, todos foram para a sede da igreja cristã em Ephesus, onde estudaram o Evangelho e louvaram os ensinamentos e as oportunidades do dia.

Ao crepúsculo, João foi recolher-se com Johannes em sua antiga casinha, na companhia de Policarpo de Smyrna.

Antes, porém, de render-se ao sono físico, recebeu vários amigos queridos para conversas particulares e para contar-lhes as peripécias no cárcere em Patmos.[1]

Por lá passaram Heleno e Jacob, com suas respectivas famílias, assim como Apolo, Silvano e Tito.

No dia imediato ao retorno de João à cidade, chegara uma caravana vinda de Antioquia da Syria. Era Ignácio em

---

[1] Vide nota do autor espiritual à página 534.

companhia de Alexandre de Jesus, um dos filhos de Simão de Cyrene, venerável figura que auxiliara o Cristo nas horas derradeiras.

Alexandre havia peregrinado por todo o norte africano em prol do Evangelho, até que resolvera fixar-se em Antioquia da Syria. Lá afinizou-se imediatamente com Ignácio, com sua maneira franca e espontânea de ser, e os dois trabalharam juntos muitos anos nas atividades da igreja. A erudição de Alexandre, com sua predileção pelo vernáculo grego e a cultura de Helas foi de grande valia para a comunidade antioquena.

Na capital da Syria, ao final de uma reunião de estudos do Evangelho de Jesus, uma comunicação espiritual fez-se presente pela via da mediunidade psicofônica de Agabo, indicando, a Ignácio e a Alexandre, a conveniência da viagem até Ephesus, dada a iminente libertação de João Boanerges da ilha de Patmos.

Os dois partiram para a capital da província romana da Ásia com os corações cheios de júbilo. Ignácio porque reveria a alma querida de seu pai espiritual e Alexandre porque, finalmente, teria a chance de conhecer de perto um dos apóstolos diretos do Cristo, talvez o mais querido deles todos.

A chegada da dupla de amigos em casa de João foi emocionante! Abraços, louvores, alegria em profusão, lágrimas e íntimo contentamento: uma festa espiritual de genuíno reencontro de almas estabelecera-se com grande espontaneidade.

Os relatos das lutas e dos sacrifícios de todos em função da evangelização do mundo tomaram conta da conversa, que seguiu, sem interrupção, noite adentro.

Alexandre de Jesus encantava-se até às lágrimas ao reconhecer a humildade cativante do apóstolo querido do Cristo. No íntimo, sentia que desfrutar da presença amorosa e da companhia encantadora de João era uma verdadeira bênção dos céus.

Também o apóstolo tomou-se de simpatia pela vivacidade leal do novo amigo, recordando-se, com emoção, da figura inesquecível de seu pai, Simão de Cyrene, ao lado do Cristo no trajeto para o Gólgota.

Após anos de dolorosa separação pelos impositivos das tarefas cristãs e da perseguição despótica de Roma, Ignácio exultava ao reconhecer a lucidez vibrante de Pai João, apesar do avançado da idade.

Novos planos surgiriam desse encontro de almas purificadas no amor e no testemunho.

Nas semanas que se seguiram, Ignácio de Antioquia, Alexandre de Jesus, Policarpo de Smyrna e todos os confrades de Ephesus e das cidades circunvizinhas se surpreenderam com os relatos de João Boanerges sobre os acontecimentos mediúnicos ocorridos na ilha de Patmos, seu desdobramento espiritual, seu encontro com o Mestre, suas visões apocalípticas e suas profecias para o futuro longínquo da humanidade terrestre.[2]

O olhar percuciente do dileto discípulo do Cristo havia perscrutado os insondáveis caminhos do triste destino humano, descortinando o futuro e devassando-lhe os acontecimentos espantosos.

Muitos dos sucessos relativos aos tempos futuros não puderam ser explicados por João Boanerges por absoluta falta de terminologia adequada, impossibilitando a compreensão alheia. É justamente por isso que o último livro da lavra de João, o Apocalipse, é considerado ainda hoje obscuro e hermético na profusão de seus símbolos e representações.

---

[2] Vide nota do autor espiritual à página 534.

Capítulo XL

Confiança

ANO 97 | 99

Seguindo a Via Laurentina por 14 milhas a oeste da capital romana, e tomando a direção do Mar Mediterrâneo pela Vila Ostiense por mais 11 milhas, Publius Cornelius Tacitus vislumbrou, com olhos inebriados, a paisagem variada e bela de florestas e bosques de um lado e, de outro, as vastas extensões de pradarias e campos, onde ovelhas, bois e cavalos pastavam tranquilos, refugiados do inverno das montanhas distantes pelo aconchego do bom clima proporcionado pelas aragens da costa.

A viatura seguia com lentidão pelas areias do Laurentinum, depois de quase um dia de viagem, levando o ilustre visitante para a esplêndida propriedade do dileto amigo Gaius Plinius Caecilius Segundus, chamada Vila Laurens, à beira do mar.

O ilustre historiador, biógrafo e etnólogo Tacitus, discípulo dos famosos oradores Marco Aper e Tulius Secundus, levava também a família para algumas semanas de repouso justo, longe das agitações da corte.

Há vinte anos havia se casado com a filha do cônsul Gnaeus Julius Agrícola, governador romano da Britannia, e desde então consolidara com maestria seu prestígio vindo dos tempos de tribuno militar, aos cargos sucessivos da carreira do funcionalismo público até à de orador e advogado.

Nesse ano 97, contando com o apoio de suas múltiplas influências sociais, acabara de ascender ao consulato por honrosa nomeação do imperador Nerva.

Desejoso de descansar o pensamento e de aproveitar os últimos dias de verão, Tacitus aceitara o convite generoso do amigo Plinius Segundus, chegando com a família ao destino almejado.

Tacitus não se cansava de reparar a orla marítima, repleta de casas dispostas numa multiplicidade de formas e arquitetura exuberantes.

Na cidade de Óstia, os três balneários públicos atraíam, por sua comodidade e beleza, os inúmeros visitantes provenientes de Roma. Dali até à Vila Laurens era um pulo, destacando-se a frugalidade ambiente, numa atmosfera de paz e alegria.

Alguns libertos e escravos de Vila Laurens avisaram ao anfitrião da aproximação iminente do convidado e o casal, Plinius e Pompeia, postou-se alegremente no átrio simples, mas elegante, de sua morada de verão.

Em breves minutos, efusivos abraços de boas-vindas uniam novamente as famílias amigas no ambiente hospitaleiro da Vila de Laurente.

As senhoras Pompeia e Corellia Agrícola seguiram imediatamente com a bagagem para a segunda ala da extensa propriedade, auxiliadas pela criadagem.

Pompeia acomodou a amiga no grande quarto, elegantemente decorado, com uma pequena sala de jantar anexa, espelhando o mar e o sol, que ainda brilhava muito. O restante da família fora acomodada nas duas suítes anexas, que, por sua elevação privilegiada, se tornavam bastante frescas no verão.

Enquanto isso, os dois amigos percorreram um pequeno pátio, protegido das intempéries por maravilhosos vitrais e amplos telhados, dali passando a outro pátio mais aconchegante, e, deste, para uma ampla e bela sala de jantar, que avançava na direção do oceano.

Tacitus deteve-se mais uma vez admirando a beleza das ondas do mar, que vinham morrer aos pés do muro da sala, maravilhado pela beleza da vista panorâmica tripartite, que fazia com que a mesma fosse abraçada pelas águas à frente e pelos lados guarnecida por estupendos janelões.

Após alguns momentos de encantamento natural, Plinius convidou o amigo a segui-lo até à sua inestimável biblioteca, enquanto alguns escravos apressavam-se a oferecer-lhes sucos e frutas frescas.

A biblioteca, convenientemente disposta à esquerda da sala de jantar principal, era um quarto de forma arredondada, por cujas janelas o sol penetrava o dia inteiro. Em uma de suas paredes, um grande armário com a invejável coleção do erudito Plinius fez suspirar o amigo Tacitus, também amante das letras.

Depois de folhearem alguns exemplares, daqueles que se consultam sempre, deixados mais facilmente ao alcance das mãos, os amigos recostaram-se num triclínio, começando animada palestra.

Plinius, uma vez mais, parabenizara Tacitus pelo consulato tão esperado, no que o amigo regozijou-se intimamente.

O convidado assumiu ares conselheirais, expressando-se, mais ou menos, nestes termos:

- Meu caro Plinius, és mais moço do que eu quase oito anos e por isso mesmo julgo-me no dever de aconselhar-te. Preocupo-me com teu destino nessa corte romana tão cheia de perigosas intrigas...

- Pois, sim, fala-me livremente, meu nobre Tacitus! Que queres dizer-me? - replicou Plinius.

- Bem sabes que o assassinato de Domitianus te trouxe algum perigo, muito embora soubeste driblar a tua reputação de colaborador do imperador morto com a lisura e a eficiência de tua própria gestão como prefeito do tesouro militar. De certa forma, soubeste muito bem transmitir ao Senado a vera noção de que a tua renomeação ao cargo era a garantia da continuidade e do equilíbrio entre as forças governamentais. Mas, francamente, preocupo-me com a postura que assumiste de atacar publicamente o procurador Publicius Certus.

- Ora, ora, Tacitus! O nobre amigo não ignora minhas razões particulares! Sabes bem que Publicius Certus foi quem engendrou toda a acusação a Helvidius Priscus, um de meus mais queridos estoicos amigos, o que culminou com a sua execução pelas ordens de Domitianus. Como calar o clamor de reparação para tão absurda injustiça? Não, absolutamente não, meu espírito não se curvará à iniquidade!

- Mas, Plinius, - considerou Tacitus - tu não ignoras tampouco que Publicius Certus é um dos melhores amigos do governador da Syria, e bem sabes que Publius Cornelius Nigrinus Curiatus Maternus está nas graças do imperador Nerva e é língua corrente em Roma que Nerva o indicará como sucessor. Assim sendo, meu nobre amigo, se insistires em teus ataques a Publicius Certus saibas que, certamente, estarás marcado aos olhos do provável futuro imperador.

- Tacitus, meu caro, nada temo a respeito. Prosseguirei sem vacilação no meu objetivo. Esta é a única e vera oportunidade que o destino me concede de vingar o injuriado Helvidius Priscus e sua família. Nada me fará retroceder da esplêndida ocasião de atacar de frente o culpado de tão ignominioso perjúrio contra a honra romana. Além do mais, confesso-te que vejo na ocasião que se apresenta o momento propício para me fazer conhecido e notado pelos maiorais do Senado. Tranquiliza-te, meu amigo, porque estou convicto de que vencerei esse processo, e, ao final de todos os debates, sairei glorioso e triunfante!

A convicção determinada de Plinius fez Tacitus acomodar-se, rendendo-se aos fatos:

- Que assim seja, então! - exclamou, conformado, levantando uma taça de vinho e brindando com alegria. - À tua eloquente vitória! Que vença a justiça dos deuses!

Algum tempo depois, Plinius assombraria o Senado romano com uma de suas mais veementes peças de oratória, a que ele mesmo intitulou "Vingando a Helvidius".

Plinius ganhou o caso perante os magistrados romanos, teve seus discursos publicados e experimentou a primeira prova de sucesso literário. Depois disso, a carreira de Publicius Certus foi rompida. Ocupava ele até então o cargo de Prefeito do Tesouro de Saturno, sendo responsável por grande parte das finanças do Império.

Alguns dias depois de cair em desgraça, Publicius Certus foi encontrado morto em sua residência romana, fulminado por violento ataque cardíaco.

Plinius não se comovera com a sorte do acusado e em inflamado discurso perante o Senado disse ter libertado aquela honorífica casa do ódio, imersa que estava por mostrar severidade aos demais cidadãos, enquanto poupava seus próprios membros.

O imperador Nerva impressionou-se com a repercussão do caso na corte romana, tomando nota dos sucessos de Plinius contra Publicius, acabando por nomeá-lo para o posto dantes ocupado por Certus, ou seja, o de Prefeito do Tesouro de Saturno.

Contudo, ao sucesso material e social de sua brilhante carreira Plinius Segundus granjeou para si o ódio do espírito de Publicius Certus, que recolhido às zonas trevosas após a morte do corpo físico passou à condição de perseguidor invisível do jovem tribuno, espreitando-lhe a casa e a família como terrível obsessor.

Naquele mesmo ano, Plinius amargou insidiosa doença, cuja origem debalde os médicos puderam determinar. Na verdade, os fluidos deletérios do ódio, destilados pela perseguição espiritual, eram a fonte obscura de sua origem etiológica. Com o passar do tempo, a mente robusta de Plinius soube contornar com eficiência o problema, repelindo a influência estranha.

No entanto, a mente frágil e impressionável da filha de Pompeia Celerina, sua esposa Pompeia, sucumbiu facilmente ante a obsessão, vindo a falecer aos 25 anos de idade, com um triste quadro de mediunidade torturada. Os médicos nada puderam fazer por ela, atribuindo-se-lhe à morte um diagnóstico de demência precoce e desnutrição.

Chegado o mês de outubro do ano 97, o imperador Nerva, influenciado pelo aconselhamento de vários senadores e pelos generais do Reno e do Danúbio, resolveu adotar como próprio filho o governador da Germânia Superior, Marcus Ulpius Trajanus, indicando-o, assim, como seu sucessor natural ao posto de comandante supremo dos destinos imperiais.

Trajanus vinha de família nobre e havia concluído sua formação militar acompanhando o pai nos governos da Syria e da Ásia, à época de Vespasianus. Nessa ocasião, ainda jovem, travara os primeiros contatos com o movimento do Cristianismo nascente, especialmente guardando na memória as personalidades de dois dos seus mais destacados pregadores: João Boanerges e Ignácio de Antioquia. Depois disso, comandou as legiões romanas em sua terra natal, a Hispania Baetica, e de lá partira para as campanhas da Germânia, onde seus sucessos trouxeram fama e prestígio. Em 91, fora também nomeado por Domitianus como cônsul.

A indicação de Trajanus para a sucessão imperial mudaria por completo o destino do jovem Plinius, que caíra nas graças do imperador, e este admirava-lhe a correção e a coragem.

Para Cornelius Nigrinus, contudo, os acontecimentos significaram o ocaso de sua poderosa influência nos destinos de Roma.

Em princípios de 98, Nerva partiu deste mundo, deixando o mandato imperial nas mãos de Trajanus. Plinius foi mantido no cargo de Prefeito do Tesouro de Saturno até que findo o mandato efetivar-se-ia a indicação para o consulato.

No curso do ano seguinte, 99, os dois amigos diletos, Plinius e Tacitus, atuaram conjuntamente no processo judicial contra o ex-governador romano da África, Marius Priscus, sendo este forçado a admitir-se culpado de corrupção e malversação de dinheiro público.

Por quatro horas, o discurso impecável de Plinius inflamou as galerias do Senado romano com sua vivaz eloquência, assombrando sobremaneira o próprio Trajanus, que, por mais de uma vez, lhe pediu para poupar a voz e os pulmões.

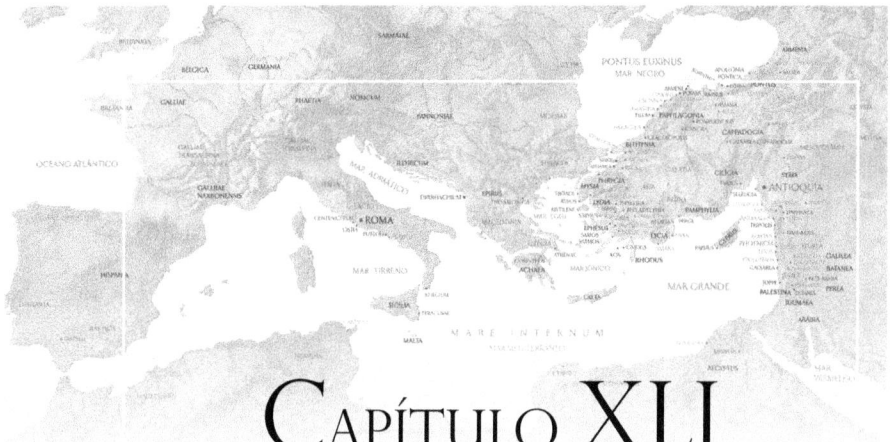

Capítulo XLI

Ascensão

ANO 99 | 109

A os 38 anos de idade, Gaius Plinius Caecilius Se-gundus alcançou o mais alto posto hierárquico na administração romana.

Entre setembro e outubro do ano 100, ao lado do amigo Caius Julius Cornutus Tertullus, Plinius foi conduzido ao posto de cônsul romano.

Em breve tempo, foi designado diretor da casa senatorial, passando a atuar com muita dedicação e eficiência como juiz de inúmeros casos. Sua carreira meteórica em tudo refletia seu espírito de lisura e justiça.

Mas apesar de toda a glória profissional, na condição de viúvo pela segunda vez, sua vida íntima era solitária, sem descendência alguma. Isso muito preocupava seus amigos mais próximos, como Tacitus, Tertullus, Martialis e Quintilianus.

Para compensar a solidão, o jovem cônsul manteve uma febril atividade de escrita frenética, registrando com suas famosas cartas muitos e variados aspectos da vida romana. Nessa época, publicou inúmeras coleções poéticas, discursos e o seu famoso "Panegyricus", no qual louvava os sucessos do governo de Trajanus.

Seu frenesi editorial culminou no ano 103, quando publicou, em três volumes, diversas de suas famosas cartas, aos quais mais tarde se seguiriam mais seis volumes e com os quais alcançaria a mais plena das notoriedades.

Foi nessa época de pacata solitude que, pela insistência de amigos queridos como Tertullus, Plinius conheceu, enfim, o grande amor de sua vida: Calpúrnia Lucretia, de apenas 14 anos de idade, neta de Calpurnius Fabatus, grande latifundiário romano.

Eles se conheceram no ano 101, durante ocasião festiva em casa de Tertullus. A diferença de idade entre os dois não foi obstáculo à felicidade inigualável de seu casamento. A ventura conjugal coroou de bênçãos a união esponsalícia do estimado casal.

A vivacidade intelectual da jovem esposa de Plinius muito impressionou a corte romana.

Ao invés de tolhê-la, como seria natural na sociedade romana da época, Plinius a incentivava cada vez mais, fazendo com que a esposa tomasse parte ativa em todos os debates nos encontros sociais. Em pouco tempo, dir-se-ia em Roma que Calpúrnia chamava tanta atenção quanto o próprio brilhantismo do marido.

A cada dia, a união daquelas almas gêmeas no amor e nas afinidades essenciais da vida solidificava-se para a alegria dos amigos e familiares.

A felicidade do casal foi logo coroada com o nascimento de Marco Antonius, o rebento de grandes ligações espirituais do passado, que renasceu no seio familiar em 102 para a solidificação de antigos compromissos afetivos.

As cartas de Plinius tornaram-se populares e o seu gosto extremado por relatar o cotidiano das necessidades sociais de

Roma passaram, muitas vezes, por verdadeiras referências no procedimento em diversas ocasiões.

A sociedade romana passara a considerar uma honra o recebimento particular de alguma epístola do preclaro missivista.

Dos seus amigos mais queridos, como Tertullus, Tacitus, Martialis ou Quintilianus, até às mais influentes personalidades do Império, como o procurador geral Lucius Neratius Priscus e o secretário geral de Trajanus, Lucius Licinius Sura, todos recebiam suas cartas com alegria. Além disso, também fizeram sucesso suas cartas pessoais, nas quais expunha com simplicidade e clareza os seus hábitos, suas histórias de família, as descrições de suas propriedades, e, as mais interessantes dentre todas, suas cartas de declaração de amor à jovem esposa, Calpúrnia Lucretia.

Se o sucesso literário lhe sorria, não era menos notável a carreira profissional do jovem cônsul nos domínios do Senado.

Depois de suas vitórias contra Publicius Certus, Plinius tornou-se ainda mais conhecido e respeitado por sua cruzada contra a corrupção dos governadores das diversas províncias romanas.

Por sua ação precisa, governadores da Baetica e da África foram processados e condenados. Um deles, Caecilius Classicus, governador da Baetica, temeroso do próprio julgamento, suicidou-se antes do veredito. O Senado, mesmo assim, acedendo à pressão de seus compatriotas e do verbo inflamado de Plinius o condenou "post mortem".

A fama de invencibilidade na tribuna tornou Plinius um dos mais cobiçados advogados de Roma e, por causa disso, no ano 103, o governador da província da Bithynia e do Pontus, Julius Bassus, fez dele seu defensor, num processo em que o acusavam de extorsão.

Plinius venceu, uma vez mais, com a descaracterização da acusação. Foi o seu primeiro contato com os negócios na Bithynia.

Nesse mesmo ano, o brilhantismo e a elegância dos discursos de Plinius fizeram com que ganhasse uma espécie de condecoração do imperador Trajanus, a de "Augurio", que representou um prêmio aos seus relevantes serviços prestados na administração pública.

No ano seguinte, Plinius foi nomeado "Curator do Leito e das Margens do Rio Tibre e Esgotos de Roma". Sob suas ordens, diversas obras pluviais, como canais subterrâneos, foram executadas em Roma. Também sob a sua direção foram fundados os novos portos de Óstia e de Centumcellae.

Novamente envolvido nos assuntos da Bithynia, Plinius defendeu Varenus Rufus das acusações de desvios do erário em 106, saindo vitorioso, em princípios de 107.

Varenus Rufus era o quinto governador da Bithynia e do Pontus a ser acusado de corrupção, num espaço de poucos anos, o que denotava a grave crise moral e ética da distante província, acarretando sérios problemas financeiros para a sede do Império. Por essa mesma razão, o imperador Trajanus resolveu intervir nessa insustentável crise política.

A honrosa incumbência de pôr ordem na casa da direção romana da Bithynia não poderia recair em outros ombros a não ser os de Gaius Plinius Caecilius Segundus.

Em meados do ano 109, com a concordância unânime de seus assessores mais próximos, o imperador Trajanus indicou Plinius para o governo da Bithynia e do Pontus com o pomposo título de "Legatus augusti pro praetore consulari potestate ex senatusconsulto missus".

Por serem províncias senatoriais, a Bithynia e o Pontus eram governados diretamente pelo Senado romano e seus governadores tinham o título de procônsul.

Uma peculiaridade, contudo, chamou a atenção de todos em Roma para a indicação de Plinius para o governo da Bithynia: o fato dele ter sido designado "consulari potestate", significando que governaria com totais poderes consulares, o que não era usual à época, denotando o seu grande prestígio de caráter e reputação junto ao imperador Trajanus e aos colegas de Senado.

A nomeação oficial de Plinius Segundus para o governo da Bithynia e do Pontus ocorreu em finais do ano 109.

O próprio imperador Trajanus o chamou em palácio para transmitir-lhe a honrosa missão.

O nobre patrício recebeu com íntimo júbilo a honorífica incumbência. Curvou-se ante a indicação de César, mas no coração orgulhou-se de suas vitórias e conquistas.

Logo após as primeiras formalidades que o encontro exigia, o próprio imperador foi quem quebrou o protocolo, abraçando-se generosamente ao patrício. Falaram de amenidades, riram-se das tertúlias políticas de Roma e até mesmo trocaram confidências sobre as últimas fofocas da corte.

Em dado instante, o imperador tomou um ar de sobressalto, carregando o semblante como se estivesse a cismar preocupadamente com sucessos distantes. Plinius silenciou respeitosamente, aguardando o momento oportuno de ouvir a palavra esclarecedora de César.

Trajanus, recompondo-se, tocou levemente o ombro de Plinius, falando, aproximadamente, nestes termos:

- Plinius, meu nobre patrício, haverá percalços estranhos em tua passagem pela Ásia. Não ignoras o avanço das superstições religiosas dessas terras distantes da capital do Império, grassando entre seus povos iletrados e ignorantes. Seus ecos já bem nos atingiram aqui mesmo em Roma e temo que os esforços de Nero e Domitianus para aniquilá-los foram infrutíferos. Sabes que me refiro aos seguidores desse Cristo hebreu, que tanto nos espezinha a superioridade, desprezando nossas mais caras tradições da cultura romana, igualando servos e escravos na condição de irmãos de seus senhores. Ora, veja que absurda proposição!

Sinistra gargalhada perpassou pelo recinto.

Trajanus continuou:

- Aonde chegaremos com semelhante pastiche? Há muito venho enfrentando esses mistificadores anônimos, desde quando fui legado militar na cidade síria de Antioquia.

Lembro-me bem de ter mandado espancar alguns de seus seguidores, que se reuniam para suas estranhas orações, sem ídolos nem templos, nas vastidões dos campos. Nunca esquecerei um de seus chefes, um tal Ignácio, cuja serenidade diante do suplício mais me pareceu o delírio de um louco! Aquele olhar impassível diante da aflição fez-me tremer de cólera justa perante tamanha impenitência. Trago comigo a convicção de que devemos, de alguma sorte, submetê-los para o bem do Império! Quanto a esse particular conto com a tua prestimosa colaboração. Por onde passares deverás coletar todos os informes a respeito dessa gente, vigiando-lhe os passos. E a qualquer sinal, por menor que seja, de uma revolta popular contra o comando de Roma e a supremacia de nossa cultura deverás agir com violência e valor, a fim de reprimi-la. Resguardarás, assim, os nossos mais altos e sagrados valores de supremacia e domínio romanos!

Plinius aquiesceu com a cabeça, respondendo-lhe de pronto, apondo a mão direita no peito orgulhoso:

- Tudo farei, Caesar Augustus, para cumprir com o meu dever de romano leal à pátria e fiel à vossa magnificência.

Trajanus sorriu, satisfeito.

Abraçando-se ao patrício, como que lhe indicando o término da entrevista, conduziu-o até aos portais do recinto.

- Muito bem, muito bem! É assim que se fala!

Plinius mal se conteve de júbilo. A confiança do imperador era, enfim, o corolário de todo um projeto de vida. Atingira o ápice de uma carreira brilhante. Receberia as máximas honrarias na carreira de servidor público do Império. A sociedade romana curvar-se-ia aos seus pés. Uma onda de orgulhosa satisfação percorreu o seu espírito, que transbordava excitação.

Plinius exultava. Com brevidade, transmitiu a novidade à sua esposa Calpúrnia, que igualmente comungou-lhe o júbilo.

Os amigos mais íntimos foram chamados às pressas.

Não demorou muito e toda a corte romana comentava o sucesso do patrício, considerado por todos como dos seus mais ilustres.

Foi ideia da própria Calpúrnia, a jovem senhora de Gaius Plinius Caecilius Segundus, comemorar o evento com ruidosa recepção.

Assim, mal passados os primeiros dias da novidade, a fabulosa residência à beira do Mediterrâneo na Vila de Laurente se enfeitava para recepcionar os mais altos dignitários do Império.

A festa transcorreu sem episódios dignos de nota, a não ser pela alegria genuína dos amigos íntimos do casal, como Quintilianus, Tertullus, Martialis e Tacitus, com suas respectivas esposas.

O menino Marco Antonius, contando pouco mais de 7 anos de idade, corria alegremente em meio aos convidados, fazendo a alegria do casal na noite de exuberante luar.

A música ambiente, executada com maestria pelos artistas contratados para a festa, elevava-se ao firmamento, até que o Laurentino pôde, finalmente, adormecer num clima de alegria e paz.

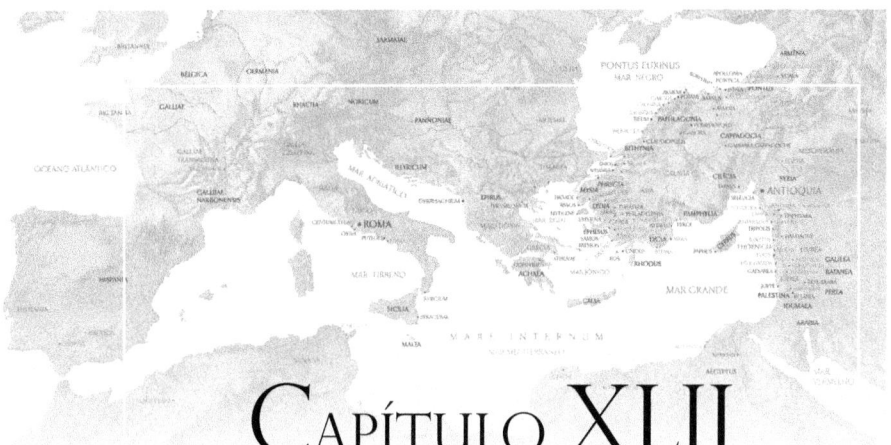

Capítulo XLII

Reencontro
ANO 109

Pouco menos de um mês foi necessário para os preparativos da viagem. Plinius tomara todas as providências com dedicação e esmero, auxiliado de perto pela lucidez de sua esposa.

Com a despedida de amigos e familiares queridos, o navio com a águia do Império partiu do porto de Óstia para algumas semanas de navegação entre a península itálica e o Egeu.

A primeira parada deu-se em Corinthus, capital da Achaea, onde a comitiva do governador descansou por três dias.

Da Achaea a embarcação rumou diretamente para Ephesus, capital da província da Ásia.

Em Ephesus, Plinius haveria de demorar-se algumas semanas para desincumbir-se de suas atividades de estadista, antes de dirigir-se à Bithynia e ao Pontus.

Na viagem, o jovem Marco Antonius passara muito mal com a desidratação, fruto do mal-estar característico das viagens marítimas.

Sua mãe, Calpúrnia, afligiu-se sobremaneira vendo o

filho definhar. Nada parava no estômago do pequenino, que devolvia todo e qualquer alimento. O desconforto durou alguns dias, até que o galeão imperial aportou em Ephesus.

Recepção oficial, discursos, providências alfandegárias pelas autoridades locais e a comitiva de Plinius desembarcou, enfim, na cidade dos efésios.

Batedores logo anunciaram a passagem do tribuno patrício investido de autoridade proconsular, abrindo caminho para a liteira oficial em meio à aglomeração das gentes.

A liteira elevou-se sobre os ombros fortes de escravos portentosos, levando Plinius, Calpúrnia e o filho.

O pequenino Marco Antonius sentiu forte comoção, arregalando os olhinhos para a paisagem além da cortinhola.

"Que cidade era aquela?"

"Por que lhe encantava o coração?"

Suas perguntas ingênuas e infantis não tinham eco nos corações dos pais, mais preocupados com o termo da exaustiva viagem.

De repente, o olhar de Marco Antonius cruzou com o de uma jovem menina a brincar despreocupada junto de sua mãe. Um frêmito percorreu o corpinho adoentado pelo mal-estar e, num átimo, pulou da liteira em movimento para espanto de todos.

A menina também respondeu-lhe aos impulsos e, numa cena de singeleza infantil, os dois se abraçaram como se fossem dois velhos amiguinhos do coração.

- Ilia! Mas o que é isso, minha filha? - assustou-se a jovem senhora de ascendência grega, mãe da menininha.

- Mamãe, este é o meu amigo dos meus sonhos!

O rapazinho puxou Ilia pelas mãos e pôs-se a correr alegremente, tomando o rumo da Rua dos Curettes como se conhecesse o caminho a seguir, a partir da Rua do Porto.

Os dois se despreocuparam dos familiares aflitos, que seguiram atônitos a cena, sem que pudessem tomar qualquer providência que os impedisse de correr no meio da multidão.

Athina, mãe de Ilia, pôs-se ao encalço da filha querida,

chamando-a insistentemente pelo nome.

Por sua vez, Calpúrnia desceu aflita da liteira oficial do Império, exigindo de Plinius as providências imediatas, necessárias à recuperação do filhinho.

Plinius, agastado e nervoso, exigiu dos guardas pretorianos as providências cabíveis ao caso inesperado.

Enquanto isso, as duas crianças corriam descontraídas, guardando nos corações uma sensação de leveza e liberdade nunca dantes experimentada.

A Rua do Porto era das mais movimentadas da cidade dos efésios. Tinha, aproximadamente, 500 metros de comprimento por 11 de largura e em ambos os lados passarelas cobertas ofereciam abrigo e proteção aos pedestres em seus afazeres diários, a partir das quais encontravam-se lojas, mercados e praças hospitaleiras.

Marco Antonius corria feliz por aqueles sítios, que sentia extremamente familiares. Uma estranha sensação de reconhecimento do ambiente percorria-lhe o ser.

Súbito, cruzou o olhar com uma interseção da Rua do Porto, a desaguar em generosa praça, repleta de velhinhos em ruidosa algazarra.

Seus olhos brilharam de emoção e, instintivamente, penetrou os umbrais da praça como se procurasse por alguém.

Ignácio de Antioquia lá estava na companhia de diversos amigos para o serviço da fraternidade cristã.

Com respeitosa atenção, repartia pães e algumas bilhas d'água com anciãos que externavam alegremente sua satisfação frente ao oferecimento.

A cena inesquecível fixou-se para sempre na memória imortal do pequeno Marco Antonius, cujo olhar cruzou com o de Ignácio.

Ignácio sorriu diante daquelas duas lindas criancinhas desamparadas no meio da multidão.

Preocupando-se de que talvez estivessem perdidas dos pais, chamou os dois, com ternura.

Sem atinar a razão daquele impulso ignoto de confiança e carinho, Marco Antonius pôs-se a correr na direção de Ignácio, saltando, impetuosamente, para seu colo acolhedor.

Um turbilhão de novas emoções dominou-lhe os sentimentos, como se uma profunda saudade ressurgisse de repente, amargurando-lhe o pequeno coração.

Sem sopitar a onda daqueles poderosos sentimentos de amor e saudade, Marco Antonius chorou copiosamente nos braços de Ignácio de Antioquia. O passado distante, a reclamar-lhes o reencontro de velhas afeições perdidas nas tramas do destino, ali estava sendo reatado com grande emoção.

Ignácio, rememorando a infância na Galilea distante, pensou na bondade de Jesus e, sem saber o porquê, agradeceu ao Senhor aquele abraço, exclamando, dentre copiosas lágrimas:

- Meu filho! Meu filho!

À pequena distância, Ilia, que a tudo observara surpresa e assustada, vendo o amiguinho chorando convulsivamente nos braços daquele avozinho, pôs-se também a chorar, desconsolada.

Ignácio, segurando Marco Antonius ao colo, caminhou em sua direção e tomou-lhe as mãozinhas, em atitude protetora. Acariciava aquelas crianças com redobrada ternura, quando um grito chamou a atenção de todos:

- Ilia!

Era Athina, sua mãe, aliviada por encontrá-la na companhia de Ignácio.

- Graças ao bom Deus estás a salvo, minha filha querida! - disse, abraçando-se à pequena.

- Pois, sim! - exclamou Ignácio, satisfeito. - A pequerrucha é a netinha adorável de Nathanael e Hanna Maria! - reconhecendo Athina, irmã de Nestório, e neta, por sua vez, de Heleno e Ariadne.

Acariciando generosamente a farta cabeleira da menina, Ignácio de Antioquia disse:

- Ilia, que Jesus te abençoe sempre o coração!

E voltando-se para Athina perguntou-lhe:

- E este rapazinho chorão, de onde vem?

Discretamente, enxugava as próprias lágrimas, ocultando a emoção que o encontro lhe proporcionara.

Athina, um tanto quanto preocupada, relatou-lhe o acontecido desde quando estacionara próximo ao porto para acompanhar, curiosa, o desembarque de importante família patrícia proveniente de Roma. Surpresa, descreveu o instante em que o mocinho arrojou-se da liteira em movimento, indo ter com sua filha.

Minudenciou detalhes do abraço carinhoso das crianças, como se já se conhecessem de longa data, quando a pequenina Ilia interrompeu a mãe para novamente dizer:

- Mamãe, ele é o amiguinho de quem falei, que vem conversar comigo nos sonhos!

Ignácio sorriu satisfeito, ao mesmo tempo que aquilatava a gravidade da situação: "Uma família romana, de nobre ascendência... Era preciso ter prudência e restituir a criança o quanto antes aos braços paternos", pensava.

Mal acabara de pensar nisso e uma voz fria e cortante cruzou os ares em tom peremptório, ordenando, na língua patrícia:

- Guardas, detenham este malfeitor!

A guarda pretoriana logo fez alarde para cumprir a determinação do romano ilustre.

Plinius Segundus, tomado de cólera, ao encalço do próprio filho e influenciado pelo chefe da guarda, Sérvio Tulius, que apontara Ignácio como temível feiticeiro e um dos chefes do movimento dos cristãos na cidade, não pôde ajuizar com a clareza precisa, tomando a inusitada decisão.

Enquanto os guardas arrastavam Ignácio até à presença de Plinius, Calpúrnia agarrava-se ao filho, aliviada e satisfeita por encontrá-lo a salvo.

Ignácio foi brutalmente empurrado na direção do patrício ilustre, que lhe dirigiu a palavra em grego popular, mais ou menos nestes termos:

- Como te chamas, insolente? De onde vens?

- Chamo-me Ignácio e sou cidadão do Império, proveniente da província da Syria, mais precisamente da cidade de Antioquia, onde nasci de pais hebreus.

Aquela resposta franca, aludindo à condição de cidadão romano, desconcertou a fibra do tribuno.

- Pois bem! - retrucou-lhe. - Que fazes aqui, com meu único filho nos braços?

Ignácio respondeu-lhe com grande serenidade no coração:

- Estava nesta praça a serviço de meu Senhor Jesus Cristo, distribuindo pães e água a idosos desamparados, quando vosso filho, aparentemente perdido, foi respeitosamente acolhido em meus braços.

Aquela afirmativa, ao mesmo tempo sincera e humilde, comoveu o espírito de Plinius, desanuviando-lhe os aborrecimentos que a procura pelo filho causara.

Entrementes, Marco Antonius suplicava no ouvido de sua mãe, Calpúrnia:

- Solta ele, mamãe. Fala com papai que ele é um bom homem!

Calpúrnia, relutante, segredou qualquer coisa ao pé do ouvido do marido, que, amolecendo as últimas resistências, por fim ordenou:

- Guardas, soltai o prisioneiro, em nome de César!

Os pretorianos acederam prontamente ao comando.

Mas Plinius, orgulhoso e superior, voltou-se ainda uma vez mais para Ignácio, dizendo-lhe:

- Prepara-te para responder a uma sindicância, que mandarei abrir para investigar tuas atividades estranhas à vontade de Roma. Guardas, tomai nota das informações necessárias à intimação que eu próprio despacharei na sede do governo provincial.

Tomando um impulso abrupto virou-se para embarcar de volta à liteira oficial. A caravana recompôs-se, seguindo na direção de seu destino.

Marco Antonius deitou os olhos tristes pela cortina da

liteira, fixando-os nos de Ignácio de Antioquia, sentindo-se culpado pela confusão e embaraço envolvendo o bondoso velhinho.

Debalde procurou na multidão os olhinhos de Ilia, que sumira junto da mãe em meio à multidão dos curiosos.

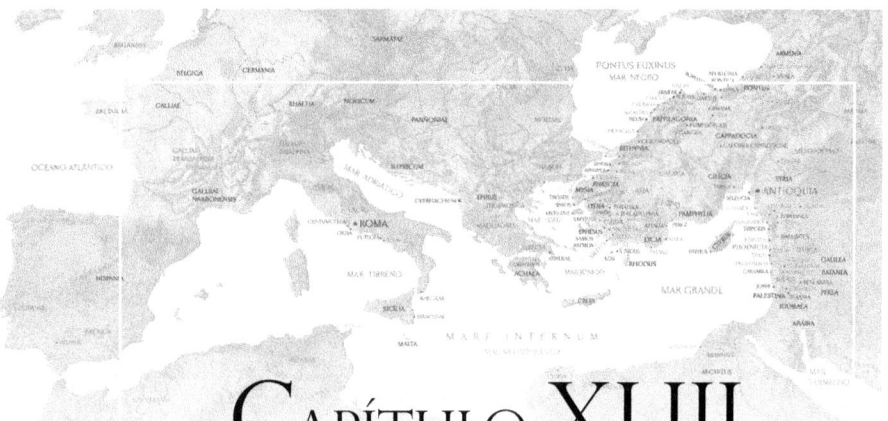

Capítulo XLIII

Caridade

ANO 109

O palácio do governo imperial na província da Ásia fora adornado para receber os visitantes ilustres. Na verdade, naqueles dias Ephesus seria a sede de uma reunião de cúpula entre os governadores das províncias romanas circunvizinhas. Por isso mesmo, Gaius Plinius Caecilius Segundus, recém-nomeado governador da Bithynia e do Pontus, para lá se dirigira inicialmente, no comparecimento ao importante conclave.

Ele e sua família foram recebidos com todas as honras da corte pelo também recém-nomeado procônsul da província da Ásia, Gaius Antius Julius Quadratus, cônsul que havia sucedido ao posto a Tiberius Julius Celsus Polémainus, originário de Sardis. Lá estavam também Caius Julius Quadratus Bassus, originário de Pergamum, ex-legado romano na Judea e atual legado da Galatia e da Cappadocia. Quintus Roscius Coelius Pompeius Falco, atual legado romano da Judea, também comparecera, assim como o procônsul da Syria, Cornelius Palma.

Tendo as respectivas famílias se instalado convenientemente nas vilas contíguas ao palácio do governo em Ephesus, os cônsules imperiais desenvolveram seus debates em torno da situação política e econômica da região.

Os novatos foram inteirados dos últimos acontecimentos regionais, situando-se no contexto sociocultural de cada uma de suas províncias.

Não faltaram àquelas reuniões os temas palpitantes referentes aos desvios pecuniários, atribuídos à corrupção de alguns de seus antecessores.

Os escândalos financeiros ocuparam boa parte das considerações de todos e onde houvessem obras públicas de vulto, em todas as províncias, a sombra da corrupção encobria os nobres esforços daqueles que defendiam a integridade do erário. A própria indicação de Plinius, o jovem, para o governo da Bithynia e do Pontus tinha o objetivo de pôr ordem na casa.

Porém, de todos os temas que ali foram tratados pelos representantes de Roma o mais palpitante fora mesmo o da espantosa expansão da crença cristã entre os povos da Ásia.

Plinius trouxera recomendações pessoais do imperador Trajanus para lidar com o assunto e, inicialmente, julgava prudente estabelecer ampla sindicância. Em seu julgamento lúcido era preciso antes conhecer o inimigo, penetrar-lhe as estratégias e artimanhas para ajuizar com valor e aproveitamento a melhor maneira de combatê-lo eficazmente. Todos os governadores presentes aplaudiram o alvitre oportuno.

Nessas reuniões, os nomes dos principais artífices do movimento cristão foram trazidos pelos serviços de vigilância e informações da região. A partir dali todos eles passariam a ser constantemente vigiados. João Boanerges, Johannes, João Marcos, Apolo, Silvano, Ignácio de Antioquia, Nestório, Potino, Alexandre de Jesus, Policarpo de Smyrna e tantos outros tiveram suas vidas marcadas por olhos indiscretos e vigilantes.

Todos concordaram, no entanto, que João Boanerges, discípulo direto do Cristo Jesus, único ainda vivo, estava muito velho para se tornar uma ameaça aos interesses do Império. Urgia concentrar os esforços nos mais jovens e naqueles outros de maior proeminência no seio do Cristianismo.

Não custou para que os representantes do Império reconhecessem a personalidade de Ignácio de Antioquia como dos líderes mais ativos do movimento cristão, sob cuja influência direta diversas igrejas se fundaram e subsistiam em toda a Ásia, na Bithynia, no Pontus, na Syria, na Galatia, na Cappadocia e até mesmo na Armênia distante.

Foi ainda nessa reunião que se decidiu, administrativamente, separar a província pretoriana da Galatia da Cappadocia consular.

Tomado de curiosidade pela figura de Ignácio de Antioqua, sobre quem lhe falara o próprio Trajanus em Roma, e que o havia impressionado muito no episódio envolvendo o filho, Plinius Segundus solicitou que ele próprio interrogasse o suspeito na primeira oportunidade inquisitorial, no que obteve a ampla aprovação de seus pares. Argumentara que trazia de Roma as recomendações pessoais do imperador para estudar o assunto com maior profundidade e afinco.

Enquanto os homens de Estado se deixavam absorver pelas responsabilidades de governo nessas intermináveis reuniões, as suas respectivas famílias desfrutavam da hospitalidade dos efésios, tão conhecida e decantada por todos os viajantes.

Calpúrnia Lucretia, especialmente, sempre na companhia do filho Marco Antonius, pôde aproveitar a ocasião para conhecer a exuberante capital da Ásia.

A beleza e a riqueza de suas construções e concepções artísticas encantaram o espírito sensível de Calpúrnia.

Dir-se-ia que mãe e filho se embalaram numa ignota harmonia de recordações, que a poeira dos séculos havia encoberto. Era como se tivessem retornado de uma longa viagem para aportar na cidade dos efésios como se ela fosse a própria casa.

Marco Antonius não se continha de felicidade e a cada nova surpresa do caminho, na via pública, nos banhos e nas fontes, nos templos e nos palácios, nas arenas e nas bibliotecas espalhadas por Ephesus, exclamava:

- Vê, mamãe, vê que maravilha! Que bela a cidade dos meus sonhos!

Calpúrnia ria-se ante a espontaneidade do filho, ainda uma criança, mal saído de seu colo materno. Contudo, não deixara de registrar estranhas emoções de alegria e reconhecimento no contato com Ephesus.[1]

Em determinada tarde, com os raios do sol a emoldurarem o horizonte de safirinas colorações pinceladas de ouro e carmim, Calpúrnia e o filho passeavam pela cidade, como de costume.

A liteira que os servia, sobre os ombros de escravos corpulentos, havia estacionado na mesma praça à beira da Rua do Porto, onde Marco Antonius fora encontrado nos braços de Ignácio.

Os olhinhos vivos de Marco logo percorreram as colunatas de mármore que circundavam o ambiente, em busca daquele homem que o fizera chorar de profunda alegria.

Súbito, reconheceu ao fundo a silhueta inconfundível, distribuindo pães a uma aglomeração de necessitados. Não guardou dúvida alguma. Aquele haveria de ser Ignácio.

Num átimo, reconheceu estar em desvantagem para alcançar o abraço daquele amigo, a quem se sentia intimamente ligado por profundas emoções. A vestimenta romana apertada impedia-lhe de maiores carreiras. Por isso mesmo, começou a destrançar as correias de suas sandálias, despojando-se, igualmente, de todos os cintos e apetrechos de adorno. Sentiu-se estranhamente livre para correr ao encontro daquele homem diferente, cuja simplicidade comovente exercia sobre si uma atração insopitável.

Para o assombro de Calpúrnia, Marco Antonius pulou

---

[1] Vide nota do autor espiritual à página 534.

inesperadamente da liteira e pôs-se em desabalada carreira para atingir o seu destino, enquanto gritava, a plenos pulmões:

- Ignácio! Ignácio! Ignácio! Eu também quero distribuir pães! Eu também...

Em pouco tempo, ei-lo novamente nos braços de Ignácio de Antioquia, que surpreso com o inusitado do encontro enxugou discretas lágrimas.

No centro da roda de fiéis, que se fizera para a desincumbência de deveres de solidariedade fraterna, estava um velhinho muito alquebrado, de olhos tão lúcidos e vivos, que fizeram o pequeno Marco Antonius tremer, literalmente, da cabeça aos pés.

O menino saltou abruptamente do colo de Ignácio, caindo aos pés de João, que, naquele exato instante, falava de Jesus aos desamparados e tristes daquelas paragens.

Seus olhares se inflamaram de um profundo amor.

Um frêmito percorreu o corpo de Marco Antonius, que não conseguia tirar os olhos daquela figura inolvidável.

Quisera gritar a sua emoção, mas a voz se reteve na garganta.

João olhou com bondade aquele jovem menino e após alguns instantes de pausa voltou a dizer para os presentes, com a voz segura e calma:

- É Jesus, nosso Senhor e Mestre, meus filhinhos, que nos indica o roteiro de luz, amor e caridade, que todos devemos percorrer para alcançar a bênção gloriosa de Deus, nosso Pai Eterno. "Amai-vos uns aos outros como eu vos amei": eis a legenda bendita para todos os nossos corações, sobrecarregados e aflitos. É Jesus, minha gente! É Jesus!...

Ignácio, sorrindo de satisfação, como a aproveitar a lição valorosa, repartiu um bom pedaço de pão e colocou nas mãos do jovem Marco. Incontinenti, o menino pôs-se a reparti-lo novamente com os pobres e velhinhos necessitados que o rodeavam famintos.

Calpúrnia chegara, nessa mesma hora, no encalço do filho amado, surpreendendo a cena singela. Seu olhar igualmente fora atraído pelo olhar daquele ancião, sentado ao centro. Teve ímpetos de se lhe lançar aos pés, beijar aquelas mãos que a senectude recobria das bênçãos da experiência. Contudo, o orgulho patrício a deteve.

"Quem seria aquela gente maltrapilha? Que poderoso sentimento de atração os guiara, a ela e ao filho, àquela assembleia de humildes?"

Como a adivinhar-lhe os pensamentos e inquisições mais íntimas, João Boanerges, com sua lucidez insuperável, respondeu-lhe, calmo:

- Foi Jesus de Nazareth, minha nobre senhora Calpúrnia, quem nos reuniu sob as bênçãos do Altíssimo! Mais tarde haverás de compreender o que te digo!

E virando-se para Nestório, que ali presenciava tudo, disse-lhe:

- Nestório, meu filho, restitui nossa jovem criança aos braços de sua mãe devotada.

Mas antes que Nestório tomasse Marco Antonius no colo acolhedor, o menino arrojou-se aos pés de João, beijando-lhe ternamente as mãos e o rosto. Os dois trocaram breves carícias de amor profundo e o mesmo pôs-se a chorar, desconsoladamente.

Não conseguia sopitar a torrente de lágrimas que lhe desafogava o coração. Queria ficar junto daqueles homens e mulheres tão diferentes do fausto patrício e aprender com eles o roteiro de Jesus. Foi ainda João quem lhe retribuiu as cogitações, dizendo:

- Mais tarde! Mais tarde! Ainda és muito jovem!...

Ignácio beijou enternecidamente a cabeça do menino Marco Antonius, a pender inconsolável dos braços de Nestório, ajudando-o, igualmente, a restituir o pequeno à mãe.

Mãe e filho, um tanto quanto atônitos, foram reconduzidos ao interior da liteira, partindo de volta ao palácio do governo, onde se hospedavam.

No caminho, Calpúrnia chorou muito abraçada ao filho, sem compreender a origem de tão fortes emoções.

Tampouco poderia conceber a razão daquele velho senhor chamá-la pelo nome, sem nunca tê-la conhecido.

Chegaram em alguns minutos aos seus aposentos, guardando grande silêncio n'alma sobre o acontecido. Encontraram Plinius Segundus imerso nos assuntos oficiais de Roma.

Já na reunião dos cristãos, após sentida oração em plena praça pública, João Boanerges, secundado por Ignácio de Antioquia e pelos braços robustos do jovem Nestório, retornou pensativo e emocionado à sua humilde choupana.

Nas claridades das primeiras estrelas, a iluminar a abóbada celeste, pôde divisar pela vidência a presença espiritual alegre e sorridente de Ruth e de Sara, abraçadas ao longe.

CAPÍTULO XLIV

SOMBRAS

ANO 109

O conclave dos governadores continuou analisando a situação política das províncias do Império, quando chegou um correio diretamente de Roma.

Sob a escolta de um decurião da guarda pretoriana do próprio imperador, o oficial do correio trouxe extensa carta de Trajanus, com múltiplas ordenações aos seus comandados da Ásia.

Os generais de Roma sob o seu comando empreenderiam para breve uma ampla campanha de ataque militar contra o poderoso Reino Partho, cujo objetivo era a conquista da Mesopotâmia e da Armênia, estendendo os domínios de Roma até às fronteiras do Golfo Pérsico. Para tanto, urgia que todos se preparassem, oferecendo apoio logístico e de informação aos movimentos guerreiros, redobrando, pois, a vigilância sobre todos os possíveis focos de instabilidade social que pudessem afetar a lealdade e a obediência das populações civis sob a sua ordem.

Como consequência disso, as discussões sobre o pedido do imperador necessariamente recaíram no tema da existência dos cristãos e da melhor maneira de combater-lhes a multiplicação, sem causar turbulências sociais.

Roma entraria em novo período de expansão e necessário tornava-se assegurar a ordem acima de tudo, em benefício da concentração desejável no objetivo da conquista militar em planejamento.

Nesses debates, relacionaram-se alguns pontos de conflito entre os seguidores do Cristo e a ordem romana:

a) os cristãos não acatavam o imperador de Roma como um deus vivo. Na religião romana, a adesão ao culto público das divindades era por si só uma profissão de lealdade devida ao Estado e um exercício do direito de cidadania. E, por isso mesmo, o culto à divindade de César era uma condição "si ne qua non" para manifestar publicamente a obediência civil do cidadão comum ao pontífice máximo do Império.

Diante desse impasse, o próprio Plinius Segundus concluiu perante os seus pares que a nova religião era "nihil áliud quam superstitiónis pravum immodicum" (*nada mais do que uma superstição pervertida e desregrada*).

A perigosa atitude de resistência a prestar o culto necessário à natureza divina do imperador era, em síntese, um ato de desobediência civil, pernicioso e perigoso. Essa situação particular resultava de uma inaceitável hostilidade dos cristãos diante do "imágo imperatoris" (*da imagem do imperador*) e do "id deorsum simulacrum" (*da sua efígie|estátua*).

Apesar da afronta à autoridade estabelecida, os governadores, na companhia da ampla gama de pretores que lhes comungava o conclave, decidiram agir com cautela. Concluíram por instruir processos particulares contra os adeptos do culto cristão, durante os quais os seguidores seriam convidados a se apresentar aos pretores, ou presidentes dos tribunais citadinos e, perante eles, instados a jurar em nome da "fortuna di Cesare." e em nome do "genio di Cesare." Dessa forma, ao evocarem o "genio" de César estariam forçosamente dobrando-se à figura divina que protegia e governava a vida do imperador e os destinos do Império;

b) os cristãos, sistematicamente, vinham se opondo às práticas guerreiras. Inúmeros soldados das tropas romanas, convertidos recentemente à estranha religião cristã, recusavam-se a participar das campanhas militares, dizendo preferir morrer que manchar a consciência com a morte e o sangue dos povos inimigos. Tal situação tornara-se intolerável para o orgulho e a honra patrícios dos generais de Roma. Urgia reverter essa tendência e sufocá-la nas tropas antes que se espalhasse como praga, contaminando o ânimo dos valorosos combatentes romanos com a pusilanimidade incompreensível dos adeptos do Cristo. Esta a conclusão unânime dos congressistas em torno do tema. A solução haveria de ser mais vigor e rigidez dos centuriões conclamados a coibirem tais desvios com a prisão, e até mesmo com a morte, dos desertores;

c) outro problema ali relacionado era a inconcebível solidariedade da doutrina cristã para com a classe dos escravizados. A situação havia chegado a tal ponto que os escravos e deserdados eram admitidos como irmãos nos cultos cristãos, praticados sempre às escondidas na calada da noite, nas catacumbas ou nos campos. Não raro viam-se mesmo cidadãos da alta estirpe de Roma abraçando escravos e serviçais com fraternal interesse nesses eventos religiosos detestáveis;

d) por último, relacionou-se supersticiosamente que os males que grassavam o Império, como as pestes, os insucessos administrativos, as derrotas militares, a explosão da carestia, a escassez de alimentos e até eventos climáticos aterradores seriam nada menos que a punição dos deuses quanto aos desvios do populacho. Nesse ponto, culparam os cristãos por todos esses males, fazendo deles o bode expiatório de seu desconforto, de sua ignorância e de sua ira.

Mas enquanto os agentes das sombras guiavam, do Além, o orgulho patrício no infeliz conclave da autoridade romana em Ephesus, um outro conclave, de diversos ascendentes espirituais, também se realizava na cidade dos efésios.

As potestades celestes, sob a inspiração direta do Cristo, reuniram diversos combatentes valorosos do Evangelho sob a orientação sábia e amorosa do quase centenário João Boanerges, em sua casa humilde nos arredores da cidade.

A Espiritualidade Maior agia para neutralizar os esforços das sombras na terra dos enganos infelizes.

No plano espiritual, o cometimento fora entregue à condução lúcida do espírito de Paulo de Tarsus, que despachou numerosos benfeitores espirituais em busca dos pregadores encarnados da Boa Nova do Cristo.

Um a um respondeu ao apelo da intuição proveniente de Mais Alto, rumando ao encontro de João, em Ephesus.

No mesmo dia das deliberações finais dos governadores de Roma, a casa de João Boanerges abrigou a assembleia da Luz.

Se no plano carnal a claridade bruxuleante de algumas velas deixava à mostra o ambiente rústico e humilde da choupana do discípulo amado do Cristo, no plano espiritual a presença de numerosos apóstolos de Jesus, sob a coordenação de Paulo de Tarsus, imprimia ao ambiente uma explosão de feérica luminosidade, fruto das mais acendradas vibrações de paz e harmonia, amor e fé.

Na primeira vigília, João Boanerges, inspirado pelos pensamentos de Paulo de Tarsus, elevou a voz alquebrada proferindo sentida oração, suplicando as bênçãos eternas de Jesus Cristo em nome de Deus.

Os demais presentes - Ignácio de Antioquia, Alexandre de Jesus, Policarpo de Smyrna, Johannes, Patius, Erasto, Tíquico, Trófimo, Papias, Átalo, Heleno, Jacob, Apolo, Silvano, Nestório, Potino, Políbio, Zócio, Dafnos, Eleutério, Quinto, Eutecno, Fílon, Reos Agátopos e Germânico - choravam de emoção ao toque caricioso daquelas palavras repletas do bálsamo celeste da humildade e da esperança. No íntimo, não havia quem não guardasse a impressão da presença inequívoca dos mensageiros do Cristo, agradecendo a Deus a oportunidade bendita de abrigar-lhes a visita.

Um perfume de rosas invadiu o ambiente com tal intensidade que inebriou de felicidade os sentidos espirituais daquelas nobres almas.

João chorava de mansinho, reconhecendo pela vidência a presença de Paulo de Tarsus, de Abigail, de Estêvão e de seu irmão Tiago.

Antes que alguém proferisse a palavra inicial, um fenômeno de materialização tomou lugar.

Formosas pétalas de rosas começaram a cair por sobre as cabeças de todos, trazendo aos missionários energias sutilíssimas para que não vacilassem nem esmorecessem nos testemunhos da fé que lhes competiam viver dali em diante.

Sem saberem precisar a ignota origem, alguns ouviram harmoniosa música celestial encantando-lhes a sensibilidade auditiva.

Nesse momento, um jovem cristão da cidade de Pergamum, amigo dileto de Nestório, e nascido três anos depois deste, levantou-se visivelmente mediunizado. Tratava-se de Potino,[1] discípulo do venerável médium cristão Agabo, contando apenas 22 anos de idade.

A resposta do Alto às súplicas em prece dos servidores do Cristo na face da Terra seria ouvida pelas portas gloriosas da psicofonia. Por mais de quarenta minutos inesquecíveis, o espírito de Tiago, filho de Zebedeu e irmão de João Boanerges, falou por meio da mediunidade cristalina do jovem Potino.

Diversas considerações oportunas em torno do plano celestial para o futuro promissor do Evangelho de Jesus na face terrestre foram trazidas.

Alertas valiosos esclareceram os presentes das armadilhas que os agentes das sombras preparavam para os adeptos do Cristianismo.

Lúcidas sugestões da Espiritualidade Maior traçaram preciosos roteiros de ação e vigilância aos servidores do Cristianismo nascente nas províncias romanas vizinhas a Ephesus.

Era preciso que os valorosos amigos da Terra se dispersassem pelo interior das províncias, buscando os sítios humildes do campo, junto à natureza, evitando por alguns meses as concentrações citadinas das capitais.

---

[1] Vide nota do autor espiritual à página 535.

O alvitre não vinha como sugestão de acovardamento, mas sim como ordenação do próprio Senhor para que os esforços iniciais das primeiras igrejas cristãs não sucumbissem prematuramente ante os embates da ignorância e do crime. Era preciso recuar para enfrentar mais tarde o supremo testemunho de suor e sangue pela mensagem da Boa Nova.

A palavra da Espiritualidade encerrou-se num clima de sinistros presságios, mas alcanforada de perfume pela alegria de grandes esperanças com as realizações do porvir.

Enquanto a boca de Potino cerrava-se para a palavra de Tiago, em espírito, o filho de Zebedeu dirigiu-se a João, seu irmão, que o divisava pela vidência espiritual.

João Boanerges nada disse aos seus companheiros terrestres, mas, entre lágrimas suaves, pôde registrar o convite amoroso de Tiago, a dizer-lhe:

- "Meu irmão, João querido, soou para ti o derradeiro chamado do Senhor de nossos caminhos! Alegra-te porque combateste o bom combate e desempenhaste com galhardia a tarefa que nosso Mestre Jesus te confiou em nome de Deus, nosso Pai celestial. Prepara-te para os derradeiros instantes de vida terrestre junto dos amigos e companheiros de jornada. Chegou para ti o dia da eterna alvorada do reino da luz e do amor, porque Jesus te chama para junto de seu coração magnânimo e compassivo, na gloriosa imortalidade!"

João sentiu, num átimo, profunda saudade dos amigos queridos.

Enquanto chorava baixinho, o venerável ancião chamou pelo filho do coração, Ignácio, também já idoso. Pediu-lhe que encerrasse aquele conclave com a prece, no que foi atendido com presteza. Após a oração, os dois velhinhos, alquebrados pelos mais constantes sacrifícios no mundo, abraçaram-se emocionadamente.

João pediu-lhe que organizasse um encontro com a igreja de Ephesus, onde ele falaria pela última vez. Ignácio compreendeu o significado e a gravidade daquele pedido. Entretanto, nenhum dos dois sentiu-se suficientemente à vontade para externar seus mais secretos pensamentos.

Antes, porém, que todos se fossem, Ignácio pediu que guardassem as revelações espirituais e que meditassem com a seriedade desejável os conselhos da Espiritualidade Maior.

A assembleia dispersou-se em silêncio, na tranquilidade da noite.

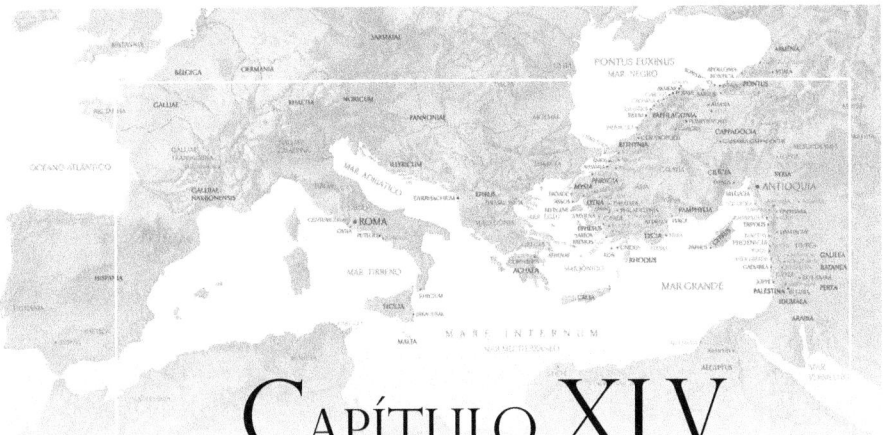

Capítulo XLV

Desenlace
ANO 110

As doze semanas que se seguiram à memorável reunião espiritual foram de intensa movimentação entre os confrades cristãos.

A pedido de João, Ignácio de Antioquia coordenava junto aos companheiros os alvitres e providências imprescindíveis à consecução das mudanças de rumo sugeridas pela Espiritualidade.

Ele mesmo, a partir da humilde choupana de João Boanerges e Johannes, tratava de se entender com os companheiros de fé para a diáspora a que foram chamados.

Em cada entendimento particular com os numerosos discípulos da Boa Nova, João aproveitava para despedir-se carinhosamente, conclamando todos à manutenção do ânimo firme no trabalho redentor.

Era comum ouvir-lhe, nas derradeiras expressões, a recomendação final:

- Filhinhos de meu coração, não sintamos a separação provisória porque muitos mourões juntos não fazem cerca! Jesus nos quer em serviço no campo do mundo para que seu amor excelso se acerque dos corações de nossos irmãos ainda desgarrados de seu rebanho celeste, perdidos e desorientados nas florestas deste mundo. Por isso a nossa divisa será sempre a que o Senhor nos legou: "Amai-vos uns aos outros como eu vos amei!"

Um a um recebia de João e de Ignácio as orientações derradeiras, partindo ao destino previamente acordado.

Foram nesses entendimentos particulares na casa do apóstolo que o jovem Potino foi orientado a partir na companhia de Erasto, Átalo de Smyrna e sua respectiva família[1] para as distantes terras da Galliae Transalpina.

A caravana fixar-se-ia mais tarde em Lugdunum,[2] então a principal cidade das Gálias, fundando, em memória do apóstolo João, a primeira igreja cristã gaulesa.

Ignácio de Antioquia guardava no íntimo esse projeto de para lá se dirigir, mas o peso da idade avançada fê-lo desistir do tentâmen, passando a incumbência ao jovem Potino e à família de Átalo.

Com a bênção de João Evangelista, nossos amigos partiram com o coração cheio de esperanças no futuro.

Não é sem razão que as tradições cristãs da inesquecível capital da Galliae Transalpina sempre tiveram no ascendente espiritual da mediunidade com Jesus o seu mais alto patrimônio moral.

Dedicada à memória do venerável João Evangelista, o médium do Cristo na transmissão da mensagem de alerta do Apocalipse, a igreja cristã de Lugdunum encontrou na personalidade mediúnica de Potino, irrepreensivelmente justo e amoroso, corajoso e caritativo, o valoroso alicerce para um início de nobres e fecundas realizações.[3]

Ao fim de doze semanas de providências, os companheiros cristãos se dispersaram de Ephesus na direção longínqua de outras localidades, sem que o plano tenebroso de perseguição lhes pudesse surpreender.

Apolo, seguindo as predileções de seu próprio coração, dirigiu-se para as terras da Achaea.

Silvano demandou a cidade natal para depois se dirigir

---

[1] a [3] Vide notas do autor espiritual à página 535.

novamente à Galatia e à Chalcedon.

Johannes deliberou seguir para a Psídia e depois para Creta.[4]

Erasto, Potino e Átalo, com sua família, seguiram para Roma até chegarem às Gálias.

Tíquico e Trófimo retornaram a Antioquia da Syria, a pedido de Ignácio, e de lá partiram para a Cappadocia.

Heleno assumiu o compromisso de continuar defendendo os destinos da igreja dos efésios ao lado da numerosa família.

Jacob e seus descendentes, inclusive Nestório, se predispuseram a partir para as terras da Thracia, que já havia, de há muito, solicitado reforços.

Alceu resolveu seguir para Thyatira, enquanto seus inseparáveis amigos Dafnos e Eleutério rumaram para Philadelphia.

Policarpo responsabilizou-se por ficar mesmo em Smyrna, cuidando dos interesses da igreja esmirnense.

Quinto fora destacado para a Phrygia, enquanto Germânico buscaria o Lácio.

Eutecno e Fílon partiram para a Bithynia.

Reos Agátopos dirigiu-se para o Pontus Euxinus.

Zócio permaneceria vinculado às atividades de sua Magnesia, em honra ao exemplar trabalho de evangelização de seu pai Basso.

Já Políbio concentraria seus esforços em terras da Lydia e em Tralis.

Papias seguiria o rumo da Pamphylia e da Cilícia.[5]

Patius solicitou permissão para acompanhar sempre a figura venerável de João e, por isso mesmo, permaneceu em Ephesus.

Ignácio sentia o coração chamar-lhe de volta a Antioquia da Syria. Desejava rever aqueles sítios queridos e verificar o andamento das tarefas cristãs da cidade de sua eleição. Para tanto, contou com o apoio de Alexandre de Jesus.

Aproximava-se o novo ano juliano, equivalente, para nós, ao dia primeiro de abril de 110 da Era Cristã.

[4 e 5] Vide notas do autor espiritual à página 536.

A reunião solicitada por João Boanerges junto aos fervorosos companheiros da fé cristã fora organizada por Ignácio, Patius e Heleno para aquela sugestiva data.

Na noite memorável e inesquecível para os anais das tradições da Espiritualidade Maior, o quase centenário apóstolo de Jesus fora o único a falar perante uma assembleia compacta de fiéis e seguidores do Nazareno.

Sentia no íntimo forças novas a empolgarem-lhe os pensamentos com raciocínios de inexcedível clareza espiritual.

Discorrera com maestria sobre os fundamentos da mensagem da Boa Nova de Jesus: o Evangelho do reino de Deus para os homens de boa vontade na Terra.

Era a derradeira despedida do, talvez, mais lúcido dos discípulos do mestre Jesus.

João falou com tal ênfase e emoção sobre a presença do Cristo entre nós que não houve quem não chorasse de profunda comoção. Era como se o próprio Senhor ali estivesse, abençoando aos seus amados filhinhos e seguidores.[6]

O venerável apóstolo João, na madrugada que se seguiu às suas despedidas junto aos cristãos efésios, deixou o corpo físico alquebrado de centenária experiência para adentrar, num transporte de júbilo indescritível, o reino definitivo da luz.

Descrever a corte de entidades luminosas que veio de além-túmulo saudá-lo seria tarefa sobre-humana. Mas não podemos deixar de relembrar que após as primeiras saudações de seus pais terrenos, Zebedeu e Salomé, foi o próprio Paulo de Tarsus, o apóstolo dos gentios, quem o levantou para o abraço de reencontro com Maria de Nazareth e, depois dela, para o amplexo da suprema alegria de ser aconchegado de novo no peito amoroso e resplandecente de nosso Senhor Jesus Cristo.

---

[6] Vide nota do autor espiritual à página 536.

CAPÍTULO XLVI

SUPLÍCIO

ANO 110

A notícia da partida de João para a gloriosa Imortalidade caiu como um raio no ânimo dos companheiros da Terra. Um grande silêncio de saudade pesou nos sentimentos e nas recordações de todos.

Ignácio, Papias, Heleno e os demais companheiros deixaram que grossas lágrimas de saudade e esperança lhes lavassem a alma na derradeira despedida.

Dias após a partida das numerosas caravanas cristãs em demanda às sublimes tarefas de dispersão da Boa Nova, o movimento inquisitorial do Império das sombras começou a partir de Ephesus.

Para a surpresa da soldadesca romana e dos pretores do Império, contudo, muitos dos intimados a prestar depoimento diante da autoridade não puderam ser encontrados. Sumiram como por encanto das garras tenebrosas da águia romana.

De uma lista inicial de cinquenta líderes da religião cristã apenas meia dúzia de capturas foi realizada para as necessárias averiguações.

Em Trôade, a caminho da Thracia, Nestório fora encarcerado. Em Smyrna, Policarpo. Em Ephesus, restaram presos

Heleno, Patius, Alexandre de Jesus e o venerando Ignácio de Antioquia.

Em Ephesus, o próprio Plinius se investira da prerrogativa de questionar o ancião, líder e fundador de tantos núcleos do Cristianismo na Ásia.

Ignácio fora levado junto de Alexandre de Jesus, quando se preparavam para partir rumo a Antioquia da Syria. Ambos foram rudemente acorrentados como malfeitores vulgares, na calada da noite, e jogados em imundo presídio, onde se avistaram com Heleno e Patius.

A noite foi de sombrios sobressaltos nos ânimos de todos, à exceção de Ignácio, que se manteve o tempo todo em digna atitude de serenidade e confiança.

Logo pela manhã, os prisioneiros foram levados ao recinto do "Praetorium" para a primeira audiência.

Presidindo a sessão com privilégios especiais de "consulare potestate", Gaius Plinius Caecilius Segundus tomou respeitosamente o proeminente lugar do pretor dos eféticos para julgamento do caso em questão.

Chamou ao recinto o primeiro interrogado na lista dos detentos, que, pela tradição do direito romano, deveria ser o mais idoso dos acusados. Ignácio de Antioquia, octogenário, foi trazido à presença de seu inquisidor pela brutalidade de um decurião de nome Basilius Rufus.[1]

A humildade do servidor do Cristo, em trajes paupérrimos, as vestes quase rotas, as cãs prateadas pela neve da experiência e o rosto sulcado de rugas, causou grande desconforto na assembleia.

O olhar lúcido e vivo de Ignácio percorreu a cena, guardando no íntimo sentida oração, rogando forças a Jesus para o necessário testemunho.

Plinius nessa hora titubeou e um bafejo de lucidez percorreu-lhe o pensamento: "Como pode a figura desse miserável pregador constituir perigo à autoridade de Roma?" Como a recompôr-se intimamente, recordou-se do próprio imperador Trajanus solicitando-lhe cuidado com a figura de Ignácio.

---

[1] Vide nota do autor espiritual à página 536.

Perpassou-lhe pelos olhos o episódio em que acabara encontrando o próprio filho Marco Antonius nos braços do velhinho, por ocasião da conturbada chegada à capital da Ásia.

Por fim, considerou que aquele ancião de aparência inofensiva haveria mesmo de ser perigoso feiticeiro, senhor de toda a gama de sortilégios e magias.

Após a identificação de praxe e o reconhecimento da cidadania romana do acusado, Plinius não teve alternativa senão conceder-lhe amplo direito de defesa.

Ignácio então, denotando grande nobreza de sentimentos, respeitosamente declinou da assistência advocatícia, exclamando, ante o assombro dos pretores:

- Senhores, tenho por juiz a reta consciência do dever cumprido e por advogado de meu reto proceder as testemunhas silenciosas que, em nome do Supremo Juiz, acompanharam-me a vida toda. Declino, pois, de vosso generoso oferecimento para submeter-me ao supremo alvitre do Altíssimo!

Aquela serenidade e firmeza confundiram a assistência.

Plinius, mais uma vez, desconcertara-se: "Como poderia aquele frágil ancião não temer o jugo implacável de Roma?"

Depois falou-lhe, do alto da tribuna:

- Não posso, em sã consciência, concordar com semelhante loucura de dispensares a necessária defesa de um justo julgamento.

Ignácio retrucou-lhe:

- Com vossa permissão, senhor pretor, justo julgamento só temos em Deus, nosso Pai, Criador de todas as coisas deste e doutros mundos!

- Cala-te, insolente! Basilius, dá-lhe dez bastonadas para que aprenda a respeitar a autoridade romana!

A cena chocou a todos os presentes.

A brutalidade manifesta do decurião exultou com o suplício ordenado, enquanto borbotões de sangue jorraram da carne exposta do velhinho indefeso.

Ignácio, entretanto, nada reclamou, guardando profunda serenidade de espírito.

Ao final da sequência de tortura, Plinius instou o encarcerado a jurar em nome da "fortuna di Cesare" e do "genio di Cesare", cumprindo com o seu dever de cidadão romano.

Ignácio, respeitosamente, redarguiu-lhe:

- Submeto-me com todo o meu coração à autoridade imperial de César, rogando a Deus, nosso Pai, pelo sucesso de suas sagradas responsabilidades na condução dos destinos de seus servidores e tutelados na face deste mundo, desejando-lhe, igualmente, pleno êxito na obtenção de paz e prosperidade, progresso e concórdia entre todas as províncias sob a sua augusta ordem!

Aquela fluência e serenidade confundiram novamente o pretor.

- Muito bem, muito bem, cumpriste com teu dever de cidadão leal aos êxitos do Império, mas não ouvi de tua boca a evocação ao "genio di Cesare"!

- Senhor pretor, o único "genio" que evoco em proteção e auxílio da parte de Deus Pai e Criador é Seu Filho e nosso Mestre e Senhor Jesus Cristo, de Nazareth da Galilea!

- Como ousas, insolente?!? Basilius, dá-lhe mais dez bastonadas!

O cordel zurziu no ambiente, cortando, mais uma vez, a carne ferida de Ignácio, que nada reclamou.

Após o suplício, Plinius voltou à inquisição:

- Infeliz, quem é a figura apagada de teu Cristo galileu diante da magnificência da presença de César Augusto?

Ante a provocação, fruto da ignorância espiritual própria do planeta terreno, Ignácio de Antioquia inflamou-se de amor pela lembrança do Mestre nazareno e, como que tomado de profundo êxtase de fé, passou a discorrer ardorosamente sobre a mensagem de Jesus Cristo e as belezas de seu Evangelho de amor e redenção.

Um vigoroso influxo de forças proveniente do plano espiritual superior fê-lo magnetizar toda a assembleia, com a lucidez de sua palavra iluminada pela mais simples e bela certeza: o caminho de verdade e vida que o Senhor Jesus nos apontou.

Durante meia hora, Ignácio de Antioquia falou vibrantemente acerca da Boa Nova do Cristo. Ninguém ousou cortar-lhe a palavra esclarecedora.

Plinius, cujo brilhantismo na tribuna confundia e dominava as cátedras e os debates senatoriais mais proeminentes de Roma, sentiu-se intimamente aniquilado pela simplicidade e pela beleza daqueles conceitos ali enfeixados com tamanha clareza de argumentação.

Nunca poderia ele suspeitar que por trás daquele velhinho alquebrado e misérrimo a poderosa lucidez espiritual de João Boanerges, o apóstolo querido de Jesus, estava presente, a intuir Ignácio de Antioquia sobre o que dizer em nome do Cristo.

Plinius sentiu-se vencido finalmente na arte da oratória. Enfim, encontrara na figura incompreensível de Ignácio de Antioquia um contendor, cujos conceitos lhe trouxeram novos horizontes ao pensamento até então preso à soberba e à supremacia da corte e da cultura romanas.

Sentiu-se humilhado e sem forças para a altercação filosófica que seria desejável com o inesperado opositor. Invejou a fé inabalável e a lógica dos conceitos emanados da palavra daquela personalidade encanecida por longa experiência de vida. Em sua mente turbilhonaram pensamentos sublimes no entrechoque de renovadas emoções.

O fato é que, espiritualmente, Plinius Segundus também era amparado pela lucidez de seu tio Plinius, o velho.

Soara, a partir daquele instante, para a dupla esclarecida dos Plinius, tio e sobrinho, a sublimidade do chamamento interior ao serviço da redenção espiritual de si mesmos pela bondade excelsa do Cristo.

Também Calpúrnia, sua mulher, que acorreu ao recinto em busca do marido, tivera a ocasião de registrar na alma a pregação inolvidável de Ignácio, desde o seu início.[2]

---

[2] Vide nota do autor espiritual à página 536.

Ao final da palavra de Ignácio, um pesado silêncio dominou o ambiente. Foi Calpúrnia Lucretia quem, em lágrimas de profunda emotividade, segredou no ouvido de Plinius:

- Deixa ir esse nobre ancião, que me tocou a alma de modo inesquecível! Definitivamente, não tens aí um malfeitor, mas um velhinho inocente dedicado à paz e à concórdia!

Plinius assustou-se com a inesperada interferência da esposa e, sem forças para retrucar-lhe, considerou consigo que ela tinha razão.

Contudo, sem trair o orgulho patrício que lhe ainda exornava o caráter, pretextou camuflar seus reais sentimentos diante da corte em sessão de audiência, sentenciando, para estupefação de todos:

- Basilius, esse insolente há de ser um louco indefeso, delirando em absurdas e incompreensíveis divagações. Pela insanidade, já recebeu o que merecia. Solta-o de imediato na via pública para que não nos faça perder mais de nosso precioso tempo. Aplica o suplício de vinte bastonadas aos demais prisioneiros, a título de aviso e de alerta, para que não recalcitrem nessa loucura cristã, deixando-os igualmente livres!

Assim, também Heleno, Patius e Alexandre de Jesus foram supliciados pelos decuriões da guarda proconsular.

Em seguida, foram libertados do cativeiro.

Capítulo XLVII

Misericórdia
ANO 110|112

O movimento de perseguição à causa nazarena, com a soltura dos presos em Ephesus, restou, praticamente, sem efeitos imediatos, uma vez que a magnânima postura do pretor da cidade de Smyrna não enxergou em Policarpo a figura de um terrível revolucionário, senão um homem útil à sociedade esmirnense pelos seus relevantes serviços de fraternidade prestados aos concidadãos mais pobres. Policarpo de Smyrna, também sem mais delongas, fora posto em liberdade após as primeiras averiguações.

Em Trôade, no entanto, a situação tivera diversa condução. Jacob e seus descendentes, que passavam pela cidade da Mysia a caminho da Thracia, foram rudemente presos e acorrentados. Sobre eles pesou a acusação de feiticeiros e mistificadores vulgares. Somente Hanna Maria e Nathanael conseguiram escapar do cerco nefasto, atingindo, com segurança, seu destino nas cidades tracianas de Neapolis e Philippi. Seus filhos, com as respectivas famílias, contudo, não tiveram a mesma sorte. Athina e o marido André, junto da filhinha Ilia, assim como Nestório, já viúvo, junto do filhinho Ciro, foram presos na companhia do avô Jacob durante uma pregação nas cercanias de Trôade, numa tarde de inesquecível lembrança.

Arrastados ao cárcere como malfeitores, receberam desumano tratamento pela guarda pretoriana. Tantas foram as humilhações infringidas na prisão que o coração alquebrado de Jacob sucumbiu durante execranda sessão de tortura.

Não satisfeito com o espetáculo do sangue inocente, derramado no cárcere da injustiça romana, a mente perversa do pretor da cidade sentenciou os demais condenados à escravidão injustificável, mandando que igualmente todos os integrantes das famílias presas fossem apartados uns dos outros.

Relatar a dor que consumiu os corações de Athina e Ilia, mãe e filha, bem como aquela que absorveu Nestório ao ver o único filhinho, Ciro, partir acorrentado na direção de trabalhos forçados num galeão romano, é tarefa inglória. De fato, cada qual foi mandado a diverso destino sob o guante da escravidão, vendidos por ordem da autoridade provincial aos interesses de altos dignitários do patriciado romano.

Enquanto André fora mandado a serviço na distante Hispania Baetica, Athina rumou para a Galliae Lugdunense e Ilia foi servir como escrava de destacada família romana em Athenae. Ciro rumou, jovenzinho ainda, para trabalhos forçados na África e, finalmente, Nestório teve o destino invariavelmente atado ao da Palestina distante, onde, mais tarde, viria a servir com grande devotamento ao tribuno Calius Flavius, em Jerusalém.

O resgate de passados delitos operava, nesses sucessos, o reajuste da lei de justiça a presidir os destinos dos descendentes de Jacob.

Por sua vez, foi o ancião recebido na Espiritualidade pelas hostes amorosas do Cristo, que vieram saudar o valor do seu testemunho no limiar da nova vida.

Um horizonte de novos compromissos, na senda evolutiva de cada um, descerrava-se aos familiares de Jacob.[1]

---

[1] Vide nota do autor espiritual à página 537.

Desde o inesquecível encontro com o apelo cristão manifesto pela oratória de Ignácio de Antioquia, as sólidas convicções da tradição greco-romana de Plinius e de Calpúrnia ficaram abaladas.

Embora continuassem a guardar o culto exterior às mais caras celebrações dos seus numes tutelares romanos, a verdade é que, no íntimo, surpreenderíamos o casal em longas divagações filosóficas sobre a presença inequívoca do Cristo em suas vidas.

Não raras vezes, vê-los-íamos indagando, no imo d'álma: "Quem seria o Cristo a empolgar o coração de multidões ignorantes e aflitas? Quem haveria de ser Jesus de Nazareth, cujas novas concepções acerca da verdade abalavam os alicerces poderosos de Roma? Que Mestre seria aquele a empolgar até os representantes mais ilustres das famílias patrícias? Quem seria Jesus?"

O fato, porém, é que o terreno de seus corações começava a se preparar para receber no futuro as sementes benditas da Boa Nova do Evangelho do Cristo, renovando-se-lhes os caminhos no mundo.

Prosseguindo com suas obrigações junto ao Império, Plinius seguiu para assumir finalmente o posto de governador da Bithynia e do Pontus, sendo acompanhado pela esposa e pelo filho.

Deliberou visitar todas as principais cidades da província, auscultando-lhes, "in loco", o desenvolvimento e os problemas, o progresso e as necessidades básicas de cada qual. Era preciso agir com cautela numa província que havia acusado os cinco últimos governadores por corrupção, peculato e malversação dos recursos públicos.

A situação política e econômica da Bithynia era bastante precária, guardando complexos meandros da delicada relação entre a elite local, formada por senhores de terras, que governavam as cidades, e as autoridades romanas, encarregadas de comandar as tropas imperiais, de administrar o sistema judicial e de supervisionar a inspeção e a execução financeira dos projetos de cada uma delas.

Desde a conquista definitiva da região para os domínios de Roma, levada a efeito pelo grande general Pompeu, uma grande transformação socioeconômica se processara.

As antigas e mais importantes cidades da costa do Euxinus perderam sua importância para as novas cidades que se construíram no interior em honra aos romanos. Elas não mais controlavam as rotas de comércio provenientes do Mar Negro e assistiram a classe dos comerciantes e dos mercadores imigrar para os novos centros.

Esse movimento, paulatino, mas vigoroso, acabou ocasionando um realocamento da valorização das novas terras, em detrimento da rica elite proprietária de terras na costa euxina.

Tal desequilíbrio acabou afetando a saúde econômica de toda a região, que não pôde mais ignorar a crise financeira que grassava em seu seio.

Eis por que o imperador Trajanus depositara em Plinius Segundus as mais altas esperanças, de que sob a sua lúcida orientação a ordem seria restaurada, assegurando-se, ao mesmo tempo, que o sistema fiscal romano se mantivesse intacto.

A responsabilidade do governador exigiria dele um grande tato político, uma vez que teria que contar com o apoio e a cooperação da elite local, mantendo, concomitantemente, a dominação romana longe de possíveis focos revoltosos.

A condução dos assuntos e dos interesses do Império na Bithynia por Plinius Segundus foi exemplo de prudência e de eficiência.

Seu comportamento sensato e escrupuloso ao extremo atingiria finalmente os objetivos colimados de pacificação e equilíbrio da problemática província.

Consoante seu desejo de visitar cidade a cidade, Plinius iniciou seu governo em Prusa. Lá ele teve de julgar um antigo colega de origem grega, também como ele pupilo de Nicetes de Smyrna, o grande orador Dio Cocceianus, conhecido por todos como Chrysostomos, "boca de ouro", acusado injustamente por Claudius Eumolpus do crime de "lesa majestade".

O julgamento teve de se estender até à cidade de Nicaea e não terminou senão com a resposta do próprio imperador Trajanus a uma carta de Plinius, inocentando o acusado.

O prestígio de Plinius atingira culminâncias!

Ao mesmo tempo que mostrava quem estava no efetivo comando do poder, sabia articular-se com maestria junto às pretensões da superioridade da cultura grega e os assuntos a envolver a elite, senhora das terras da Bithynia e do Pontus.

Em Nicaea e em Nicomedia, os setenciados a trabalhos forçados nas minas, libertos para se tornarem escravos do serviço público, tiveram a nova condição sacramentada pelo novo governador.

Em Aphamea, conseguiu contornar a recusa do administrador citadino em submeter à sua supervisão os documentos das finanças públicas da cidade, apelando também para o imperador.

Depois disso, sabiamente colocou todas as cidades da região em contenção legal das despesas públicas. A partir de certa soma de dinheiro, instituiu que os administradores citadinos haveriam de pedir a permissão do governo imperial para os seus investimentos e construções.

Sua experiência junto ao sistema de águas e esgotos de Roma foi essencial para que se desincumbisse a contento de suas responsabilidades na Bithynia.

Sob o seu comando, foram construídos os esgotos de Amastris e de outras cidades: o canal de ligação entre a cidade de Nicomedia e o lago Sapanca Göl, além do canal ligando os rios Melas e Sangarius, que acabaria ligando Nicomedia ao Euxinus e ao interior central de Anatólia, facilitando a irrigação dos campos, a agricultura, o transporte e o comércio da região com a capital da província.

Como comissário das finanças, Plinius agiu com pulso firme, confiscando propriedades para restabelecer as finanças públicas das cidades de Tieum e Heraclea.

Pretendeu ainda construir um aqueduto em memória de Trajanus, um teatro em Nicaea e termas públicas em Claudiópolis. Sua ação se estendeu a Cyzicus, Khios e à Chalcedon na Bithynia até às cidades mais distantes do Pontus, como Sinope e Amisus.

De fato, seu diligente governo na província acabaria por reorganizar as finanças públicas, adequadamente apaziguando os ânimos da elite local, granjeando das autoridades romanas da capital do Império grande admiração pelo sucesso alcançado, atribuído ao pragmatismo de sua prestimosa condução dos assuntos de Estado.

Um fator, contudo, dominaria as preocupações cada vez maiores do governador: o Cristianismo.

Desde o seu contato com Ignácio, interessara-se por todas as notícias que envolvessem os prosélitos da doutrina cristã.

Com paternal interesse, lançara-se pessoalmente ao exame dos processos das autoridades constituídos contra os adeptos do Crucificado galileu.

Embora não se julgasse com forças suficientes para opôr-se às perseguições, afrontando a dignidade patrícia, Plinius esforçou-se para prevenir os excessos injustificáveis.

Os cristãos eram acusados dos maiores absurdos: crimes hediondos, feitiçarias, incestos, sortilégios e até mesmo canibalismo.

Plinius desdobrou-se nos bastidores para coibir semelhantes excessos, inocentando os infelizes perseguidos.

Notícias desse tempo, a retratar a luta interior que se travava em seu espírito, podem ser resgatadas em uma de suas célebres cartas ao imperador Trajanus, lembrada como a carta de número 96, de seu décimo livro:

"Ao Imperador Trajanus -

É uma regra, senhor, a qual eu inviolavelmente respeito, consultar-vos em todas as minhas dúvidas, pois quem é mais capaz de guiar minha incerteza ou informar minha ignorância? Como nunca estive presente em qualquer julgamento de cristãos,[2] não estou familiarizado com o método e os limites a serem observados, tanto em examiná-los ou puni-los. Se alguma

---

[2] Vide nota do autor espiritual à página 537.

diferenciação deverá ser feita a respeito da idade, ou nenhuma distinção permitida entre os mais jovens e os adultos; se arrependimento consente ao perdão, ou se um homem, tendo sido uma vez cristão para nada lhe adianta retratar-se; se a mera profissão do Cristianismo, embora sem crimes, ou somente os crimes com ele associados são puníveis - em todos esses pontos eu estou em grande dúvida.

Enquanto isso, o método que tenho observado em relação àqueles que têm sido denunciados a mim como cristãos é este: eu os interrogo se eles são cristãos; se eles o confessam, eu repito a questão a segunda vez, adicionando a ameaça de punição capital; se eles, ainda assim, perseverarem, ordeno-lhes que sejam executados. Pois qualquer que seja a natureza de seu credo, eu posso, ao menos, não ter dúvida nenhuma de que sua contumaz e inflexível obstinação merece um castigo. Houve outros igualmente possuídos da mesma fascinação, mas por serem cidadãos de Roma eu os mandei ser transferidos para lá.

Essas acusações se espalharam (como usualmente é o caso) pelo mero fato do assunto estar sendo investigado e diversas formas do engano vieram à luz. Um cartaz foi colocado, sem qualquer assinatura, acusando um grande número de pessoas por nome. Aqueles que negaram que eram, ou tivessem sido algum dia, cristãos, e que repetiram diante de mim a invocação aos deuses, e ofereceram adoração, com vinhos e incensos, à vossa imagem, a qual tinha ordenado que fosse trazida para esse propósito, junto àquelas dos deuses, e finalmente aqueles que amaldiçoaram a Cristo (nenhum dos tais atos, é sabido, aqueles que realmente são cristãos podem ser forçados a fazer), estes eu julguei apropriado absolver. Outros que foram nomeados por aquele informante, que primeiramente se confessaram cristãos e depois o negaram; deveras, eles tinham sido daquela persuasão, mas desistiram dela, alguns três anos atrás, outros muitos anos, e alguns poucos tanto como vinte e cinco anos atrás. Todos eles adoraram a vossa estátua e as imagens dos deuses, e amaldiçoaram a Cristo.

Eles declararam, contudo, que a soma total de sua culpa ou erro remonta a não mais do que isto: eles têm se encontrado regularmente antes da aurora, numa data fixa, para cantar versos alternadamente entre si, em honra a Cristo como a um deus, e também para se vincularem por juramento, não para algum propósito criminoso, mas para se absterem de furtar, de praticar o adultério, de cometer abuso de confiança, ou de recusar um depósito quando convocados a quitá-lo; depois disso tem sido o costume deles se dispersarem para se reunirem depois para se alimentarem de uma forma simples e inofensiva. Mas mesmo essa prática, contudo, eles abandonaram depois da publicação de meu édito, pelo qual, de acordo com vossas ordens, eu tive proibido todas as associações políticas. Julguei assim tão mais necessário para extrair a verdade, com a colaboração da tortura, de duas mulheres escravas, que eram denominadas diáconas: mas não pude descobrir nada além de uma superstição depravada e excessiva.

Eu, por conseguinte, adiei os processos, e submeto-me de uma vez por todas ao vosso conselho. Quanto ao assunto, me pareceu bem apropriado consultar-vos, especialmente considerando-se os números envolvidos. Pessoas de todas as classes e idades, de ambos os sexos estão, e estarão, envolvidas nesses processos. Visto que essa contagiosa superstição não está confinada apenas às cidades, mas tem se espalhado através das vilas e distritos rurais, parece possível, contudo, contê-la e curá-la. Estai certo ao menos que nossos templos, os quais têm estado quase desertos, começam agora a ser frequentados novamente; e que os festivais sagrados, depois de uma longa intermitência, estão novamente revividos; enquanto há uma demanda geral por animais de sacrifício, os quais, nos últimos tempos, não encontraram senão alguns poucos compradores. Por consequência, é fácil imaginar as multidões que podem se regenerar desse erro se uma porta for deixada aberta ao arrependimento".

A missiva de Plinius Segundus recebeu a necessária guarida no espírito do imperador Trajanus, que, sucintamente, respondeu-lhe, nestes termos:[3]

---

[3] Vide nota do autor espiritual à página 537.

"Meu caro Plinius,

O método a que te tens dedicado, na investigação dos casos daqueles denunciados à tua autoridade como cristãos, é extremamente apropriado. Não é possível estabelecer qualquer regra geral, a qual possa ser aplicada como critério fixo em todos os casos dessa natureza. Nenhuma busca deve ser empreendida por essas pessoas; quando forem denunciadas e julgadas culpadas deverão ser punidas; com a restrição, no entanto, de que quando alguém se nega a ser cristão, e deverá dar provas de que não o seja - tal como por adorar a nossos deuses, deverá ser perdoado nas bases do arrependimento, mesmo que possa ter incorrido em suspeição anteriormente. Informações sem a assinatura do nome do acusador não deverão ser admitidas como evidências contra alguém, já que isso é a introdução de um precedente muito perigoso, e de modo nenhum conforme o caráter de nossa época".

Capítulo XLVIII

OBSESSÃO
ANO 112

A azáfama do poder absorvera as responsabilida-des de Plinius Segundus em todas as cidades da Bithynia e do Pontus. Se nos primeiros tempos concentrou seus esforços em terras da Bithynia desde Cyzicus, Khios, Prusa, Chalcedon até Nicaea, Nicomedia e Heraclea, desde meados do ano 112 guardara certa predileção pelas terras mais distantes do Pontus. Tanto Plinius quanto Calpúr-nia encantaram-se com a beleza da cidade de Sinope, onde fixaram residência por um bom período.

A aragem marítima do Pontus Euxinus lhes fazia gran-de bem, relembrando-lhes, com saudades redobradas, de sua herdade do Laurentino, perto de Roma, à beira do Mediter-râneo. A visão da alegre e soberba cidade diante da ilha de Scopelus inundava-lhes o espírito de doces recordações.

Enquanto Plinius se consumia nos assuntos de Estado, Calpúrnia aproveitava a sua grande vivacidade intelectual para inteirar-se do patrimônio cultural daquela região tão cara ao seu coração.

Procurava instruir-se sobre a música, a escultura, a pintura, a arquitetura e as artes em geral, favorecida pelo grande influxo de artistas e poetas que buscavam em Sinope o clima ideal para se exprimirem, de acordo com as tradições libertárias da cidade do Euxinus.

Calpúrnia aproveitava também a ocasião para cuidar pessoalmente da educação do filho Marco Antonius, seguindo uma orientação mais humanista que militarista, divergindo nesse particular do "modus educandi" das tradições das famílias romanas. Por isso mesmo, as excursões culturais de mãe e filho eram muito frequentes por toda a região, e, no espaço de um ano, estiveram em inúmeras cidades, dentre as quais Samisene e Gangra, na Paphlagonia, além de Pompeiópolis, Amisus, Amasia, Ístria e Apollônia Pôntica, no Pontus.

Em Apollônia Pôntica, foram recebidos com grande amabilidade e doçura por nobre matrona romana, que guardava viva predileção pelos escritos poéticos. Tratava-se de nossa inesquecível discípula de Ignácio de Antioquia, Blandina.

Muito embora sua origem romana, a venerável matrona dedicara-se com afinco à tarefa cristã. Blandina, desde que conhecera a palavra de Jesus por meio de Ignácio, havia se convertido num verdadeiro dínamo amoroso de amparo às crianças de Apollônia Pôntica. Seu exemplo espalhara-se por toda a parte da província.

Não demorou muito para que Calpúrnia e o filho se inteirassem de suas predileções em matéria de fé.

Embora reticente e temerosa de maiores complicações com o marido, Calpúrnia acabou por conhecer-lhe o amplo movimento em favor da infância cristã.

Logo logo Marco Antonius afeiçoou-se a Cefas, o colaborador mais destacado da nobre Blandina. Uma grande afinidade estabeleceu-se entre eles. Enquanto Calpúrnia se entretinha no conhecimento da literatura poética da região com a vivacidade de Blandina, vezes sem conta o jovenzinho, pretextando brincar com a criançada, acabava ouvindo as narrativas emocionadas de Cefas sobre a personalidade de Ignácio de Antioquia em torno da mensagem do Evangelho de Jesus Cristo.

Um misto de deslumbramento e temor lhe dominava então o espírito em sobressalto, uma vez que, a essa altura, já não ignorava a sina de perseguição e de morte a espreitar os caminhos dos adeptos do Cristianismo.

Lembrava-se com lágrimas nos olhos da figura inesquecível de Ignácio, que conhecera em Ephesus, sem se esquecer jamais da impressionante personalidade de João Boanerges. Em seu íntimo, indagava: "Onde estariam, àquela altura, os dois apóstolos de Jesus? E onde estariam, igualmente, sua amiguinha Ilia e sua mãezinha Athina?"

Por quase dois meses permaneceram em Apollônia Pôntica, desfrutando da companhia generosa de Blandina, como cicerone dedicada e solícita.

De volta a Sinope, contudo, um incidente acabaria por marcar-lhes irremediavelmente os destinos.

Um dos guardas que acompanhavam Calpúrnia e o filho em suas excursões constantes, de nome Sextus Pocrius, solicitou especial audiência ao governador. O áulico trazia o espírito sombrio, no qual armazenara uma aversão injustificável a tudo que se relacionasse ao Crucificado da Galilea. Detestava-lhe os prosélitos, enxergando em qualquer núcleo do Cristianismo nascente uma célula de atividades subversivas contra o poderio orgulhoso do Império Romano. Em sua mente doentia, julgou precipitadamente que a senhora e o filho do governador haviam caído nas malhas sacrílegas de Cefas e de Blandina em Apollônia Pôntica, cedendo às fascinações cristãs.

Com os olhos esgazeados e a voz soturna, pintou um quadro de desvios e de perigos para os ouvidos atentos de Plinius Segundus, concluindo que a nobre Calpúrnia e o filho já estariam sob a influência da doutrina perniciosa do Nazareno.

Plinius escutou-lhe o relato cheio de detalhes e minudências, sem disfarçar o assombro e o mal-estar que a ocorrência lhe causara.

Homem de característica mais fria e ponderada no trato da coisa pública e nas responsabilidades de Estado, não pôde controlar o acesso de cólera quando Sextus Pocrius, em seu relato infame, referiu-se de forma desairosa à própria honra de Calpúrnia, supondo ilícitas ligações da senhora do governador com o pregador cristão de nome Cefas, em Apollônia Pôntica.

Sextus Pocrius, interessado em ganhar a confiança do governador, e examinando-lhe as mínimas reações das expressões fisionômicas em choque, exultava ao verificar o sucesso de sua escusa empreitada.

Com a mente turbilhonada pela intriga infamante, Plinius quedou-se em angustiante mutismo durante mais de quinze dias.

Debalde Calpúrnia e o filho tentaram buscar-lhe o carinhoso convívio de antes. Apenas encontraram frieza e distância.

Após comissionar, a peso de ouro, o silêncio de Sextus Pocrius a respeito dos sucessos de Apollônia Pôntica, ordenou ao lacaio que pessoalmente se encarregasse do desmantelamento das atividades cristãs daquela cidade do Pontus Euxinus.

Diversos cristãos foram trancafiados nas prisões, sob a coordenação de Pocrius, dentre os quais Blandina, Julius e Cefas.

Apelos comoventes chegaram em palácio ao conhecimento de Calpúrnia Lucretia. Mas, ao invés de concorrer para a soltura dos acusados, a sua súplica ponderada e lúcida em favor dos adeptos do Cristo apenas contribuiu para que os ânimos do marido se acirrassem.

Plinius vira em seu gesto uma conivência detestável a denunciar-lhe o desvio de caráter e conduta. Uma irrefreável onda de repugnância dominou-lhe o espírito envenenado pela calúnia torpe.

Sua personalidade, dantes cheia de lucidez e brandura, ensombrou-se com o monstro da revolta e da cólera. A suposta traição da mulher amada era infâmia que não podia suportar. Atribuía, finalmente, o desvio da esposa adorada ao perigo do encantamento cristão. Sentia na própria carne o infortúnio provocado pelos sortilégios galileus.

Debalde as lágrimas sentidas de Calpúrnia procuraram tocar o coração do marido. Ele havia se encerrado numa muralha inexpugnável.

Julgando-a prematuramente simpática ao Cristianismo, ordenou-lhe a volta imediata à capital do Império, proibindo-a de qualquer contato com a província e impondo pesado silêncio sobre a tempestade moral que se abatera sobre sua casa. Dessa forma, agiria de acordo com a própria rotina dos procedimentos que havia sugerido ao imperador no trato dos processos contra os cristãos, sem permitir a exposição pública da própria desonra familiar.

Igualmente deliberara afastar da influência materna o filho desviado da dignidade militar patrícia pela educação artística de Calpúrnia. Daquele momento em diante, somente ele, Plinius, decidiria sobre o destino da educação do filho Marco Antonius, sobre quem Calpúrnia perderia todos os direitos.

De nada adiantaram protestos, lágrimas, súplicas e reclamações. A vontade férrea de Plinius cavou uma vala intransponível na realidade do casal, distanciando temporariamente as suas almas gêmeas no amor.

À Calpúrnia não restou outra alternativa senão ceder às determinações do marido.

Depois de despedir-se enternecida e compungidamente do filho adorado, partiu para Roma acompanhada por grande séquito de escravos e vigilantes.

Nunca mais pôde Calpúrnia rever em vida o filhinho adorado. Retornando a Roma, recolheu-se em profunda solitude do coração desalentado, alheando-se de qualquer convívio social. A depressão nervosa acabou por ceifar-lhe a vida prematuramente.

Marco Antonius foi enviado temporariamente aos cuidados do velho amigo de Plinius, Publius Cornelius Tacitus, e sua esposa Corellia Agrícola, com finalidades educacionais.

Tacitus, desde um ano antes, havia sido designado procônsul da província da Ásia, com sede em Ephesus, e, por isso mesmo, a cidade dos efésios foi o destino do menino.[1]

Sextus Pocrius cuidou pessoalmente do assassínio de Cefas na prisão em Apollônia Pôntica, onde igualmente faleceu a matrona Blandina de maus tratos, antes que pudesse se beneficiar de um justo julgamento.

A tempestade familiar, entretanto, fez com que o espírito de Plinius se desinteressasse pela política do Império.

Pesadas nuvens encobriram-lhe o raciocínio com sombrios pensamentos. Deixou-se levar pela correnteza de desanimadora tristeza.

Abandonou o Pontus para desincumbir-se de seus deveres em Nicaea da Bithynia, guardando o desejo secreto de pôr fim à própria vida.

O próprio imperador Trajanus, ciente do estado emocional de Plinius e preocupado com os interesses de Roma, enviou o cônsul Cornutus Tertullus para tomar pé da situação em Nicaea.

Cornutus Tertullus se fez acompanhar de Lucius Catilius Severus, procurador do Império com a missão de se ocupar da administração fiscal do reinado da Armênia recentemente anexado à Cappadocia, e designado "legatus" da Armênia por Trajanus.

Cornutus Tertullus afligiu-se sobremaneira com o estado depressivo em que encontrara Plinius, recomendando-lhe ausentar-se do posto, em busca de repouso.

O imperador, inteirando-se do assunto, ordenou a substituição de Gaius Plinius Caecilius Segundus por Cornutus Tertullus para governador da Bithynia e do Pontus.

A mente enferma de Plinius ainda encontrou forças para engendrar o assassínio de Sextus Pocrius, desejoso de sepultar para sempre a memória de sua suposta desonra.

Em meados do ano 114, Plinius retornou finalmente a Roma, trazendo consigo muitas indesejáveis e perniciosas companhias espirituais das sombras.

---

[1] Vide nota do autor espiritual à página 537.

Não demorou muito para que os perseguidores desencarnados, entre os quais Publicius Certus e Sextus Pocrius, aproveitando-se da influência nociva e inconsciente de sua segunda esposa, Pompeia, incutissem nele a tenebrosa ideia de suicídio.

Rendendo-se aos apelos das sombras, em detrimento do apoio espiritual de abnegados amigos, dentre os quais seus pais e seu tio, Plinius cedeu à tentação do extermínio da própria vida, tomando, inadvertidamente, poderoso veneno.

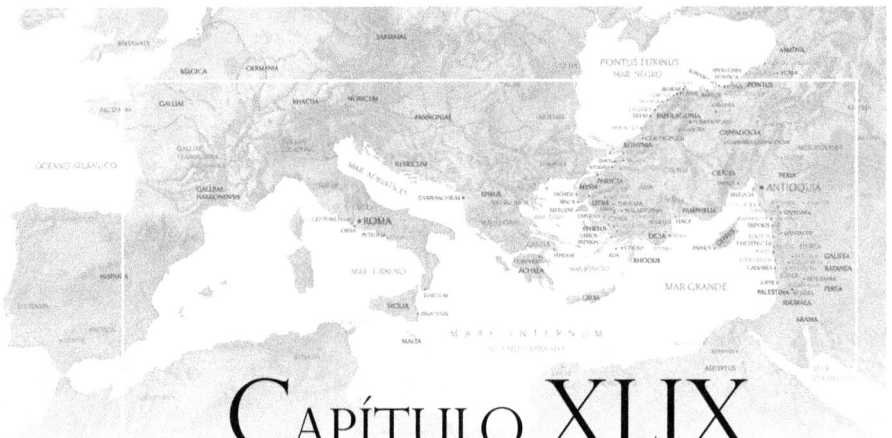

Capítulo XLIX

JUSTIÇA

ANO 110|115

Assim que foram libertados em Ephesus, Ignácio de Antioquia e Alexandre de Jesus deliberaram partir de volta à Syria. Ambos traçaram cuidadoso roteiro, contando com a colaboração e a bondade de inúmeros companheiros de fé. Provisões amigas foram postas à disposição dos viajantes. Dois cavalos robustos foram cedidos pela generosidade de Heleno para facilitar-lhes a longa viagem. Dois varões, ainda jovens, da igreja dos erminiotas e dos efésios pediram permissão a Heleno para acompanharem Ignácio e Alexandre até à Syria, sedentos de novos conhecimentos doutrinários. Os dois diáconos, Burrus e Crocos, apresentaram-se cheios de fervor e alegria. Ignácio os recebeu de coração aberto, reafirmando-lhes que seriam de certo muito úteis às atividades antioquenses. E, no trajeto, colaborariam nas tarefas de evangelização. A caravana, então, contando com quatro participantes missionários, partiu em meio a grandes esperanças.

Por sua vez, Patius, logo após a partida dos amigos para a Syria, e não tendo mais a presença de João em Ephesus, foi inspirado por generosos mentores da Espiritualidade a tomar o rumo da capital do Império. Lá acabaria por se juntar à grande família cristã romana, onde desempenharia relevantes serviços à causa do Cristo.

Heleno, no entanto, alquebrado no corpo por insidiosa doença, fruto de noites em claro despendidas no amparo aos sofredores e enfermos de toda sorte, não resistiu, partindo desta vida para a pátria espiritual. A partir daí, a direção dos destinos da igreja dos efésios recaiu nos ombros robustos do ainda jovem presbítero Onésimo.

De Ephesus a caravana de Ignácio estacionou algum tempo em Smyrna, na companhia amorosa de Policarpo.

De Smyrna a caravana visitou a igreja de Philadelphia, onde todos apoiaram o entusiasmo de Dafnos e de Eleutério por quase um mês.

Em seguida, a caravana partiu na direção de Magnesia do Meandro, onde se demorou por mais de dois meses na companhia alegre de Damaso, dos presbíteros Basso e Apolônio, e do diácono Zócio.

Da cidade de Magnesia de Cária nossa caravana decidiu invernar na cidade dos tralianos, aproveitando a oportunidade para apoiar decisivamente as tarefas cristãs a cargo de Políbio.

Na primavera de 111 da nossa Era, finalmente a caravana, sob a orientação de Ignácio, tomou um galeão mercante em direção à Syria, navegando pela costa da Lycia, da Pamphylia, de Cyprus e da Cilícia até atingir a cidade costeira de Loadicea da Syria.

Os ares de sua adorada Syria fizeram com que Ignácio se sentisse imensamente feliz, revigorado de forças novas para o serviço cristão.

A caravana dos viajantes partiu de Loadicea até atingir as margens cariciosas do Rio Orontes, seguindo até à capital da Syria.

Antioquia apresentou-se-lhes com a mesma magnificência de outrora.

Burrus e Crocos não se continham de felicidade por finalmente poderem conhecer uma das principais cidades do Império.

A cidade era rica das mais caras tradições do Cristianismo nascente. No âmago do espírito de todos eles, as mais ternas alegrias suscitaram grandes esperanças.

Ignácio conduziu a caravana para a antiga residência de Manahen, transformada em eficiente núcleo de serviços cristãos de amparo às criancinhas carentes e indefesas. Lá estavam para recebê-los, com a alegria de sempre, Trófimo e Tíquico.

No dia seguinte, na companhia dos amigos, Ignácio apresentou-se novamente às atividades da igreja antioquena, reassumindo, por insistência dos fiéis que o receberam jubilosos, a condução das atividades em curso.

Por mais de dezoito meses as tarefas cristãs prosseguiram em seu pleno desenvolvimento, sob a direção lúcida de Ignácio de Antioquia.

Nesse período, encorajados pela presença dos amigos, Trófimo e Tíquico partiram para a Cilícia, com a finalidade de estacionarem por algum tempo em Tarsus e de lá demandarem, mais tarde, as terras da Cappadocia. Levariam com eles amorosas cartas de João Marcos, sobrinho do inesquecível Barnabé cipriota, além de carinhosas recomendações do próprio Ignácio.

A segunda metade do ano 113, no entanto, trouxe sombrias inquietações a todo o Império Romano.

O rei da Armênia, Tiridates, reconhecido por Roma, foi deposto pelo sucessor de Pacorus no Reino Partho - o rei Chosroès.

Num rápido movimento no tabuleiro do poder político da Ásia, Chosroès indicou o príncipe partho Axidarès para o trono da Armênia.

Todo o exército romano se preparou na surdina para a guerra. Em 27 de outubro, Axidarès mandou uma embaixada até Athenae no encalço de Trajanus, a fim de obter o compromisso do reconhecimento de Roma de seu sucessor ao trono da Armênia, o filho Parthamasiris.

Mas Trajanus rejeitou qualquer acordo diplomático.

Em fins de 113 da nossa Era, com toda a pompa e circunstância que a ocasião propiciava, o imperador Trajanus chegou a Antioquia da Syria, onde se instalou nos magníficos palácios imperiais da cidade, com toda a sua corte de áulicos e generais romanos. A partir de Antioquia, os estratagemas militares para a guerra contra o Reino Partho foram minuciosamente planejados.

Um ambiente de grande medo e apreensão dominou os ânimos de todos os antioquenos, e, em especial, daqueles nossos irmãos dedicados ao ideal da concórdia, da paz e do amor cristãos.

Antioquia da Syria, dantes uma cidade multirracial, dedicada às artes e ao comércio, à tolerância racial e religiosa, e ao congraçamento das diversas nacionalidades do grande Império Romano, com suas avenidas e praças alegres e vibrantes, viu chegar o nevoeiro de pesadas sombras belicosas, na movimentação nervosa que sempre antecede a azáfama da guerra.

Ignácio e os seus irmãos de fé não ficaram indenes aos sombrios vaticínios.

A comunidade cristã orava com mais fervor, suplicando o amparo da Espiritualidade. Numerosos médiuns falantes e escreventes transmitiram confortadoras mensagens e edificantes avisos de preparação e vigilância.

O entrechoque das vibrações mais densas das trevas da ignorância deitaria novamente na face triste do mundo o seu manto de dores e de pranto.

Na primavera de 114, a engenharia romana abriu uma estrada na rota da Armênia até Trapezus - Trebizonda -, passando por Edessa, Melitene e Satala, por ordem de Trajanus. A ligação com o Euphrates estava posta à prova.

No verão daquele mesmo ano, Parthamasiris se apresentou diante de Trajanus, respeitosamente depondo a seus pés suas insígnias reais, buscando com essa atitude angariar o apoio formal de César ao seu trono.

Trajanus, contudo, mandou que Parthamasiris fosse preso e exilado para o Reino Partho. No caminho do exílio, contudo, fez com que o filho de Axidarès fosse assassinado.

Finalmente, o reino da Armênia foi trazido de volta ao domínio de Roma e anexado à província da Cappadocia. Seu primeiro e único legado romano, nomeado especialmente para se ocupar como procurador da administração fiscal, foi o ilustre Lucius Catilius Severus.

As tropas romanas, consoante a planificação meticulosa de vários anos de seus competentes estrategistas militares, empreenderia a invasão sangrenta do Reino Partho, que somente terminaria três anos depois.

Ainda em 114, o general Lucius Quietus conquistaria a Media. Em 115, Trajanus ocuparia a Mesopotâmia, transformando-a em província romana.

O sobrinho do imperador, Publius Aelius Hadrianus, que se havia distinguido como tribuno da II legião do exército romano em sucessivas campanhas militares, então legado romano no Oriente, passou a chefiar a campanha contra os parthos.

Os romanos avançaram sobre Nisibis e Singara até atingirem os arredores de Adiabène. A província da Mesopotâmia foi então definida como toda a extensão das terras entre os rios Tigre e Euphrates.

Eclodiram revoltas dos hebreus de Cyrene e do Aegyptus. Em Alexandria, gregos e judeus se repeliram como inimigos. Na Judea, Lucius Quietus instituiu um brutal governo de repressão. Ao norte do Império, eclodiu a revolta da Bretanha, que terminou com o massacre da guarnição de Eburacum.[1]

No ano seguinte, a capital partha, Ctesiphon,[2] foi, enfim, capturada e, com a conquista de Adiabène, Trajanus formou a província da Assyria, levando os domínios do Império

---

[1 e 2] Vide notas do autor espiritual à página 537.

Romano até às fronteiras do Golfo Pérsico.[3]

Nesse mesmo ano, a extensa revolta dos hebreus em Alexandria do Aegyptus, Cyrene, Cyprus, Grécia e Mesopotâmia foi violentamente reprimida.

As potências espirituais que presidem os destinos humanos da Vida Maior, no entanto, não se deixaram render pelo domínio das sombras.

Em finais de dezembro do ano 115, como a acordar os filhos da Terra, desviados da paz e da concórdia, um violento terremoto, de proporções devastadoras, sacodiu quase toda a Ásia, com seu epicentro localizando-se na província da Syria.

Extensos vilarejos e cidades foram literalmente destruídos: do Pontus, passando pela Armênia e Cappadocia, até à Syria.

Antioquia e Aphamea se transformaram num amontoado de escombros.

O orgulho romano foi ferido justo no centro nervoso de suas campanhas militares, como a lembrar-lhes da supremacia divina em seus destinos.

Para as atividades de reconstrução, que se iniciaram em 23 de dezembro de 115, o imperador Trajanus destacou o sobrinho Hadrianus.

Desnecessário frisar, contudo, que a astúcia do imperador, auxiliado pelo sobrinho, encontraria nos pacíficos irmãos da Cristandade o bode expiatório sobre quem recairiam as superstições do populacho inconsequente e ignorante, culpabilizando a fé cristã pela ira dos deuses.

Novas lutas e novas dores se avizinhavam dos amigos do meigo Rabi da Galilea.

---

[3] Vide nota do autor espiritual à página 537.

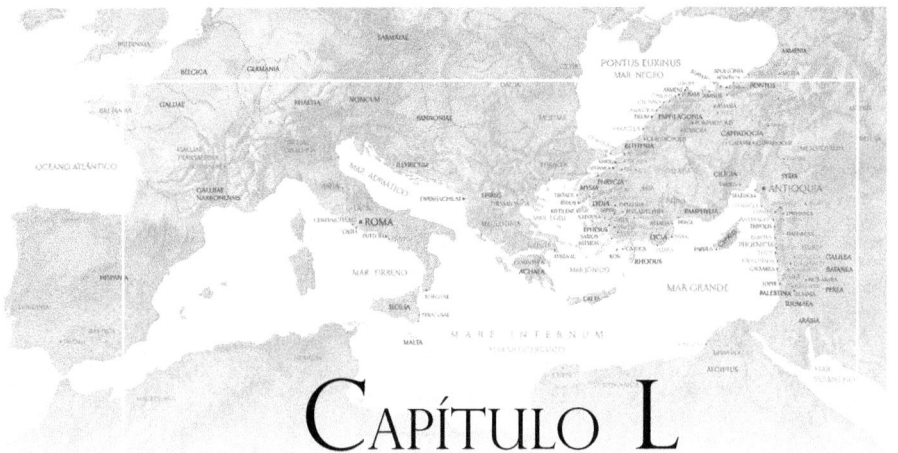

CAPÍTULO L

CONDENAÇÃO

ANO 116|117

As consequências devastadoras do terremoto foram deveras penosas para a comunidade antioquena. Os cristãos da cidade foram os únicos que se predispuseram a colaborar no afã de acudir as inumeráveis vítimas da tragédia. Tendas improvisadas de socorro aos mutilados se estendiam às casas cristãs de orações. Órfãos eram acolhidos nas creches mantidas pela generosidade dos adeptos mais abastados da doutrina cristã. Velhinhos desamparados eram socorridos em casas de famílias devotadas ao Nazareno. Para a maioria dos habitantes da devastada Antioquia da Syria, contudo, uma onda de temerosa superstição tomou conta dos ânimos abatidos. Em pouco tempo, um burburinho incontrolável e inconsequente passou a atribuir a causa da tragédia natural à ira dos deuses do Olimpo.

Astutos, os áulicos do imperador Trajanus agiram com presteza. Antes que o povo impressionável pudesse culpá-los dos morticínios da guerra injustificável como responsáveis pela ira dos deuses, trataram de localizar tal responsabilidade no avanço detestável da fé cristã, tomada como feitiçaria perniciosa e maléfica.

O próprio Hadrianus foi um dos que se empenharam com mais veemência na difusão da notícia por todo o Império.

A ideia infeliz não teve dificuldade de empolgar a mente enfermiça de quantos se davam pressa em solucionar as intrigantes questões do destino e da dor com manifesta irresponsabilidade.

A breve tempo, as comunidades cristãs passaram novamente a ter a antipatia e a aversão dos cidadãos romanos devotados ao paganismo.

De nada valeram os seus testemunhos de solidariedade e amor para com os sofredores e as vítimas da tragédia. A calúnia e a maledicência grassavam em torno de suas santas atividades, espalhando-se no meio social com a força de vigoroso incêndio.

O mesmo povo, que na hora extrema da provação fora socorrido com benevolência e bondade pela dedicação dos valorosos amigos de Jesus, voltava-se contra seus benfeitores, tomados de ira e desconfiança.

As reuniões de fraternidade e de fé dos agrupamentos cristãos, dantes alegres, espontâneas e concorridas passaram a abrigar grande sentimento de temor e expectação. A frequência à casa cristã diminuía a olhos vistos. Grande receio tomou conta dos corações vacilantes na fé e no testemunho.

Ignácio de Antioquia, entretanto, auxiliado de perto por Alexandre de Jesus, não esmorecia nunca.

Apesar de já octogenário, fazia questão de presidir a todas as deliberações da comunidade, atendendo igualmente às responsabilidades doutrinárias de esclarecimento e consolo nas reuniões vespertinas. Visitava os enfermos, consolava os aflitos, esclarecia os sequiosos de orientação, desdobrando-se com devotamento impressionante ao dever de servir a Cristo Jesus.

Não raro, diante dos espíritos vacilantes e temerosos quanto ao próprio testemunho de fé, dirigia-se-lhes, numa exortação, mais ou menos nestes termos:

- Meus filhinhos, nós temos que nos inflamar de amor,

temos que nos iluminar no amor de Deus, que Jesus veio nos ensinar. Amai-vos uns aos outros: essa é a chama inapagável que haverá de nos guiar nas sombras deste mundo. O amor de Jesus é o nosso combustível, que nunca se extinguirá, alimentando-nos de fé e esperança. Nossos corações devem abrigar esse fogo ardente de amor por Cristo para que nos amemos uns aos outros. Meus filhinhos, Jesus mora porta adentro de nosso peito!

Por sugestão de Hadrianus, o imperador Trajanus ordenou a captura dos líderes cristãos na cidade capital da província da Syria.

Numa ensolarada manhã do mês de julho de 116, uma guarnição da guarda pretoriana do governador da Syria, Caius Julius Quadratus Bassus, invadiu os humildes aposentos de Ignácio de Antioquia, na antiga residência de Manahen.

As ordens do encarceramento partiram de Bassus, cumprindo diretas recomendações do próprio imperador.

Ignácio de Antioquia e Alexandre de Jesus foram acorrentados e levados presos sem piedade, como vulgares malfeitores.

Nossos personagens foram trancafiados no cárcere romano, sem qualquer direito à defesa e sem julgamento.

Durante a prisão, contudo, Ignácio não perdeu a oportunidade de pregar o Evangelho de Jesus aos companheiros de cela. A muitos consolava com a palavra das bem-aventuranças celestiais.

Havia mesmo entre os colegas de aprisionamento uma carinhosa disputa por sentar-se o mais próximo possível daquele venerável ancião para ouvir-lhe a palavra inspirada.

Alexandre, não raras vezes, emocionava-se até às lágrimas ao verificar a fibra inquebrantável de fé daquele espírito dedicado ao Cristo.

Nossos amigos foram esquecidos no cárcere por longos nove meses e a sanha política do Império Romano não parou.

O sobrinho do imperador, Hadrianus, foi elevado da condição de comandante das legiões do Oriente para ser sagrado governador da Syria, em substituição a Caius Julius Quadratus Bassus, então designado legado romano na província da Dácia.

O terrível Lucius Quietus ascendera ao posto de legado romano na Judea, onde, alguns meses adiante, instalaria violenta repressão. Com o auxílio de Marcius Turbo, as tropas romanas sob o seu comando execrando sufocaram a revolta geral dos hebreus desde Cyrenaica até Cyprus, passando por Alexandria do Aegyptus e Jerusalém da Judea. O resultado nefasto da turbulência romana, após semanas sangrentas: uma montanha de cadáveres das quase 500.000 vítimas que tombaram na repressão à revolta.[1]

Na primavera de 117, os ânimos nas províncias estavam exaltados. Sombras espessas dominavam o espírito das massas numa atmosfera de pesados amargores.

O próprio imperador Trajanus, cansado da guerra, resolvera abandonar o cerco da fortaleza de Hatra. Cedeu o comando da armada a Hadrianus e, por fim, desistiu do estabelecimento definitivo da província romana da Assyria. Concordou que o filho de Chosroès, Parthamaspatès, assumisse a coroa de um reinado partho diante de Roma. Deixou a linha frontal da batalha e retornou à capital do Império.

Antes, porém, estacionou uma vez mais em Antioquia da Syria para recuperar as forças alquebradas e abatidas.

Em Antioquia, resolveu dar curso ao julgamento de Ignácio, o líder inconteste do Cristianismo asiático.

Na segunda metade de abril, ele mesmo fez questão de rever a figura do discípulo daquele Cristo que, no íntimo, desprezava. Ordenou, então, que o prisioneiro fosse levado à sua presença.

Teve ímpetos de trucidá-lo ali mesmo, em palácio, com

---

[1] Vide nota do autor espiritual à página 538.

as próprias mãos, quase rendendo-se a acreditar na própria lenda criada por seus asseclas: a de que os últimos insucessos de seu governo deveriam ser atribuídos à ira dos deuses devido às atividades nazarenas.

Ignácio, um fiapo de vida que os maus tratos no cárcere reduziram à esquelética figura, foi arrastado violentamente à presença imperial, de pés e mãos acorrentados.

Feridas expunham filetes de sangue, manchando a túnica maltrapilha. Contudo, a imperturbável serenidade do apóstolo de Jesus, impondo-se pelo olhar percuciente e calmo, assombrou a arrogância imperial.

Um frêmito percorreu o espírito de Trajanus, que, aturdido, sussurrou a um de seus pajens:

- Ora, ora! Que força oculta deterá esse tal Cristo que tanto detestamos para inspirar tamanha tranquilidade no ânimo desse velho tolo?

Ignácio ouviu o remoque, sem se perturbar.

Respeitosamente, curvou-se ante a presença de César, conforme o protocolo que, à época, se impunha.

Após as leituras de praxe das peças acusatórias, Trajanus mirou Ignácio de alto a baixo, com manifesta inquietação, invejando-lhe, intimamente, a dignidade da fé.

Seus olhares se cruzaram. O imperador levantou-se agastado, denotando a irritação que o dominava. Depois, abruptamente, o abordou, perguntando:

- Quem és tu, espírito altivo e perverso, que ousas desobedecer às minhas ordens, incitando outros cidadãos do Império e meus súditos a seguirem tuas crendices e superstições?

Ignácio, que até então se mantivera em prece silenciosa, rogando o amparo do Alto, calmamente respondeu:

- Perdoai-me, majestade, a franqueza, mas jamais desobedeci às vossas ordens, nem incitei quem quer que seja a superstições e a crendices. Tudo o que fiz, até os dias de hoje, somente o fiz inflamado pelo amor imorredouro de Jesus Cristo, nosso Mestre e Senhor. Esse amor é o que nos mostra a vontade soberana de Deus, nosso Pai celestial. E é por isso que ouso retrucar-vos, que ninguém, nem mesmo a mais proeminente potestade terrena, de transitório poder, poderá chamar a Theophorus, aquele portador da verdade de Deus, um espírito altivo ou perverso.

Estupefato com a firmeza da resposta, tomado de cólera, Trajanus perguntou:

- E, por acaso, quem é Theophorus?

Ao que Ignácio respondeu, serenamente:

- Aquele que leva Cristo dentro de si, pois que Jesus Cristo é o Caminho, a Verdade e a Vida, e ninguém vai ao Pai senão por ele!

Perturbado com a lógica cristã, Trajanus, exasperado, gargalhou estrepitosamente, seguido de perto pela horda de seus aduladores e bajuladores de plantão.

Voltando-se para Ignácio, redarguiu-lhe:

- Queres com isso dizer que nós outros não levamos em nossos corações os deuses de nossas tradições mais sagradas, que nos ajudam contra todos os nossos inimigos?

Imperturbável, Ignácio respondeu-lhe:

- Vossa majestade vos equivocais quando chamais a deuses aqueles que não são senão representações dos espíritos protetores de vossa civilização. Isso porque há somente um Deus, que fez os céus e a terra, e todas as coisas sobre ela. E também há somente um Jesus Cristo, representante do reino de Deus na Terra, em cujo reino da bondade e do amor, da sabedoria e da luz desejo ardentemente ser admitido além-túmulo!

- Referes tu então àquele pobre carpinteiro, que foi crucificado sob as ordens de Pôncio Pilatos na Judea? - disse Trajanus, rindo-se, ironicamente, em seguida a essas observações.

Ignácio, guardando alguns minutos de silêncio para que as risadas de ironia cessassem no ambiente, respondeu-lhe:

- Sim, a Jesus Cristo, aquele que se imolou de amor pela humanidade ignorante e transviada, ensinando-a, em suprema renúncia, o exemplo de humildade e de perdão. Aquele cuja morte crucificou ao pecado e ao seu autor, e proclamou que toda malícia diabólica há de ser vencida por todos aqueles que o abrigam dentro do coração!

Trajanus redarguiu-lhe, na sequência:

- Então, tu levas Cristo dentro de ti?

Ao que Ignácio, sem titubear, respondeu:

- Sim, porque está escrito: "Viverei com eles e caminharei com eles!"

- Ora, ora! - exclamou ironicamente o imperador, voltando-se para a assembleia, estupefato com a coragem do destemido pregador cristão. - Estamos diante da presença do próprio Cristo e, assim sendo, bastar-nos-á arrancá-lo de dentro de teu coração para que ele venha a ter conosco!

A assembleia riu-se maliciosamente, dominada por espessas sombras espirituais, enquanto, enlouquecido de tirania, o imperador ordenava a um dos guardas violento açoite no peito do prisioneiro.

- Guarda, corta-lhe a carne do peito! Todos estamos curiosos para ver, enfim, esse tal Jesus! - ria insanamente do próprio sofisma.

Diversas chicotadas fizeram brotar do peito de Ignácio de Antioquia borbotões de sangue, empapando-lhe a túnica já rasgada pelos golpes impiedosos.

Depois de verdadeiro espetáculo de sadismo e soberba, Trajanus concluiu para a assembleia eletrizada pelas mais baixas vibrações do sentimento:

- Ora, vejam só! Não encontramos o tal Cristo no coração deste infeliz lunático! Eis por que só se pode concluir que ele não passa de um subversivo vulgar, que deverá ser punido exemplarmente pela ousadia de desafiar César e o Império de Roma!

E enquanto ordenava o suplício de cem bastonadas em Ignácio, ao intervalo de cada dez delas indagava-lhe:

- Ainda assim amas a teu Cristo?

Ignácio penosamente respondia:

- Eu amo Jesus!

Ao final do suplício, profundamente transtornado, Trajanus gritou, encolerizado:

- Mas onde está o teu Cristo que não te defende do suplício e da morte?

Ao que Ignácio ainda teve forças para dizer:

- Graças vos dou, Senhor Jesus, por me permitir dar-vos esta prova de amor perfeito e por deixar que me encarcerem e me supliciem por amor a vós!

Dito isso, desfaleceu exangue no chão de mármore pomposo e frio da sala de audiências imperiais.

Trajanus, um tanto quanto perturbado, mandou, então, lavrar a sentença condenatória:

- Basta, basta! Levai-o daqui, que está a infestar esta sala com a mancha de seu sangue cristão! Ordeno que o pregador seja condenado à morte nas festividades do Coliseum de Roma para que sirva de exemplo aos seguidores alucinados desse Cristo que detestamos. Que seja jogado às feras e que se lhe arranquem o coração na hora extrema para repasto dos porcos!

A assembleia dissolveu-se muda, guardando forte impressão.

Ignácio foi levado inconsciente para o cárcere, onde agonizou ainda por um mês, antes que pudesse recobrar a saúde e estar bem disposto para enfrentar a viagem em direção ao martírio na capital do Império.

O imperador Trajanus, no entanto, naquela ocasião, não poderia suspeitar que ele mesmo entregaria o corpo à morte em nove de agosto daquele ano 117, antes até do pregador por ele condenado.

Assim, na viagem de seu retorno triunfal à capital do Império, depois de anos de ausência nas campanhas militares de conquista, Trajanus sofreu, no porto de Selimonte da Cilícia, um ataque de apoplexia, que o deixou semiparalisado. Sofrendo de hidropisia e de problemas respiratórios, morreu aos 64 anos, sem que pudesse preparar a própria sucessão.

Uma carta de sua esposa Plotina ao Senado romano,

todavia, afirmava que a vontade de Trajanus em seu leito de morte era a de que o seu sucessor fosse o sobrinho Hadrianus.

Hadrianus foi, então, sagrado imperador, César de todos os romanos do Império.

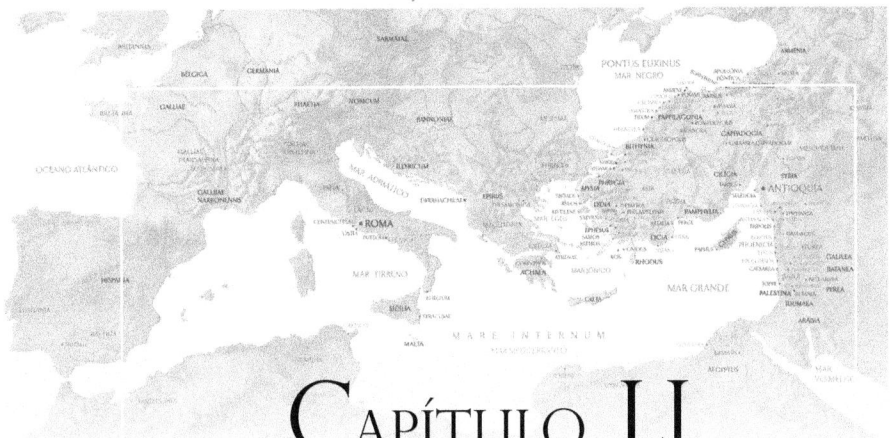

CAPÍTULO LI

DESIDERATO
ANO 117

A notícia da condenação à morte de Ignácio de Antioquia, dada pelo próprio imperador dos romanos, caiu sobre a comunidade cristã dos quatro cantos do Império como um raio, espalhando-se com rapidez. De Alexandria até ao Pontus Euxinus, das Gálias a Ephesus, o infeliz desiderato correu mundo, chegando a Roma num clima de grande apreensão.

Alguns cidadãos romanos, de alta posição social, que já haviam aderido aos ideais cristãos, puseram-se no afã de movimentar influências de Alexandria, Antioquia, Ephesus e Roma, pedindo a clemência do imperador. Alguns até se predispuseram a partir para Roma, precedendo a chegada do condenado querido, a fim de arregimentarem seus contatos em favor do condenado.

Ainda em Antioquia da Syria, restabelecendo-se dos ferimentos resultantes dos suplícios da fatídica audiência imperial, Ignácio passou a receber, na prisão, o carinho e a atenção de inúmeros visitantes.

Amigos da cidade, do círculo de atividades de fé, foram confortar-lhe o coração.

Criancinhas agradeciam-lhe as bênçãos da evangelização. Velhinhos doentes, recuperados nas casas de assistência cristã, foram expressar-lhe a gratidão. Generosas senhoras da plebe ofereceram-lhe suas preces derradeiras.

Ignácio, contudo, não se reconhecia digno de tamanhas manifestações de apreço e não raras vezes chegou a repreender os mais afoitos, recusando-se a receber tais homenagens.

Início de junho de 117.

Os preparativos para o transporte do prisioneiro à capital do Império estavam concluídos.

No dia aprazado, verdadeira multidão de amigos e fiéis companheiros foi se despedir do apóstolo.

A própria guarda pretoriana, encarregada de levá-lo até ao porto de Selêucia, inquietou-se aterrorizada com a aglomeração do populacho em torno da prisão.

Ignácio entregou-se sem qualquer resistência à brutalidade da soldadela. Deixou-se algemar nos pés e nas mãos, e seguiu com eles para a tomada da liteira, que os levaria ao Mediterrâneo.

Ao deparar-se, no exterior da cadeia, com a multidão acenando com lenços brancos e alvas rosas, o alquebrado ancião ainda teve forças para orar em alta voz em favor da igreja de Antioquia da Syria.

Ao final de sua sentida prece, acompanhado que foi com lágrimas nos olhos de quantos se lhe seguiam os passos, Ignácio apenas disse:

- Meus queridos companheiros de fé e ideal cristão, não vos esqueceis de que o trabalho prossegue sempre sob a augusta orientação de Cristo Jesus. Só a Jesus devemos os resultados das bênçãos celestiais que temos recebido da parte de Deus. Confiemos sempre em Jesus, minha gente!

O trajeto de aproximadamente vinte e cinco quilômetros até ao porto de Selêucia deu-se sem incidentes. No porto, a comitiva que levava o prisioneiro embarcou num galeão de cargas e passageiros com destino à Jônia, cujo itinerário margearia a Ásia, o Egeu, até chegar ao seu destino em Smyrna.

No mesmo navio, a comunidade cristã embarcou, disfarçadamente, os presbíteros Fílon e Agátopo, com a missão de acompanharem, passo a passo, o prisioneiro do Cristo.

Durante todo o trajeto, Ignácio seguiu vigiado de perto por um grupo de dez soldados da guarnição pretoriana de Antioquia.

Homens totalmente rudes, de índole violenta e selvagem, atormentaram o velho cristão com toda a sorte de grosserias e achaques.

Quanto mais Ignácio os tratava com resignação e bondade mais se enfureciam, tomados de insânia.[1]

A cada ancoragem, Ignácio recebia a manifestação calorosa e amiga dos irmãos de fé, que iam saudá-lo. E sem nunca pensar nas homenagens recebidas, Ignácio aproveitava a ocasião para aconselhar aos fiéis e aos dirigentes daquelas igrejas da Ásia.

Foi assim na primeira parada em Tarsus da Cilícia, depois em Attalia da Pamphylia, mais adiante em Myra e Pátara da Lycia, além de Rhodus, e depois Cnidus da Cária, assim como também Miletus, Samos e Ephesus da Ásia, até chegarem ao destino final, em Smyrna.

O trajeto durou até fins de julho.

Em Smyrna, a comitiva desembarcou para breve pausa na viagem, aguardando outra nau que os levaria até à Mysia e à Thracia.

Nesses poucos dias, Ignácio trabalharia muito em prol da mensagem cristã.

Onésimo, bispo dos efésios, foi ter com ele e desse encontro surgiu sua famosa carta aos efésios, escrita na presença de Fílon, Agátopo, Onésimo, Burrus, Crocos, Euplos e Froton.

Nela, surpreendemos as célebres frases:

"Ainda mesmo que carregue grilhões pelo Nome,[2] ainda não cheguei à perfeição em Jesus Cristo. Pois somente agora é que começo a instruir-me e vos falo a meus condiscípulos."

"No acorde de vossos sentimentos e em vossa caridade harmoniosa, Jesus Cristo é que é cantado."

"Sois, assim, todos companheiros de viagem, portadores

---

[1] e [2] Vide notas do autor espiritual à página 538.

de Deus,[3] portadores de um templo, portadores de Cristo, portadores do que é santo, adornados em todos os sentidos com os preceitos de Jesus Cristo."

"É em Jesus Cristo que carrego os grilhões, estas pérolas espirituais."

"Nada melhor que a paz, que aniquila toda guerra de poderes celestes ou terrestres."

"Nada disso constitui novidade se mantiverdes de modo perfeito em Jesus Cristo a fé e a caridade, que são o começo da vida e seu fim. Pois o começo é a fé e o fim, a caridade. Ambas reunidas são Deus, enquanto que tudo o mais é consequência para a perfeição humana. Ninguém peca enquanto professa a fé, ninguém odeia enquanto possui a caridade. Conhece-se a árvore pelos seus frutos, assim os que professam ser de Cristo serão reconhecidos pelas obras. Pois nessa hora não é da profissão de fé que se trata, mas de nos mantermos na prática da fé até ao fim."

"É melhor calar-se e ser do que falar e não ser. É maravilhoso ensinar quando se faz o que se diz. Assim, um é o Mestre, que falou e tudo foi feito, também aquilo que realizou em silêncio é digno do Pai. Quem de fato possui a palavra de Jesus pode até ouvir-lhe o silêncio; para ser perfeito, para agir pelo que fala e ser reconhecido pelo que cala."

Também em Smyrna, Ignácio de Antioquia recebeu a visita do bispo da igreja de Magnesia do Meandro, Damaso, que o procurou na companhia dos presbíteros Basso e Apolônio, além do diácono Zócio.

Desse encontro surgiu a sua carta aos magnésios.

Dela destacamos a frase inesquecível:

"Convém, pois, não chamar-vos apenas cristãos, mas o serdes também!"

Igualmente, o bispo da igreja de Tralis, Políbio, o procurou, solicitando sua orientação escrita aos irmãos de fé.

Desse encontro surgiu a carta de Ignácio aos tralianos, da qual destacamos dois importantes testemunhos.

O primeiro - o de sua humildade:

---

[3] Vide nota do autor espiritual à página 538.

"Chego a pensar muita coisa em Deus, mas me contenho para não me perder na vanglória. É exatamente nessa hora que mais devo cuidar-me, não dando atenção aos que me exaltam, pois enquanto falam estão a flagelar-me. Amo, é certo, o sofrimento por amor à verdade, mas não sei se sou digno dele. Minha impaciência não transparece aos olhos da multidão, a mim é que me tortura tanto mais. Necessito, assim, de mansidão, na qual se aniquila o príncipe deste mundo."

O segundo, uma verdadeira profissão de fé de seus dons mediúnicos e revelações espirituais, sobre as quais preferiu silenciar:

"Não saberia eu descrever-vos as coisas do céu? Receio, porém, fazer-vos mal, já que sois, ainda, crianças. Perdoai-me, se não o faço; não sendo capazes de assimilar, poderíeis sufocar-vos. Pois também eu, embora prisioneiro e capaz de conhecer coisas celestes, mesmo as hierarquias dos anjos e os exércitos dos principados, coisas visíveis e invisíveis, nem por isso ainda sou discípulo. Muito nos falta para que Deus não nos chegue a faltar."[4]

E mais ainda as célebres frases:

"Adotai, pois, a mansidão e renovai-vos na fé, que é carne do Senhor, e na caridade, que é o sangue de Jesus Cristo."[5]

"Amai-vos mutuamente, um por um, em coração indiviso!"

<hr />

[4 e 5] Vide notas do autor espiritual à página 538.

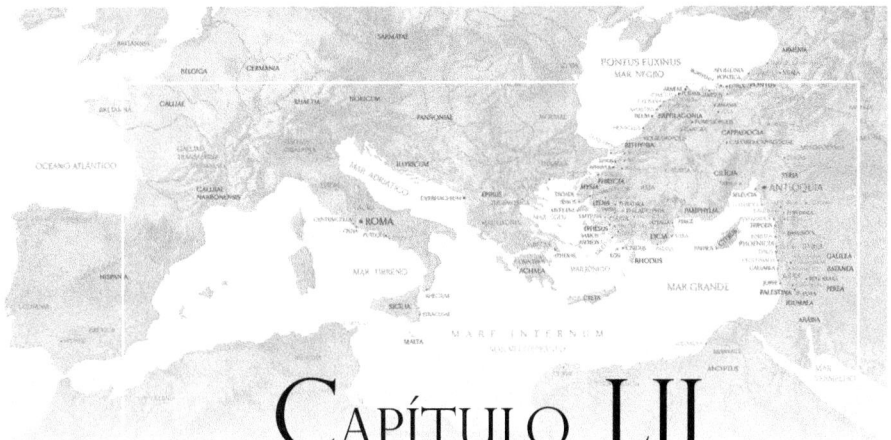

Capítulo LII

Epístolas

ANO 117

A morte do imperador Trajanus, em princípios de agosto de 117, foi a grande novidade empolgando todos os ânimos do Império. Selimonte da Cilícia representou a virada de grandes expectativas. Nem bem o séquito fúnebre dava conta dos despojos ilustres e a corte patrícia já se alvoroçava no capítulo da sucessão. Foi a carta de Plotina, sua esposa, aos senadores de Roma, que pôs termo às especulações, afirmando a vontade expressa do moribundo de ser sucedido no trono de Roma pelo sobrinho Hadrianus.

Enquanto os debates sucessórios tomavam conta da política imperial, contudo, um vasto cortejo das sombras acercou-se do espírito liberto de Trajanus.

Uivos e lamentações dos que tombaram indefesos e ultrajados sob o seu guante implacável de promotor da destruição e da guerra contra povos infelizes levaram-no de roldão às zonas de sofrimento além-túmulo, tão bem descritas por Jesus Cristo como o lugar onde há choro e ranger de dentes.

Um longo período expiatório iniciou-se para o espírito de Trajanus e só muitos séculos adiante, mais precisamente na França de meados do século XIX, Trajanus redimiria a consciência culpada de outrora trabalhando em prol do advento do Consolador prometido por Jesus, encarnando a personalidade de Sanson, presidente da Sociedade Espírita de Paris.

Logo após a condenação de Ignácio de Antioquia pelo imperador, alguns amigos ilustres da corte conseguiram clemência para Alexandre de Jesus, que acabou posto em liberdade por mãos abnegadas.

Assim que se inteirou do trajeto do prisioneiro querido em direção a Roma, Alexandre de Jesus deliberou partir rumo a Smyrna, tencionando lá encontrar-se com Ignácio.

Assim é que em 24 de agosto de 117 os dois se reencontraram em terras esmirnenses, sob forte emoção.

No nono dia das calendas de setembro, Alexandre de Jesus expôs a Ignácio de Antioquia o desejo de muitos confrades ilustres de apelarem ao novo César.

Crocos e outros amigos efésios acompanhavam a conversa, interessados em seu desfecho.

Ignácio, contudo, demonstrou grande preocupação com a provável interferência.

Uma breve altercação se instalou entre mestre e pupilo. De forma alguma gostaria que a caridade dos romanos interferisse em seu destino de morrer pelo Cristo e sua excelsa mensagem!

Emocionado, pediu a Alexandre de Jesus que escrevesse, em seu nome, uma carta aos romanos,[1] apelando para que ninguém lhe favorecesse, impedindo-lhe o martírio já determinado pelas autoridades.

Nessa carta, expressou-se, mais ou menos, nestes termos:

"Pedi em meu favor unicamente a força exterior e interior, a fim de não apenas falar, mas também querer, de não apenas dizer-me cristão, mas de me manifestar como tal.

---

[1] Vide nota do autor espiritual à página 539.

Escrevo a todas as igrejas e insisto junto a todas que morro de boa vontade por Deus, se vós não mo impedirdes. Suplico-vos: não vos transformais em benevolência inoportuna para mim. Deixai-me ser comida para as feras, pelas quais me é possível encontrar Deus. Sou trigo de Deus e serei moído pelos dentes das feras, para encontrar-me como pão puro de Cristo.

Desde a Syria venho combatendo com feras até Roma, por terra e por mar, de dia e de noite, preso a dez leopardos, isto é, a um destacamento de soldados, que se tornam piores quando se lhes faz o bem. Coisa alguma visível e invisível me impeça que encontre a Jesus Cristo. Fogo e cruz, manadas de feras, quebraduras de ossos, esquartejamentos, trituração do corpo todo, os piores flagelos venham sobre mim, contanto que encontre a Jesus Cristo.

Meu amor está crucificado e não há em mim fogo para amar a matéria - pelo contrário, água viva murmurando dentro de mim, falando-me ao interior: 'Vamos ao Pai'! Não me agradam comida passageira, nem prazeres desta vida. Quero pão de Deus, que é carne de Jesus Cristo, da descendência de Davi, e como bebida quero o sangue dele, que é amor incorruptível."[2]

Recebendo o aconselhamento final de Ignácio, Alexandre de Jesus partiu com a carta para a capital do Império. No percurso, estacionou alguns dias em Athenae.

A comunidade dos cristãos de Roma recebeu a exortação de Ignácio de Antioquia com vivo assombro pelo testemunho de sua total entrega aos desígnios de Deus.

Dando curso à viagem do prisioneiro na direção de Roma, a comitiva embarcou em novo galeão, tomando o destino de Trôade da Mysia.

Nessa cidade, Ignácio tomou ciência da pacificação das

---

[2] Vide nota do autor espiritual à página 539.

perseguições junto à igreja de Antioquia pelo diligente esforço do novo bispo, Heros, seu sucessor.

Em Trôade, encontrou-se novamente com confrades efésios e na companhia de Burrus, Fílon, Alceu, Dafnos, Reos Agátopos e Eutecno escreveu sua famosa carta aos esmirnenses, na qual combateu vigorosamente o Docetismo.

Destacamos alguns de seus trechos, como segue:

"Não vos ufaneis de vossa posição, pois o essencial é a fé e o amor, e nada se lhes prefira."

"Fugi das dissenções, fonte de misérias!"

"Para vós, a graça, a misericórdia, a paz e a paciência para todo o sempre."

Depois dela, recomendou-se a Policarpo, bispo de Smyrna, escrevendo-lhe sentida carta de recomendações gerais.

Além dos apelos morais dirigidos ao coração querido de Policarpo, Ignácio pediu-lhe para escrever às igrejas do Oriente, exortando-as, por sua vez, ao serviço do Cristo.

Despediu-se com emoção, enviando recomendações especiais a Epitropos, a Átalo e a Alceu.

Logo após, contando com a companhia de Burrus, Fílon e Reos Agátopos, escreveu a sua última missiva: a carta aos philadelphos:

"Admiro comovido a bondade de vosso bispo, que calado mais ressonância encontra que as invencionices dos faladores. Harmoniza-se ele com os mandamentos, como a cítara com as cordas!"

"Filhos que sois da luz da verdade, fugi da cisão das más doutrinas."

"Apartai-vos das ervas daninhas que Jesus Cristo não cultiva, por não serem plantação do Pai."

"Guardai vosso corpo como templo de Deus! Amai a união! Fugi das discórdias! Tornai-vos imitadores de Jesus Cristo, como ele o é do Pai!"

"O Evangelho, porém, contém algo de mais sublime, a saber, a vinda do Salvador e Senhor nosso Jesus Cristo, a sua

paixão e ressurreição. A respeito dele vaticinaram os queridos profetas. O Evangelho constitui mesmo a consumação da imortalidade. Tudo se reveste de grande importância, se confiardes no amor."

"Adeus em Jesus Cristo, esperança comum de todos nós!"

De Trôade a caravana partiu pelo Mar Egeu em outra nau, levando o prisioneiro até Neapolis da Thracia. De lá resolveram cruzar a Macedônia por terra a partir de Philippi.

Um grande número de confrades filipenses foi saudar a passagem de Ignácio de Antioquia, que a todos acenava com bondade.

Se empreenderam inicialmente a viagem a cavalo, tiveram de vencer as montanhas de Epirus a pé, o que causou grande cansaço aos viajantes.

Logo que venceram a árdua caminhada, atravessando a Macedônia, penetraram as terras limítrofes do Illyricum, atingindo, com sucesso, o Mare Adriaticum.

Na cidade portuária de Epidamno, em Dyrrhachium,[3] voltaram a embarcar num navio, cujo destino era Roma.

Navegaram pelo Mare Adriaticum e pelo Mare Internum, estacionando em Syracusae da Sicília, depois Rhegium, Puteoli - Pouzzoles -, e, finalmente, nos portos de Centumcellae e de Óstia.

---

[3] Vide nota do autor espiritual à página 539.

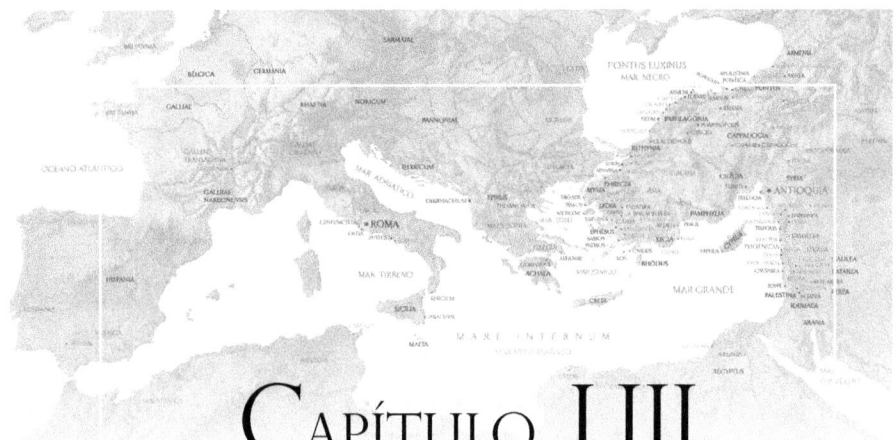

Capítulo LIII

Resignação

ANO 117

A embarcação que levava o prisioneiro da Syria até Roma já era ansiosamente aguardada em Óstia. Diversos companheiros da fé cristã esperavam pelo desembarque de Ignácio, indo tributar-lhe o carinho e o respeito que sua condição de antigo batalhador do Evangelho do Cristo inspirava. Lá estavam, entre outros, Alexandre de Jesus, Sisto, considerado o bispo da igreja de Roma, assim como os presbíteros Zózimo e Rufus. Além disso, uma verdadeira multidão de simpáticos amigos pela fé e pela admiração ao trabalho desenvolvido ao longo de décadas de serviço cristão foi acenar com bondade para Ignácio de Antioquia.

Assim que os procedimentos de praxe cuidaram do desembarque da comitiva do preso querido, a figura esquálida e abatida de Ignácio assomou ao convés do navio, secundada pela guarda que o escoltava.

Não obstante a condição humilhante do frágil velhinho, de débil compleição física, descendo as escadas da nau, tendo pés e mãos acorrentados aos férreos grilhões, sua personalidade serena e doce logo infundiu na multidão que o aguardava as mais ternas emoções.

A vivacidade de seu olhar logo vislumbrou a cena comovente da expressão carinhosa e amiga daquele povo simples que o fora saudar em nome do Cristo.

Contudo, olhos marejados de pranto, reconhecendo-se indigno de semelhante acolhida fraternal, Ignácio de Antioquia respeitosamente ajoelhou-se no solo patrício e, em sinal de humilde reconhecimento, osculou os pés de alguns confrades.

Forte emoção dominou todos os ânimos. Até os próprios verdugos foram paralisados em sua selvageria pela força do amor reinante naquela assembleia espontânea e sincera.

Corria o dia 17 de outubro de 117 da Era Cristã.

Foi Alexandre de Jesus, na companhia dos amigos cristãos de Roma, quem o levantou do chão para abraçá-lo emocionadamente.

Sisto logo relatou a Ignácio os esforços dos cristãos influentes para conseguir a clemência do imperador Hadrianus.

Ignácio recusou vigorosamente qualquer esforço nesse sentido, apelando para que Alexandre de Jesus fizesse valer a sua vontade de seguir para o supremo sacrifício, de acordo com o pedido expresso em sua carta aos romanos.

De nada valeram os protestos de Zózimo e de Rufus.

Ignácio foi peremptório:

- Irmãos, o meu destino está selado nas mãos de nosso Mestre e Senhor Jesus Cristo. Não pretendais sobrepujar-lhe as sábias determinações!

E como que desejando encurtar a conversa inoportuna, para espanto dos amigos de fé, chamou a atenção dos próprios verdugos:

- Guardas, sem mais delongas! Cumpri com o vosso dever de me levar prisioneiro de Cristo para o martírio da carne perecível. Certamente que os vossos superiores haverão de ter pressa!

Os dez guardas ficaram aturdidos com a alertiva e deram-se pressa em abrir passagem na multidão, a fim de conduzirem, convenientemente, o prisioneiro pela Via Ostiensis.

Alexandre, Fílon e Agátopo ainda tiveram tempo de se despedirem de Ignácio.

A caravana seguiu pela via que conduzia à capital dos romanos.

Ignácio admirava os campos e pradarias de esplendorosa beleza, que se descortinavam ao seu olhar, de onde numerosos fiéis e simpatizantes acenavam-lhe com alegria inexprimível, saudando-lhe a chegada e desejando-lhe boa sorte.

Ignácio os abençoava a distância, invocando a proteção divina para todos. Aquela gente simples e humilde da zona rural, com seu espontâneo carinho, comovia-lhe as fibras mais íntimas do ser, fazendo-lhe recordar as inesquecíveis palavras de Jesus: "Graças te rendo, meu Pai, Senhor do Céu e da Terra, por haveres ocultado essas coisas aos doutos e aos prudentes, e por as teres revelado aos simples e aos pequenos."[1]

A um que outro companheiro, que lhe endereçava súplicas e bênçãos, replicava com tocante humildade:

- O serviço é do Cristo, minha gente! Tudo procede das bênçãos de Deus, pela bondade de nosso Senhor Jesus! É Jesus, minha gente! É Jesus!... - dizia, com os olhos marejados de lágrimas e o espírito contrito.

A caravana seguia já pela Via Ostiensis, atingindo as margens do Tibre depois de uma longa jornada de quase todo um dia.

A cidade das sete colinas, capital imperial dos romanos, ali estava diante dos olhos maravilhados de Ignácio.

Forte comoção dominou-lhe os sentimentos, recordando-se dos milhares de mártires cristãos que ali tombaram na arena criminosa da perseguição implacável das trevas da ignorância humana.

O sangue dos justos, porém, não havia sido derramado em vão, porque a fé cristã estabelecia-se com mais vigor nos corações humanos.

Entraram em Roma pela Porta Ustrensis, atingindo a Aqua Appia, próxima às Thermae Decianae e Suranae.

Entre os montes Aventino e Palatino, quase às portas

---

[1] Vide nota do autor espiritual à página 539.

do Circus Maximus, Ignácio foi rudemente golpeado por um dos soldados, que se irritara com o riso de deslumbramento e admiração estampado na face do prisioneiro.

- Estás, por acaso, louco, miserável pregador? Por Júpiter, por que nos afrontais com teu sorriso irritante? - exclamou, colérico, o legionário.

Ao que o generoso velhinho respondeu, com serena convicção:

- Meu jovem guardião da lei romana, sorrio ao contemplar a beleza de Roma, a sede imperial do príncipe deste mundo de enganos infelizes! Sorrio ao identificar sua magnificente beleza, seus palácios soberbos, suas vias imponentes, suas construções em mármores belíssimos, com suas obras de arte que cintilam ao fulgor do sol. Surpreendo-me com os reflexos da luminosidade solar nas águas prateadas do Tibre, a falar-nos ao coração da bondade excelsa de Deus!

- Mas, infeliz condenado, não vês que vais morrer? Como ousas escarnecer da tua desgraçada sorte? Como podes, ainda assim, sorrir? - retrucou o soldado.

Ignácio, então, disse-lhe em tom emocionado:

- Sim, meu filho querido, por isso mesmo é que sorrio. Sorrio de íntimo júbilo porque agora apreendo a dimensão gloriosa do amor divino. Pois, se para vós outros, corrompidos no crime e na usurpação da paz alheia, Deus concedeu tamanha cidadela de beleza e harmonia, o que a Sua misericórdia não haverá de proporcionar aos corações que Lhe foram fiéis? Quantas generosas maravilhas surpreenderão na vida além--túmulo os que Lhe seguiram os apelos de amor e perdão, caridade e devotamento ao bem geral? Por isso sorrio, sim, de felicidade interior, rejubilando-me antecipadamente com o martírio que já vem próximo. Agora, mais do que nunca, entrego-me aos meus verdugos com alma e coração resolutos, na certeza da imortalidade gloriosa que o Cristo nos preparou desde o princípio dos séculos. Desejo, assim, que o sofrimento e a morte a que te referes venham sem delongas, porque se morrerei definitivamente para a carne transitória, ressuscitarei para a glória da espiritualidade triunfante!

Ante tamanha demonstração de firmeza da fé, o soldado afastou-se estupefato e aterrado, sem compreender de onde o prisioneiro hauria tanta força moral.

Enquanto isso, as soberbas construções romanas deslumbravam o espírito de Ignácio: o Circus Maximus, os terraços do Caelius, o Forum Romano, o Templum Divi Claudii, o Amphitheatrum Flavium, também chamado de "O Colosseum", onde a caravana estacionou por algumas horas, nas dependências do calabouço, até que por ordens superiores pudessem finalmente conduzir o prisioneiro ao seu destino final - as prisões especiais do Quartel dos Pretorianos, situado entre a Via Nomentana e a Vicus Patricius.

Lá Ignácio foi apresentado ao prefeito dos pretorianos, com a respectiva carta do ex-imperador Trajanus, contendo o veredicto condenatório ao suplício e à morte.

Por dois longos meses, Ignácio padeceu os sofrimentos e injúrias do cárcere injusto e ignominioso, sequer se detendo em lamentações. Ao contrário, recobrou forças novas para consolar os companheiros de infortúnio, aproveitando para falar-lhes das bem-aventuranças celestes.

A perseguição implacável contra os adeptos do Cristianismo recrudesceu nesse período, resultando na prisão de numerosos outros confrades. Para a prisão do Quartel dos Pretorianos foram também levados os irmãos da igreja de Roma, Zózimo e Rufus.

Os dois amigos, ao verem Ignácio ainda vivo no cárcere, foram-lhe abraçar com emoção. Os três se demoraram em longo colóquio, trocando as impressões próprias acerca do testemunho final. Foi mesmo Ignácio, com os olhos brilhantes e vivos, quem ainda uma vez mais animou os jovens companheiros.

Da parte dos romanos, uma grande festa no Amphitheatrum Flavium era preparada com esmero pelas autoridades distanciadas do bom senso. Aproximavam-se as Saturnálias[2] e o último dia dos solenes jogos públicos de dezembro - o dia

---

[2] Vide nota do autor espiritual à página 539.

20 de dezembro -, e os asseclas cruéis do imperador esforçavam-se em planejar um espetáculo de nefandas maldades.

O populacho inconsciente, distraído pela libação alcoólica fácil e os prazeres inconfessáveis da luxúria, seguia desatento quanto ao imperativo de cultivar no seio da sociedade os mais sagrados deveres de retidão e justiça.

O dia aprazado para o nefasto espetáculo de sangue e de morte chegara com uma inolvidável claridade solar, iluminando com seus raios portentosos a cidade dos césares.

Os prisioneiros do Quartel dos Pretorianos foram rudemente acordados, logo cedo, pela insolência de extensa guarnição armada:

- Cães imundos, seguidores do Cristo crucificado, acordai pela última vez, porque hoje ainda morrereis como infames! E quem sabe não seguireis as pegadas de vosso Rei dos Judeus! - exclamou Sinfronius Clarus, o centurião que os buscava, ironicamente, seguindo-se-lhe estrepitosa gargalhada de sarcasmo da guarda inteira.

Os amigos do Cristo, contudo, nenhuma reação opuseram. Submeteram-se humildes e resignados à ordem de comando do pelotão, que os conduziu pelas vias de Roma na direção do Colosseum. À frente dos condenados, notava-se a alegria jovial na face do generoso ancião Ignácio de Antioquia, que animava os companheiros puxando a cantoria de singelos e sentidos cânticos de amor e de fé.

Os prisioneiros foram alojados nos calabouços do Amphitheatrum Flavium, aguardando a hora derradeira. Lá fora, ruidoso movimento denunciava a agitação geral da turba, ávida por sorver mais uma vez a taça de ignóbeis sensações animalizadas e grotescas.

Ignácio estava envolto em doce claridade. Os cabelos nevados pela prata da experiência humana brilhavam em translúcidos raios a refletirem a luz do dia. O venerável amigo contemplava em êxtase a abóbada do firmamento iluminado de azul pela única janela do recinto carcerário.

Antes que os companheiros de fé se deixassem levar

pela expectação e a ansiedade da hora, tomou a palavra entusiasta para narrar-lhes as visões espirituais que passara a ter desde aquele instante de orações. Ali estavam diversos amigos da Espiritualidade Maior, presentes para animar-lhes os supremos instantes de testemunho.

Vislumbrou a cena imorredoura com visível emoção.

João de Cleofas, o amigo de Antioquia, vinha à frente do cortejo celeste.

Um a um dos amigos da Espiritualidade foi nomeado para a alegria e o consolo dos circunstantes.

Grossas lágrimas de reconhecimento e alegria rolaram discretas pelas faces daquelas trezentas almas sedentas de paz, provisoriamente privadas de liberdade.

Seus corações se encheram de júbilos novos e novas esperanças!

Inspirado por João de Cleofas, Ignácio de Antioquia entregou-se à branda palestra com os irmãos de infortúnio, procurando consolar os seus corações desiludidos da vida terrestre. A breve alocução evangélica foi como bálsamo pensando-lhes as feridas d'alma.

Como que a induzir-lhes à suprema renúncia da própria vida, finalizou a exortação, mais ou menos, nestes termos:

- Filhinhos amados, amigos do Cristo, lembremo-nos, por fim, de que o próprio Senhor nos asseverava convincente: "O meu reino não é deste mundo".[3] Entreguemo-nos a ele, nosso amado Mestre, de alma e coração renovados na fé, pois que a sua magnânima misericórdia não nos faltará com o apoio preciso na hora derradeira. Sigamos para o reino da sua luz, com a consciência enobrecida pelo reto proceder, porque chegou a hora para nós outros do jubiloso reconhecimento de havermos cumprido com o nosso dever de amarmo-nos uns aos outros como Jesus nos amou! Ave, Cristo! Para todo o sempre, estejas conosco em nossos corações!

Instantaneamente, a totalidade dos trezentos condenados replicou, em tom solene:

- Ave, Cristo! Para todo o sempre, sejas louvado!

---

[3] Vide nota do autor espiritual à página 539.

CAPÍTULO LIV

MARTÍRIO
ANO 117

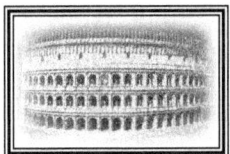

C hegara o momento do início dos principais festejos dos jogos públicos de dezembro. O Amphitheatrum Flavium regurgitava com a multidão ansiosa por prazeres e sensações.

Logo após as consagrações dos sacerdotes de Júpiter, com suas preces e sacrifícios ao pé das luxuosas bancadas do imperador, surgiram os estrepitosos ritmos dos tímbales e alaúdes, anunciando a mais aguardada diversão pública da capital dos romanos.

Dançarinos com suas evoluções, em graciosos conjuntos, tomaram conta da arena, enquanto flautas, harpas e pandeiretas se associavam aos demais instrumentos musicais.

Iniciando-se o espetáculo, surgiram numerosos aurigas semidesnudos, a conduzirem, para o delírio de quase cem mil espectadores, as corridas das bigas e quadrigas.[1]

---

[1] Vide nota do autor espiritual à página 539.

Na sequência do ruidoso espetáculo, os gladiadores, com suas lanças e escudos, arrojaram-se à sanha das lutas que só terminavam com a morte dos vencidos. O populacho explodia em estridente algazarra, na agitação a contaminar os espectadores ansiosos e inconsequentes.

Histriões, sátiros e silenos seguiram no divertimento estranho a que se consagravam, utilizando-se de fantasias com caricaturas horripilantes para fazer rir a assembleia insaciável de prazeres insensatos.

As libações e licenciosidades, enquanto isso, alteravam todos os ânimos, fazendo com que o Colosseum se transformasse no grande palco das misérias humanas.

O espetáculo prosseguia.

O rude centurião Sinfronius Clarus ultimava detalhes para o ponto alto das comemorações.

Os trezentos condenados cristãos que morreriam ao entardecer, naquela arena nefanda, foram por ele e seus comandados cruelmente deslocados.

Cerca de cento e oitenta mulheres, mais as crianças, foram separadas de seus pares masculinos e encaminhadas a compartimentos carcerários diferentes.

Ao som das trombetas, anunciou-se o início do triste espetáculo de sombras.

A multidão queria ver sangue e morte na arena flaviana e começou estertoricamente a gritar, em uníssono:

- Às feras! Às feras!

Arqueiros devidamente paramentados ocuparam suas posições previamente definidas, margeando o contorno elíptico da arena, apontando suas flechas venenosas para o centro.

Em breve tempo, as mulheres e as criancinhas cristãs foram empurradas para o palco nefasto.

Surgiram as séjuges, com seus carros conduzidos por seis velozes cavalos, que eram covardemente postos ao encalço dos inocentes, fazendo-os correr em sobressalto pela arena. As gargalhadas do povo irrefletido ressoavam no recinto num verdadeiro espetáculo de horror.

Aos poucos, os perseguidos pela violência das séjuges concentraram-se, em prece, no centro da arena, no Amphitheatrum Flavium.

Novos sons de alaúdes e de tímbales ressoaram, indicando o momento solene, depois do qual o zurzir das flechas envenenadas cruzando os ares fez-se ouvir.

Centenas de flechadas atingiram as criancinhas e mulheres indefesas, cujo único crime frente à torpe justiça dos césares era o de esposarem com amor e devotamento a fé cristã nos corações simples.

A turba ensandecida aplaudia nervosamente o condenável espetáculo de sangue e de morte.

Com grande rapidez, os corpos foram retirados da arena e postes e cruzes de martírio foram levantados sob a eficácia dos construtores do Colosseum e de seus operários eficientes.

O povo insano queria mais.

Ensurdecedor barulho tomou conta das arquibancadas e patamares, escadarias e mezaninos, pódios e galerias:

- Cristãos às feras! Cristãos às feras! - gritavam todos com loucura criminosa.

O centurião Sinfronius Clarus foi buscar os cento e vinte trabalhadores do Evangelho de Jesus para o derradeiro martírio.

Ignácio de Antioquia seguiu à frente do cortejo e os companheiros de infortúnio seguiram-lhe o valor moral com o pensamento entregue à prece e o coração hipotecado à bênção de Deus.

Um a um foi amarrado aos postes ou pregado nas cruzes ignominiosas, com os corpos rentes ao chão de saibro argentoso.

Em instantes, o rugido das feras enraivecidas ecoou no ambiente para o delírio dos espectadores insensíveis.

Touros furiosos, panteras famintas, tigres asiáticos e leões africanos esfomeados assomaram no palco triste do morticínio injustificável.

As feras, guardadas sem alimentação por longos dias,

e atiçadas com o cheiro de sangue fresco, tomaram conta da arena com furiosa sanha. Partiram em busca esfaimada dos pobres condenados e, em questão de minutos, destroçavam--lhes os corpos indefesos, estracinhando-lhes as vísceras.

Mais de uma centena de companheiros de fé cristã já havia tombado na arena manchada pelo sangue inocente, mas nenhuma daquelas feras se aproximara ainda do poste onde estava atado o venerável velhinho Ignácio de Antioquia.

O querido ancião, missionário do Cristo, orava resoluto, pedindo a Jesus que não lhe poupasse do sacrifício. Queria morrer também como os outros na arena terrestre para viver em plenitude na glória celestial.

Nessa hora, um raio atingiu com estrondo o poste que lhe guardava prisioneiro.

Estranha luminosidade apossou-se do madeiro infamante, fazendo com que o assombro dominasse a ansiosa assembleia, que silenciou de súbito.

Ignácio entregava-se em profundo êxtase espiritual, rendendo-se na mais sentida oração à misericórdia de Deus.

Um grande tigre asiático apareceu de chofre, descerrando-lhe o golpe fatal, com suas garras e mandíbulas insaciáveis.

O apóstolo de Antioquia nada sentiu do doloroso transe. Luzes diáfanas nimbaram-lhe os olhos espirituais de novas claridades.

Reconheceu-se envolto em névoa translúcida, livre e leve, diante de seres angélicos, que ali estavam em tarefa de socorro e alívio aos mártires da hora. Braços e mãos amigos da Espiritualidade Maior vinham suprimir-lhes os padecimentos da hora derradeira com o bálsamo e a bênção do céu.

Ignácio viu aproximar-se uma figura de luminosa entidade, a sorrir-lhe confiante. Seu abraço amoroso o envolveu com inexcedível carinho.

Era José Barnabé que, generosamente, acercou-se do amigo de Antioquia, dizendo-lhe:

- "Ignácio, irmão querido! Combateste com fidelidade o bom combate do Cristo até ao fim e agora a bondade de

Jesus te concede a coroa da vida! Vem comigo para a glória da vida eterna tomar posse da vida verdadeira!"

Os dois se abraçaram emocionadamente.

Ignácio chorava de alegria, lançando o olhar para a assembleia dos benfeitores celestes, que vinha saudar, no limiar da outra vida, a chegada dos novos redimidos da luz.

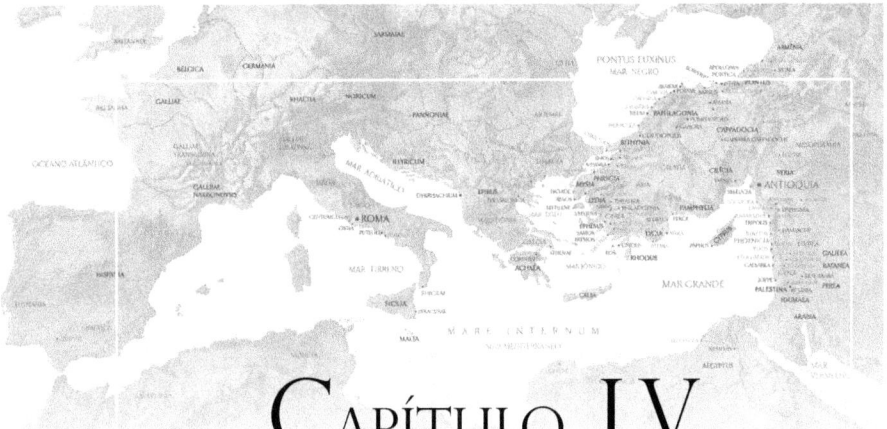

Capítulo LV

Grande Além

ANO 117

A paisagem escura do mundo terrestre ainda destilava as venenosas vibrações do espetáculo sanguinolento.

Reconduzidas as feras às suas jaulas nos calabouços do Colosseum, o centurião Sinfronius Clarus penetrou a arena com a infeliz incumbência de dar seguimento às ordens imperiais em relação ao tombado prisioneiro Ignácio.

Aproximou-se ligeiro dos despojos espostejados do condenado e, desembainhando a espada, cortou-lhe o peito destroçado. Com criminosa sanha, enfiou as mãos nos restos mortais, arrancando o coração de Ignácio da jaula do próprio peito.

A assembleia insana dos espectadores romanos prorrompeu em pérfida gargalhada. Era o fim daquele triste espetáculo.

Mas enquanto a capital dos césares romanos se amortalhava nas sombras da noite inglória, a paisagem espiritual era bem diversa.

No mesmo instante em que o coração de carne de Ignácio era arrancado do próprio peito, ele, em espírito, sentiu-se estremecer. Um breve estalo em seu corpo espiritual fez com que de seu coração começasse a jorrar uma luminosidade nova.

Espantado, verificou que o próprio corpo espiritual se transubstanciava numa túnica de alvinitente beleza.

Não mais vislumbrava o corpo alquebrado pela velhice da veste física. Para sua própria surpresa, verificava-se novamente em plena juventude, aparentando possuir apenas vinte janeiros.

Sentiu-se novamente pleno de força e vigor.

João de Cleofas, que até então estava amparando outros companheiros sacrificados no doloroso transe, aproximou-se diligente. Abraçou-se demoradamente ao antigo companheiro de Antioquia, e, ao lado de José Barnabé, acompanhou o carinho dos espíritos iluminados que ali estavam, tributando o preito de sua gratidão ao coração generoso de Ignácio.

José Barnabé e João de Cleofas acercaram-se mais intimamente do irmão de fé, falando-lhe, com bondade:

- "Ignácio, irmão querido, é da vontade do Pai que teu último desejo antes de partires da Terra seja satisfeito. Que tens, agora, em mente?"

Ao que Ignácio retrucou, humilde:

- "Desejaria rever os sítios por onde passei, vivendo e lutando em prol do Cristo."

Imediatamente, ao influxo das poderosas mentes em prece de José Barnabé e João de Cleofas, toda aquela assembleia da luz moveu-se com a velocidade do pensamento.

Cruzaram longas distâncias, no espaço de tempo terrestre de alguns segundos.

Ignácio, assombrado, reconheceu Cafarnaum da Galilea a seus pés.

O lago de Genesareth ali estava com suas brisas de cariciosas recordações.

Desejou rever a casa que lhe acolheu a meninice pobre e, num átimo, lá estava abraçando Isabel e os filhos Daniel e Eliel. Soube deles que o espírito de Malaquias já havia retornado à reencarnação na face da Terra, no resgate de seus compromissos materiais.

Depois reviu com alegria as figuras de Tadeu Barjonas e de Tomé Bersebeu.

Acompanhou com sobressaltos de grande alegria a chegada de generoso casal, que lhe abria os braços. Ajoelhou-se de emoção ao reconhecer naquele casal inolvidável a presença de seus pais, Sara e Isaac, abençoando-lhe a chegada na nova vida.

Entre lágrimas de reconhecimento infinito à bondade de Jesus, ao pé do Tiberíades assistiu ao momento em que três estrelas do firmamento constelado desceram à Terra, materializando-se tal qual três falenas celestiais. Novas e abundantes lágrimas de júbilo inundaram-lhe as faces. Eram Simeão de Samaria, com seu cajado característico, ao lado da inesquecível sobrinha Ana, que trazia pelas mãos a saudosa figura de Ruth.

Ignácio reviu a mãe adotiva num transporte de intraduzível alegria espiritual. Foi Ruth quem lhe sugeriu rever a saudosa Antioquia da Syria.

Bastou sua aquiescência para que a caravana se movesse com velocidade sem precedentes.

Reviram então a saudosa cidade, capital da província da Syria, às margens do Rio Orontes.

Na igreja antioquena, abraçaram-se a Manahen, a Tito, a Trófimo, a Barsabás, a Agabo, a Evódio e a Esculápio.

Oraram em prodigioso conjunto espiritual em favor das atividades da igreja de Antioquia, apoiando as tarefas em curso na face terráquea pela condução do presbítero Heros.

Foi o velho amigo Tito quem sugeriu que a caravana prosseguisse na direção de Ephesus.

Em breves instantes, a antiga capital da Jônia apareceu diante de seus olhos espirituais.

Na sede da igreja dos eféaios, Ignácio e seus companheiros de jornada espiritual vieram a ter com as entidades responsáveis pela manutenção dos serviços cristãos.

Ignácio abraçou com emoção Apolônio e Sybilla, Jochedeb e Mnason, Jacob e Verônica, Tirano e Selena, Heleno e

Ariadne, além de encontrar com alegria a presença espiritual do romano Salustius Primus.

Em meio a renovadas orações em favor dos amigos de fé na capital dos efésios, que ainda mourejavam na carne, repararam com assombro que da abóbada celeste um cruzeiro de estrelas se desprendia do firmamento, fazendo-se visível novamente no mundo.

Ignácio, num transporte de satisfação, viu aquelas cinco luminosas entidades se transformando diante de seus olhos atônitos nos inesquecíveis amigos de outrora. Eram Áquila e Prisca, Silas e Timóteo, além do presbítero Johannes.

Após as alegrias do reencontro, foi Apolônio quem sugeriu que a caravana prosseguisse ainda para Magnesia do Meandro, para abençoarem a igreja de Magnesia.

Ignácio soube do recente desprendimento da carne de seu amigo Basso e para lá rumou junto dos amigos de luz.

Num amplexo de saudade, abraçou-se a Basso e todos oraram em favor de Zócio, seu filho, que dirigia os destinos da igreja do Cristo junto aos encarnados de Magnesia do Meandro.

Partícipes dessa caravana espiritual inolvidável, Zózimo e Rufus vieram a ter com Ignácio, solicitando sua atenção para com a cidade de Smyrna. Ignácio acedeu com bondade e a caravana partiu naquela direção.

Nas proximidades da igreja dos esmirnenses, observaram o valoroso Policarpo, ainda encarnado, sendo amparado espiritualmente em suas meditações noturnas por seus pais. Ignácio reencontrou assim a matrona Távia e seu esposo Naxos, igualmente abraçando a Alceu, Epitropos e Cleonides.

Por sugestão de Ruth, a caravana partiu para os altiplanos do Hacimutsoste, na direção da casinha humilde que abrigara, até os últimos dias de vida terrena, a veneranda figura de Maria de Nazareth.

Em preces silenciosas, absorvidos de entusiasmo e expectação, a caravana reconheceu-se envolta em sublimes vibrações. Ignotas vozes celestiais foram ouvidas entoando cânticos de inexprimível harmonia.

A abóbada celeste fez-se então mais brilhante do que nunca e todos puderam observar que um fulgurante manto de estrelas rasgou o Infinito. Dele surgiu a inesquecível presença de Maria de Nazareth, a abençoada mãe de Jesus, fazendo-se visível para a bênção de todos.

A veneranda entidade trouxe pelas mãos mais dois vanguardeiros da verdade, que vinham saudar Ignácio de Antioquia no limiar da vida eterna: eram Apolo de Alexandria e Silvano de Nicomedia.

Os três amigos, pioneiros do Evangelho do Cristo nas províncias da Bithynia e do Pontus, abraçaram-se longamente. Ignácio era o último dos três a retornar da vida terrestre.

Respeitosamente, ajoelhou-se aos pés de Maria de Nazareth, que, plena de bondade, o fez levantar-se.

Por sugestão da amorosa Senhora, a caravana deliberou seguir na direção da Bithynia e do Pontus.

Percorreram Cyzicus, Khios, Prusa, Nicomedia, Nicaea e Chalcedon, abençoando as tarefas cristãs em cada pouso.

Em Heraclea, na fronteira da Paphlagonia, estacionaram por alguns instantes na prisão onde os três trabalhadores do Cristo haviam ficado presos por dois longos anos. Lá Ignácio reencontrou o espírito de Felipe de Nazareth amparando os condenados e perseguidos injustamente, consoante seus novos compromissos de reajuste do passado culposo.

Na sequência, a caravana seguiu percorrendo a Paphlagonia. Estiveram brevemente em Amastris, Cromna, Cytorus, Potami, Armene até chegarem a Sinope, diante da ilha de Scopellus. Em Sinopse, Ignácio abraçou o valoroso romano Julius.

Seguindo o curso, estiveram em Amasia, onde Ignácio reviu com alegria o valoroso Cefas.

Prosseguiram por Amisus, Borysthenes, Istria, até atingirem Apollônia Pôntica. Novas emoções fizeram Ignácio chorar de alegrias inefáveis.

Abraçou-se demoradamente à matrona espiritual de origem romana, Blandina, revivendo com ela as iniciantes tarefas de evangelização infantil.

Após esse amplexo de ternura, Ignácio desejou retornar ao cenário do Amphitheatrum Flavium, o Colosseum romano, de triste memória. Desejava orar em favor dos perseguidores implacáveis daquela noite inolvidável.

Em questão de instantes, toda a caravana estacionou acima do local destinado.

Sombras espessas o envolviam de deletérias energias degradantes.

Ignácio orou com grande fervor em benefício de todos os perseguidores, entregando-os à bênção da misericórdia do Cristo.

Após emocionados instantes, Maria de Nazareth convidou-os a rumar para as catacumbas, onde, espiritualmente, dois apóstolos de seu Filho amado estavam conduzindo elucidativa palestra.

A caravana estacionou diante de numerosos agrupamentos cristãos nas catacumbas romanas da Via Ápia.

Lá estavam, em espírito, Paulo de Tarsus e Simão Pedro, que saudaram com alegria a presença espiritual da mãe do Senhor.

Após as prédicas da noite, os dois apóstolos acercaram-se de Ignácio de Antioquia, entregando-lhe as palmas da vitória espiritual sobre si mesmo. Foi Paulo de Tarsus, o inesquecível apóstolo dos gentios, quem se dirigiu a ele, exclamando:

- "Ignácio, irmão em Cristo, já não serás chamado discípulo do inesquecível Rabi da Galilea! Toma a ti a coroa da vida eterna que Jesus te legou, porque de hoje em diante serás lembrado como mais um apóstolo do Senhor!"

Ignácio, com serena humildade, osculou as mãos de Paulo e de Pedro, e, desejoso de desviar a atenção sobre si mesmo, indagou:

- "Vejo que para Roma vieram os apóstolos do Cristo, transportando a sede da Cristandade de nossa saudosa Jerusalém!"

Ao que Simão Pedro, complacente, redarguiu:

- "Não, meu caro Ignácio, Roma é apenas a sede das

ilusões do mundo de poder transitório, que haverá de ruir fragorosamente um dia! O coração amoroso do Senhor escolheu, na verdade, uma cidade humilde das Gálias para onde transplantou a árvore frondosa de seu amor infinito. Para lá nosso irmão João Boanerges seguiu espiritualmente para a consecução de luminosos objetivos do porvir. Em verdade, todas as tradições espirituais mais sagradas das igrejas de Jerusalém, de Joppe, de Antioquia, de Ephesus e de Corinthus, além de Roma, foram transportadas para Lugdunum, na Galliae Transalpina, onde, nos séculos vindouros, surgirá um dia o Consolador prometido por nosso Mestre e Senhor Jesus!"

Ignácio mal pôde sopitar o coração descompassado de saudades de Pai João, solicitando a permissão dos apóstolos para que a caravana para lá rumasse.

Sorridentes, Paulo e Pedro aquiesceram de bom grado, e, novamente, suplicando as benesses de Mais Alto, a caravana seguiu adiante na direção das Gálias.

Transcrever aqui esse encontro é tarefa sobre-humana.

Ao pé da igreja da futura Lyon, Ignácio reconheceu a figura inolvidável de João Boanerges, trabalhando espiritualmente em favor dos amigos encarnados Potino, Átalo de Smyrna e Athina. Auxiliando o apóstolo querido do Cristo, reconheceu as figuras de Erasto e Dionísia, em incansável labor espiritual.

Aquelas almas afins pelos laços mais santos de amor e de fé se abraçaram cheias de emoção.

João Boanerges e Ignácio de Antioquia se reencontravam, enfim, nos círculos da Vida Maior.

A madrugada ia alta e os primeiros raios do astro solar anunciavam o novo amanhecer. Engolfado em profundas emoções espirituais, Ignácio deixou-se levar por João Evangelista como uma criança que se entrega confiante aos braços de um pai amoroso. Ambos choravam de júbilo, enquanto toda a caravana de luz acompanhava-lhes as mais santas alegrias.

João Boanerges tomou a si a tarefa do último agradecimento. Orou com tamanho fervor que a assembleia de formosos luminares da Espiritualidade Maior prosternou-se genuflexa de respeito e ardor.

Uma chuva de pétalas de rosas de quintessenciada configuração pairou sobre todos. Ao tocar a cabeça de cada qual, fez surgir um luminoso halo.

Hinos de argentinas vozes assomaram, inebriando a todos com cariciosas harmonias celestiais.

Então o céu rasgou-se de inopino.

Afigurava-se aos presentes que a aurora resplandecia diferente, naquela manhã inesquecível, com o inédito surgimento de dois sóis.

E no esplendor de sua glória imortal, o próprio Mestre de todos os mestres chegou para saudar os novos redimidos.

Ao reconhecer a presença de Jesus, Ignácio desfaleceu de alegria.

Jesus amorosamente acercou-se de João, tomando a si o valoroso combatente do Evangelho, e aconchegou Ignácio de Antioquia com tamanha ternura ao colo acolhedor que ninguém ousou dizer qualquer coisa.

Sua doce e maviosa voz ressoou inconfundível:

- "Vinde a mim, Ignácio! Vinde a mim para a glória dos espaços, porque a partir de hoje estarás comigo no reino de meu Pai!"

Uma estrada de luz desenhou-se no Infinito.

Sob a condução do Cristo, a caravana espiritual seguiu no rumo dos páramos da vida celeste!

Theophorus

Na sequência das vidas sucessivas, Ignácio de Antioquia ainda retornou ao plano terrestre por duas ocasiões. A primeira acompanhando Francisco de Assis na Úmbria dos séculos XII e XIII, quando envergou a personalidade de Bernardo de Quintavalle e, mais recentemente, no século XIX, quando personificou Adolfo, Bispo D'Argel, um dos colaboradores da obra da codificação kardequiana.

IGNÁCIO DE ANTIOQUIA POR TISSOT

Retrato psicopictografado pelo médium carioca Lívio Rocha
Barbosa, durante sessão mediúnica na Fecfas – Fraternidade
Espírita Cristã Francisco de Assis, no dia 2 de abril de 2005,
por ocasião do lançamento do livro *Réstia de Luz*, recebido
de espíritos diversos pelas mãos de Geraldo Lemos Neto.

Desenho de Estêvão Soares Villas (7 anos), feito espontaneamente no dia 21 de março de 2005, e entregue ao médium Geraldo Lemos Neto horas antes de ele psicografar o Capítulo 54, que narra o martírio e o desenlace de Ignácio de Antioquia.

POSFÁCIO

MINHAS PALAVRAS

A gestação deste trabalho psicográfico, ora apresenta-do ao leitor, iniciou-se num singular desdobramento espiritual ocorrido na noite de 16 para 17 de abril de 2003.

Naquela ocasião, três boníssimos mentores domicilia-dos no Além se dignaram, generosamente, desculpar minhas incontáveis imperfeições, convidando-me, simplesmente, a colaborar com eles no serviço de divulgação do livro espírita--cristão, do qual me afastara 8 anos antes.

Acedi de pronto ao convite amoroso dos amigos e ao primeiro sinal de preocupação quanto às tarefas futuras um deles, nosso querido Zeca Machado, me disse:

- *"Não se preocupe, Geraldinho! Isso é conosco."*

Penetrei, então, um novo mundo de sensações indefiní-veis envolvendo-me todo o ser, pelas quais sentia-me compe-lido a vivenciar emoções profundas, como se estivesse sendo preparado para compreender acontecimentos de um passado distante.

Retomei as tarefas de psicografia no Centro Espírita Luz, Amor e Caridade, de Belo Horizonte, sob a lúcida orientação do Des. Bady Raimundo Curi, bem como voltei a colaborar mediunicamente nas tarefas de enfermagem espiritual a cargo de Arnaldo Rocha, na União Espírita Mineira.

Daí a alguns dias, novo desdobramento espiritual junto de benfeitores amigos aconteceu.

Desta feita, na mesma noite, dois outros médiuns de Belo Horizonte receberam as mesmas instruções em torno desse compromisso, cada um à sua maneira: o primeiro, nossa querida Noêmia Barbosa da Silva, pessoa da mais alta estima e consideração de minha família, que, por diversas ocasiões, a partir daí, passou a transmitir-me instruções da Espiritualidade através de suas faculdades de vidência, clariaudiência e desdobramento espiritual. O segundo, nosso estimado irmão Ivanir Severino da Silva, colega e amigo dos tempos da Mocidade Espírita "O Precursor", da UEM, quem não via por quase 20 anos, e que hoje dirige a Fecfas – Fraternidade Espírita Cristã Francisco de Assis. Foi o nosso inestimável amigo Antônio Roberto Fontana, diretor da UEM, quem nos reatou, espontânea e naturalmente, os laços de amizade, inclusive levando-me à instituição, da qual tornei-me colaborador, constituindo o seu departamento editorial – Vinha de Luz.

Por meio da mediunidade psicofônica do estimado Ivanir, quinzenalmente, nas tarefas de tratamento espiritual, levadas a efeito nos 2os e 4os sábados de todos os meses, passei a receber orientações e advertências do espírito de Irmão José, mentor espiritual da Fecfas, em torno do compromisso assumido.

Devo salientar que o concurso de todos esses amigos dedicados supriu as minhas muitas deficiências e pude sentir-me, num espaço de alguns meses, mais seguro para entregar-me à recepção psicográfica desta história esquecida do Cristianismo primitivo, **Ignácio de Antioquia.**

Durante 18 meses, o trabalho se desenvolveu semanalmente, sempre nas noites de domingo, em minha residência, onde instalamos o Núcleo Espírita Cristão Maria de São João de Deus e, para tanto, contei com o auxílio precioso de Noêmia Barbosa da Silva e de minha irmã Joyce Lemos Eliachar.

Tanto o Prefácio, quanto os dois últimos capítulos, no entanto, por instruções dos espíritos, foram recebidos em reuniões públicas no Centro Espírita Luz, Amor e Caridade, em noites de segundas-feiras.

Esclareço que, de acordo com a classificação de Allan Kardec em seu "O Livro dos Médiuns", este romance foi recebido pela via da psicografia direta, manual, ora semimecânica, ora intuitiva.

Sempre guardei a consciência do que escrevia, embora não exprimindo o meu próprio pensamento, claramente guiado por inteligências desencarnadas.

Os conhecimentos aqui enfeixados em torno de fatos, personagens, lugares e acontecimentos descritos pela narrativa situam-se nitidamente fora dos limites de meus próprios conhecimentos e capacidades.

A sensação que vivenciei era a de que vigorosa vontade extracorpórea se impunha, fazendo-me ser invadido por inúmeros fluidos elétricos, levando-me ao estado de transe. Este também variou de acordo com a própria narrativa.

Por vezes, pareceu-me ler num livro imaterial o que grafava no papel. De outras vezes, afigurava-se-me estar testemunhando, como observador, um filme em três dimensões, acompanhando-lhe as cenas entre a emoção e o enlevo. Nessas ocasiões, muito frequentemente, banhei-me em lágrimas de profunda comoção. Outras vezes ainda senti a vontade incontida de escrever para dar vazão à profusão de ideias que rapidamente brotavam em minha mente, sem que absolutamente delas tivesse qualquer parte de elaboração.

Tenho ainda a elucidar que cada novo capítulo desta história foi para mim uma novidade ou uma surpresa, tal qual acontece ao próprio leitor. Desde o início da psicografia nunca guardei a menor noção do que viria a escrever, a não ser quando me rendia à direção evidente e incontestável da Espiritualidade, fazendo-me curvar à sua poderosa influência, com um grande sentimento de reconhecimento, respeito e gratidão.

Julgo do meu dever declarar que apenas soube do nome do espírito comunicante, *Theophorus*, ao final da obra, quando ele a assinou. Sua identidade, contudo, para mim permaneceu desconhecida até outubro de 2005, quando o espírito de Meimei, numa reunião na UEM, me revelou ser ele o personagem Cefas deste livro.

Devo dizer que tudo devo aos amigos espirituais que estiveram envolvidos na transmissão desta obra para o plano físico.

Dedico-a, em especial, ao amado amigo Chico Xavier, que tudo me ensinou a respeito do Evangelho de Jesus e da Doutrina dos Espíritos. Sem esquecer também de registrar o agradecimento constante ao carinhoso espírito de nossa benfeitora Neném Aluotto, generosa instrutora que, por 33 anos ininterruptos, esteve entre nós à frente dos destinos da União Espírita Mineira.

Como sói acontece em uma recepção mediúnica, lamento apenas que os espíritos não puderam contar com um intermediário mais preparado e reconheço que minhas deficiências de estilo e vernáculo acabaram por obstar uma transmissão mais fiel e cristalina da história que me foi mostrada em espírito.

Peço ao leitor atento, por isso mesmo, que os erros e omissões que, porventura, venha a encontrar sejam atribuídos única e exclusivamente à minha reduzida capacidade de assimilação e transmissão da ideia original de seu autor espiritual, sem mencionar a minha falta de habilidade literária.

Tudo o mais, caros amigos - a beleza do enredo, o ineditismo dos detalhes apresentados, a elevação dos conceitos morais expostos e o desdobramento da história dos primeiros tempos do Cristianismo na face da Terra, com o seu ascendente de espiritualidade superior - pertence ao espírito de Theophorus, à frente de sua equipe de colaboradores espirituais. Diante deles me curvo com um sentimento ilimitado de reverência, admiração e simpatia, pela paciência que demonstraram ante a precariedade de meus atributos psíquicos.

Tenho ainda a registrar a minha mais alta gratidão ao espírito dedicado da equipe que trabalhou diretamente na edição deste livro, sem a qual ele não poderia vir a lume: Silvana Amaral da Costa, que o digitou, Célia Maria de Oliveira Soares, que o revisou tecnicamente, Luiz Augusto da Costa, que fez toda a programação visual e diagramação, Antônio Roberto Fontana, Arnaldo Rocha e Ivanir Severino da Silva, que o revisaram à luz da Doutrina Espírita, Prof. Márcio Luis de Oliveira, que traduziu algumas expressões em Latim.

Esclareço também que tomamos a decisão de manter os nomes das províncias e das cidades citadas no enredo, em sua maioria, grafados na língua latina, conforme usado nos primórdios da vida cristã. Com o transcurso dos séculos, muitas delas mudaram de nome e outras não mais existem hoje senão como ruínas arqueológicas, razão pela qual só pudemos identificar sua real localização nos mapas constantes da obra com a ajuda dos atlas arqueológicos e históricos aqui referenciados.

Por fim, desejo a todos uma boa viagem ao tempo da simplicidade e da pureza do Cristianismo, em sua mais bela e genuína expressão.

Geraldo Lemos Neto
Belo Horizonte, 26 de maio de 2005.
<small>(Revisado em 2 de fevereiro de 2009.)</small>

CURIOSIDADE ETIMOLÓGICA

[1] A título de curiosidade, registramos aqui os significados de alguns nomes que aparecem ao longo da narrativa. Segundo Paulo Dias e Norma Tavares, em seu artigo no Portal do Espírito "O Cristo histórico e a redação original dos evangelhos | Etimologia", *os hebreus acreditavam na virtude mística das palavras e o nome expressava a alma das coisas e pessoas; os nomes próprios eram substantivos comuns, carregados das qualidades místicas que se desejavam transmitir*: Galilea, do hebraico *Galil-iah*: Jardim de Deus. Cafarnaum, do aramaico *Kefarnomê*, do hebraico *Cfar-n'ahum*: aldeia de N'ahum; aldeia de Noé; aldeia do Consolador. Israel, do hebraico *I-sra-el*: Eu luto por (ou com) Deus. Jerusalém, do hebraico *I-uru-salêm*: Eu vejo a paz; do grego *Hierosolima*: cidade santa. Jesus, do hebraico *Iahu-svah*: Deus salva. João, do hebraico *Iahu-channah*: dedicação a Deus; o bem-vindo; dim.: *Iehvana*. Judea, do hebraico *I-iahn-udáh*: Eu louvo a Deus. Maria, do aramaico *Mâr*: Senhora; do hebraico *Mariah*: exaltada; do persa antigo *Miriam*: estrela. Páscoa, do hebraico *Pessach*: passagem; festa da passagem no primeiro dia do plenilúnio da primavera. Pedro | Cefas, do hebraico *Qefáh*: pedra; do grego *Petros*: rochedo.

IRMÃO JOSÉ POR REMBRANDT
Retrato psicopictografado pelo médium carioca Lívio Rocha Barbosa, durante sessão mediúnica na Fecfas – Fraternidade Espírita Cristã Francisco de Assis, no dia 2 de abril de 2005, por ocasião do lançamento do livro *Réstia de Luz*, recebido de espíritos diversos pelas mãos de Geraldo Lemos Neto. Irmão José é o mentor espiritual da Fraternidade Espírita Cristã Francisco de Assis, em Belo Horizonte.

Notas Explicativas

CAPÍTULO I

[2] Jeremias, 7:9 e 10.

CAPÍTULO II

[1] Salmo 23.

[2] A Festa dos Ázimos - festa da Páscoa judia - era celebrada sempre no primeiro mês do ano judeu, mês de *nizan*.

CAPÍTULO III

[1] Betsaida significa "casa da pesca".

CAPÍTULO IV

[1] Maiores detalhes na obra "Há 2000 mil anos...", psicografada por Francisco Cândido Xavier | Emmanuel.

[2] Àquele tempo, a noite era dividida em vigílias, perfazendo quatro no total. A contagem das horas iniciava-se ao ocaso e tinha fim ao alvorecer.

CAPÍTULO V

[1] Na esteira das reencarnações sucessivas, Ruth viria a ser Clara e João Boanerges viria a ser Francisco de Assis, na Úmbria que lhes receberia a presença no desempenho de sagrados deveres espirituais, em nome de Jesus, nos séculos XII e XIII.

CAPÍTULO VIII

[1] Salmo 22.

² Quando da recepção mediúnica desse trecho, era do meu conhecimento o conteúdo de uma conversa particular sobre o tema entabulada entre o saudoso médium Chico Xavier e as distintas senhoras Wanda Amorim Joviano e Suzana Maia Mousinho, ambas residentes na cidade do Rio de Janeiro. A pedido do médium Chico Xavier, a Sra. Suzana estudou o assunto, apresentando suas conclusões de que a frase de Jesus, nos derradeiros instantes de martírio, referia-se a um trecho da oração do Salmo 22, o que o referido medianeiro confirmou, com alegria.

CAPÍTULO IX

¹ Conhecida hoje como El Legdel, Magdala situava-se às margens do lago da Galileia. Era famosa por seu comércio diversificado, suas tinturarias, seu mercado de pombos e por seus bordéis.

² Irmão José nos disse que Maria Marcos era também proprietária do Monte das Oliveiras.

CAPÍTULO X

¹ Os fariseus e os saduceus compunham os dois grandes grupos constituidores do Sinédrio. Os saduceus eram integrados pela nobreza, pelos sacerdotes, pelos anciãos ou representantes do povo. Naqueles dias, o sumo sacerdote em exercício era Caifás, um saduceu.

CAPÍTULO XI

¹ Êxodo, 15:2 e Salmo 118:14.

CAPÍTULO XII

¹ Os dias da semana eram chamados de Féria I - o atual domingo, o Dia do Senhor, em honra da ressurreição de Cristo, Féria II - segunda-feira, Féria III - terça-feira, Féria IV - quarta-feira, Féria V - quinta-feira e Féria VI - sexta-feira. (Fonte: www.fecfas.org.br/aberturainicial1.htm)

CAPÍTULO XV

¹ Referência a Saulo de Tarsus.

CAPÍTULO XVI

[1] Depois Acre e hoje Akko.

[2] Atualmente Hefa.

[3] As cidades de Akko, Sôur, Saida, Beirute, Trâblous, Tartus e Al Lādhiqujah, na atualidade entre o Líbano e a Síria.

[4] Hoje nomeado Hims ou Homs.

[5] Hoje Hamāh.

[6] Hoje Antakya da Turquia.

CAPÍTULO XVII

[1] Do Capítulo XIV - Dos Médiuns - de "O Livro dos Médiuns", de Allan Kardec, páginas 181 a 196: *"(...) 159 - Toda pessoa que sente, em um grau qualquer, a influência dos espíritos, por isso mesmo, é médium. Essa faculdade é inerente ao homem, e, por consequência, não é privilégio exclusivo, também são poucos nos quais não se encontrem alguns rudimentos dela. Pode-se, pois, dizer que todo mundo é, mais ou menos, médium. Todavia, usualmente, essa qualificação não se aplica senão àqueles nos quais a faculdade medianímica está nitidamente caracterizada, o que depende, pois, de um organismo mais ou menos sensível. De outra parte, deve-se anotar que essa faculdade não se revela em todos do mesmo modo; os médiuns têm, geralmente, uma aptidão para tal ordem de fenômenos, o que lhes resulta tantas variedades quantas sejam as espécies de manifestações. As principais são: os médiuns de efeitos físicos, os médiuns sensitivos ou impressionáveis, audientes, falantes, videntes, sonâmbulos, curadores, pneumatógrafos, escreventes ou psicógrafos. 1. Médiuns de efeitos físicos - 160. Os médiuns de efeitos físicos são mais especialmente aptos a produzirem fenômenos materiais, tais como os movimentos dos corpos inertes, os ruídos, etc. Podem-se dividi-los em médiuns facultativos e médiuns involuntários. (Ver 2ª parte, capítulos II e IV.) (...) 2. Médiuns sensitivos ou impressionáveis - 164. Assim se designam as pessoas suscetíveis de sentirem a presença dos espíritos por uma vaga impressão, uma espécie de ro-*

çadura sobre todos os membros, da qual não se podem dar conta. *Essa variedade não tem um caráter bem definido; todos os médiuns são necessariamente impressionáveis e a impressionabilidade, assim, é antes uma qualidade geral do que especial: é a faculdade rudimentar indispensável ao desenvolvimento de todas as outras; difere da impressionabilidade puramente física e nervosa, com a qual é preciso não confundi-la; porque há pessoas que não têm nervos delicados e que sentem mais ou menos o efeito da presença dos espíritos, da mesma forma que há outras muito irritáveis, que não os sentem, absolutamente. (...) 3. Médiuns audientes - 165. Eles ouvem a voz dos espíritos; como dissemos, falando da pneumatofonia, algumas vezes é uma voz íntima que se faz ouvir no foro interior; de outras vezes é uma voz exterior, clara e distinta como a de uma pessoa viva. Os médiuns audientes podem, assim, entrar em conversação com os espíritos. Quando têm o hábito de se comunicarem com certos espíritos, os reconhecem imediatamente pelo caráter da voz. Quando não se está por si mesmo dotado dessa faculdade, pode-se igualmente se comunicar com um espírito por intermédio de um médium audiente que ocupe a função de intérprete. (...) 4. Médiuns falantes - 166. Os médiuns audientes, que apenas transmitem o que ouvem, não são, propriamente falando, médiuns falantes; estes últimos, com muita frequência, não ouvem nada; neles o espírito atua sobre os órgãos da palavra, como atua sobre a mão dos médiuns escreventes. O espírito, querendo se comunicar, serve-se do órgão no qual encontra mais flexibilidade no médium; de um empresta a mão, de outro a palavra, de um terceiro o ouvido. O médium falante se exprime geralmente sem ter a consciência do que diz, e, frequentemente, diz coisas completamente fora de suas ideias habituais, de seus conhecimentos e mesmo do alcance de sua inteligência. (...) 5. Médiuns videntes - 167. Os médiuns videntes são dotados da faculdade de ver os espíritos. Há os que gozam dessa faculdade no estado normal, quando estão perfeitamente despertos, e dela conservam uma lembrança exata; outros não têm senão no estado sonambúlico ou próximo do sonambulismo. Essa faculdade raramente é permanente e é, quase sempre, o efeito de uma crise momentânea e passageira. Podemos colocar na categoria de médiuns videntes todas as pessoas dotadas da segunda vista. A possibilidade de ver os espíritos em sonho resulta, sem contradita, de uma espécie de mediunidade, mas não constitui, propriamente falando, os médiuns videntes. Explicamos esse fenômeno no capítulo VI, das Manifestações visuais. (...) 6. Médiuns sonâm-*

bulos - 172. O sonambulismo pode ser considerado uma variedade da faculdade medianímica, ou melhor dizendo, são duas ordens de fenômenos que, com muita frequência, se encontram reunidas. O sonâmbulo atua sob a influência de seu próprio espírito; é sua alma que, nos momentos de emancipação, vê, ouve e percebe fora dos limites dos sentidos; o que ele exprime haure em si mesmo; (...) 7. Médiuns curadores - 175. (...) esse gênero de mediunidade consiste principalmente no dom que certas pessoas têm de curar pelo simples toque, pelo olhar, por um gesto mesmo, sem o socorro de nenhuma medicação. (...) 8. Médiuns pneumatógrafos - 177. Dá-se esse nome aos médiuns aptos a obterem a escrita direta, o que não é dado a todos os médiuns escreventes.(...) Segundo a maior ou menor potência do médium, obtêm-se simples traços, sinais, letras, palavras, frases, e mesmo páginas inteiras. (...)" Com relação à psicografia, recorremos ao capítulo XIII - Psicografia, páginas 176 a 179, que trata da psicografia indireta e da psicografia direta e manual: *"(...) 157. (...) psicografia direta ou manual, obtida pelo próprio médium. (...) O espírito estranho que se comunica age sobre o médium; este, sob essa influência, dirige maquinalmente seu braço e sua mão para escrever, sem ter (é pelo menos o caso mais comum) a menor consciência do que escreve (...)."*

[2] Hoje Aleppo ou Helab da Síria.

[3] A pedido de Simão Pedro, alguns anos à frente, foi Barnabé quem buscou Saulo de Tarsus na cidade do Tauro para que o futuro Paulo, o apóstolo dos gentios, fosse também para o ambiente do núcleo da Casa do Caminho do Cristo na cidade de Antioquia da Syria, a fim de colaborar nos serviços evangélicos.

CAPÍTULO XVIII

[1] O Koiné era um idioma internacional, utilizado pelos comerciantes da época e que se impôs aos vários idiomas da região: ático, jônio, dório, eólio, etc.

[2] Com respeito à tarefa missionária desenvolvida a partir de Antioquia da Syria, na evangelização dos gentios, tomada a cargo de Saulo de Tarsus, o inesquecível apóstolo Paulo, assim também por José Barnabé, secundados por outros companheiros de testemunho

e fé, recomenda-se a leitura e o estudo detalhado da obra "Paulo e Estêvão", psicografada por Francisco Cândido Xavier | Emmanuel.

[3] Mais tarde o apóstolo Lucas.

[4] Depois martirizado no Circus Maximus da Roma imperial por ordem de Nero, no ano 58 de nossa Era. Vide relato de seu martírio na obra "Há 2000 mil anos...", psicografada por Francisco Cândido Xavier | Emmanuel.

[5] Passe: vide nota 1 - Médiuns curadores - do Capítulo XVII. A título de complementação, sugerimos a leitura do Capítulo 19 - Passes - da obra "Missionários da Luz", psicografada por Francisco Cândido Xavier | André Luiz.

CAPÍTULO XIX

[1] Essas cartas são as que finalizam o capítulo anterior do presente volume.

[2] Para Ephesus se dirigira, encontrando-se com a oportunidade de servir ao Senhor em terras tão distantes. Prometeu retornar àqueles sítios, uma vez que não lograra êxito em encontrar os parentes de Leocádia.

[3] Ao longo dos séculos, nunca mais o espírito de Salustius Primus pôde esquecer-se daquele encontro jubiloso, guardando na retentiva espiritual da sua memória as mais caras recordações. Alguns séculos mais adiante, o romano reencontrar-se-ia novamente com o apóstolo João, seguindo as pegadas luminosas do poverelo de Assis na Úmbria inesquecível do século XIII, lutando e sofrendo por amor à mensagem de Jesus, na renovação dos caminhos obscuros da Idade Média.

[4] Carros puxados por dois cavalos.

CAPÍTULO XXII

[1] Como "Espírito Santo" deveremos entender aquela expressão a representar para a humanidade, em todos os seus tempos, a legião

dos espíritos iluminados de sabedoria e santificados de amor que cooperam com Jesus Cristo para a redenção dos homens.

CAPÍTULO XXV

[1] A título de curiosidade, o ano, àquela época, era assim ordenado e dividido: Iyyar (abril|maio), Sivan (maio|junho), Tammuz (junho|julho), Ab (julho|agosto), Elul (agosto|setembro), Tisri (setembro|outubro), Marjesván (outubro|novembro), Tebet (dezembro|janeiro), Adar (fevereiro|março).

CAPÍTULO XXVII

[1] Uma das encarnações do benfeitor espiritual Emmanuel, guia do querido médium Francisco Cândido Xavier.

CAPÍTULO XXVIII

[1] Mateus, 11:25.

[2] Fílon era um diácono da cidade de Tarsus da Cilícia, enquanto Reos Agátopos era um diácono de Selêucia da Syria, os dois amigos diletos que foram atraídos para a província da Ásia pela presença amorosa de João Boanerges.

[3] De fato, ali estava um dos mais devotados amigos espirituais de João Boanerges, que sempre lhe acompanhara os passos na vida terrestre e que, pelos séculos vindouros, ainda lhe seguiria a orientação justa e amorosa sob a bênção de Deus.

[4] Referência a uma das reencarnações do benfeitor espiritual Emmanuel, guia do querido médium Francisco Cândido Xavier.

CAPÍTULO XXX

[1] Vide exposição detalhada desse episódio e suas consequências no Capítulo VII do livro "Paulo e Estêvão", psicografado por Francisco Cândido Xavier | Emmanuel.

[2] Temos, na sequência dos acontecimentos, o retorno, durante o

ano 54, do apóstolo Paulo de Tarsus à cidade de Ephesus, onde se demoraria mourejando ao lado de João, Áquila, Prisca, Timóteo, Tito, Silas, Aristarco, Gaio, Erasto, Maria de Nazareth e todos os nossos personagens, pela consolidação da igreja cristã dos efésios pelos próximos 3 anos. Para maiores informações dessa época de grandes lutas e realizações para o Cristianismo nascente, recomenda-se a leitura do Capítulo VII do livro "Paulo e Estêvão", psicografado por Francisco Cândido Xavier | Emmanuel.

CAPÍTULO XXXI

[1] Irmão José nos disse que essas instruções foram de relevância para a semeadura do Evangelho, colaborando para a unificação das ideias.

[2] Além da colaboração direta de Simão Pedro e João, Ignácio e Apolo, destaca-se o valioso concurso de Silas, Tito, Timóteo, Silvano, Teófilo, Trófimo, Tíquico, Áquila, Prisca, Matias, Diana, Heleno, Jacob, Ruth, Policarpo, Alceu, Basso, Zócio, Gaio, Átalo, Fílon, Dafnos, Papias, Patius, Agabo, Lucas, Barsabás, João Marcos, Erasto, Rufus, Lúcio, Jasom, Sosípatro, Tércio, Quarto, Sóstenes, Crispo, Estéfanas, Fortunato, Acaio, Felipe, Epafras, Aristarco, Onésimo, Damaso, Arquipo, Onesíforo, Êubulo, Prudente, Lino, Cláudia, Ártemas, Fílemon, Áfia, Demétrio, Febe, Ariadne, Naxos, Távia, Sybilla e Mnason.

[3] Sobre esse episódio e a estadia dos apóstolos de Jesus na sede da capital imperial, vide maiores informações no Capítulo X do livro "Paulo e Estêvão", psicografado por Francisco Cândido Xavier | Emmanuel.

CAPÍTULO XXXII

[1] I Pedro 1:1

[2] Para notícias mais detalhadas sobre a vida e a morte de Maria de Nazareth, o leitor se deliciará com o Capítulo 30, "Maria", do livro "Boa Nova", psicografado por Francisco Cândido Xavier | Humberto de Campos.

CAPÍTULO XXXIII

¹ Mateus, 5:5, 6 e 10.

² Mateus, 5:24, 25.

CAPÍTULO XXXIV

¹ Mateus, 10:14.

² Marcos, 10:14.

³ Uma das encarnações da benfeitora espiritual Meimei.

CAPÍTULO XXXV

¹ Referência ao evangelista Marcos.

² Nestório, personagem do romance "50 anos depois", psicografado por Francisco Cândido Xavier | Emmanuel.

CAPÍTULO XXXVII

¹ Mais tarde, na história da Cristandade, essa estranha doutrina receberia o nome de Docetismo, refletindo o pensamento de seus expoentes máximos, nas pessoas dos bispos Dociteu e Saturnino. Docetismo provém do grego "dokein", que significa "parecer". Segundo a interpretação doceta, a encarnação de Cristo era uma mera aparência - Jesus apenas aparentava o humano, tendo seu corpo uma consistência puramente fluídica, etérea.

CAPÍTULO XXXVIII

¹ Para mais amplas informações sobre o período de exílio de João Evangelista na ilha de Patmos, vide os primeiros capítulos da obra mediúnica "Francisco de Assis", psicografada por João Nunes Maia, ditada pelo espírito de Miramez.

² Sobre a crença de Plinius, o moço, na manifestação dos espíritos,

vide sua carta a Sura, Livro VII - Carta 271, também inserida e comentada por Allan Kardec na edição de março de 1859 da Revista Espírita.

[3] Plinius, o velho, foi funcionário militar e civil, historiador e enciclopedista, nascido em 23 d. C. e morto na erupção do vulcão Vesúvio, em 79. A obra "História Natural", enciclopédia em 37 livros, escrita em latim, na qual surge uma descrição da Palestina, é a única obra que chegou até nós. Trata-se de um condensado de conhecimentos extraídos de outros autores.

[4] Hoje Sevilha, ao sul da Espanha. Uma curiosidade: de família nobre, Trajanus viria a ser, com a morte de Nerva no ano 98 de nossa Era, o primeiro imperador romano nascido fora da península itálica.

[5] Os relatos breves sobre algumas autoridades da vida romana são necessários, pois estas são protagonistas relevantes no desenrolar da narrativa sobre a vida e o testemunho cristão de Ignácio de Antioquia.

CAPÍTULO XXXIX

[1] A menor e mais setentrional das ilhas gregas do grupo conhecido hoje por Dodecaneso, no Mar Egeu.

[2] A pedido de João Boanerges, seu discípulo Johannes incumbiu-se de escrever para a posteridade o relato de suas visões, no que hoje conhecemos como sendo o livro do Apocalipse.

CAPÍTULO XLIII

[1] Três séculos antes, os nossos personagens Plinius Segundus, Marco Antonius e Calpúrnia Lucretia haviam efetivamente estado na cidade dos efésios, protagonizando o desenrolar de complexa história ligada ao destino da cidade, que, oportunamente, em outra ocasião, poderemos relatar, com a permissão divina.

CAPÍTULO XLIV

¹ Potino, anos depois, aos 90 anos de idade, no ano 177 da nossa Era, dirigindo os destinos da igreja cristã da maior cidade das Gálias, Lugdunum (Lyon, na França dos dias atuais), viria a ser arrastado pelas ruas, levado a um tirano tribunal de Marco Aurélio, humilhado, torturado nas mãos e nos pés, preso e martirizado no sacrifício derradeiro em nome do Cristo.

CAPÍTULO XLV

¹ Átalo de Smyrna era o avô paterno do ainda infante Átalo de Pergamum, que, décadas à frente, converter-se-ia, ao lado de Potino, em valoroso mártir do Cristianismo nos acontecimentos do ano 177.

² Lyon, na França de hoje.

³ A igreja de Lyon fora das primeiras agremiações da Cristandade a produzir pelo cêntuplo dos frutos de amor e compreensão, não se deixando perder em questiúnculas e atritos de ordem meramente mundanos, que, infelizmente, sufocaram as boas sementes de realizações de outros tantos núcleos do Cristianismo nascente em todo o mundo. Ainda hoje, seus valorosos adeptos trazem para nós a mensagem viva de Jesus Cristo, consubstanciada na nova revelação. Eis que o solo da generosa Lyon fora escolhido como berço para o renascimento do Cristianismo, revivendo as tradições mais puras e simples da primeira hora, acolhendo em seu seio um dos mais lúcidos discípulos do Senhor, Hippolyte Léon Denizard Rivail, Allan Kardec, que codificaria os parâmetros de uma nova era, alargando os horizontes do entendimento humano com as luzes da razão e a força inequívoca do amor, a legenda inolvidável da mensagem do Cristo de Deus, que ele viera nos relembrar: "FORA DO AMOR NÃO HÁ SALVAÇÃO". É por isso que os destinos do Consolador prometido pelo Cristo, a Doutrina Espírita que Allan Kardec nos legou, sempre estiveram tão ligados às tradições cristãs da igreja de Lyon. Parece-nos ainda agora divisar os inesquecíveis mártires de seus primeiros tempos, envolvidos nos esforços da derradeira hora. João Boanerges, Ignácio de Antioquia, Potino e Átalo de Smyrna, além de Erasto, seriam depois seguidos no exemplo por Átalo de Pergamum, Vétio Epágato, Santo de Viena, Alexandre da Phrygia,

Blandina escrava, Horácio Níger, Ápio Corvino, Lisipo de Alexandria, Pontimiana, Alcibíades, Ireneu, Maturo e Pôntico, que estiveram novamente corporificados na Terra no desempenho de sagrados deveres perante o Evangelho de Jesus, agora redivivo.

[4] Depois da ilha de Creta, Johannes iria terminar os seus dias nas terras da Bretanha, voltando às origens para iluminar as tradições celtas com a luz do Cristianismo.

[5] Após a prisão de Jacob e seus descendentes a caminho da Thracia, coube a Papias substitui-lo no roteiro missionário de evangelização da Thracia, que incluiu também a Macedônia, o Epirus e o Illyricum.

[6] Esse episódio está muito bem caracterizado no relato mediúnico do espírito de Miramez, pela mediunidade de João Nunes Maia, no livro "Francisco de Assis".

CAPÍTULO XLVI

[1] O decurião Basilius Rufus era o fiel escudeiro do procônsul Plinius Segundus, ligado desde muito tempo à família do senador romano.

[2] Na sequência dos séculos que se seguiram, todos eles sempre guardaram na memória profunda de suas almas esse instante inolvidável do chamamento de Jesus. É por isso que quinze séculos avante desse tempo encontraríamos o jovem e orgulhoso patrício Plinius Segundus reencarnado novamente na Terra, em 1491, no castelo de Loyola, na província espanhola da Guipuzcoa, envergando em memória a esse dia o nome de Ignácio de Loyola. Mais tarde fundaria junto de seu tio Plinius, o velho - reencarnado na personalidade de seu amigo e companheiro, conhecido pela Cristandade como São Francisco Xavier, o apóstolo das Índias -, a Companhia de Jesus, o movimento jesuítico que, se no Velho Mundo cometeu muitos enganos, pôde levar a palavra do Cristo ao Novo Mundo das Américas e também aos rincões da Ásia distante.

CAPÍTULO XLVII

[1] Especificamente a Nestório e a Ciro, pai e filho, o leitor poderá se deliciar com as narrativas enfeixadas no romance "50 anos depois", psicografado por Francisco Cândido Xavier | Emmanuel.

[2] Nessa frase, Plinius oculta, deliberadamente, a sua participação no interrogatório de Ignácio de Antioquia em Ephesus, a quem mandou soltar, temendo a provável ira do imperador.

[3] Carta 97, do décimo livro.

CAPÍTULO XLVIII

[1] O jovem Marco Antonius ficou sob a tutela da família de Tacitus até à morte deste no ano 120. A partir daí, com 18 anos de idade, passou algum tempo na companhia de Cornutus Tertullus e sua família.

CAPÍTULO XLIX

[1] Hoje a cidade inglesa de York.

[2] Hoje Bagdahd.

[3] Como podemos facilmente observar, as lutas fraticidas que ainda hoje envolvem as terras da Mesopotâmia, atual Iraque, têm suas razões profundas na poeira das antigas lutas de sangrentas disputas e conquistas, que os tempos ainda não puderam apagar na renovação necessária da paz, do progresso e da concórdia. E, ainda agora há pouco, a história lamentavelmente se repete com as pretensões de domínio do antigo Império Romano, hoje transmudado na hegemonia dos Estados Unidos da América do Norte. Novamente, a águia imperial estende suas garras dominadoras na direção da antiga Babilônia. No entanto, forçoso será reconhecermos que, acima de todos os estratagemas militares e das ilusões de conquista, a Sabedoria Suprema é quem conduz os destinos do orbe terrestre e uma só fagulha de Seu amor será capaz de modificar por completo as composições humanas desviadas e infelizes.

CAPÍTULO L

¹ Na contabilidade dos débitos milenares dos responsáveis diretos e indiretos de semelhante morticínio, a Sabedoria dos Céus pacientemente aguardou quase dois milênios para efetuar o reajuste necessário das consciências devedoras pelo resgate inevitável das faltas de antanho. É por isso que em 26 de dezembro de 2004 assistimos, entre o estarrecimento e a surpresa, os tristes acontecimentos da tsunami asiática, ceifando a vida de mais de duzentas e oitenta mil almas da face da Terra.

CAPÍTULO LI

¹ É por isso que mais tarde seriam imortalizados nas cartas de Ignácio de Antioquia com a pecha de "dez leopardos": *"Eu seguia lutando com feras selvagens, com dez leopardos que, por terra e mar, de dia e de noite, vigiavam-me, e quando se lhes tratava bondosamente, se enfureciam ainda mais."* (Romanos: 5)

² Referência respeitosa de Ignácio de Antioquia a Jesus Cristo, nosso Mestre e Senhor.

³ Portadores de Deus: theophorus.

⁴ Tais conhecimentos espirituais só muito mais tarde seriam trazidos claramente à humanidade com seu amadurecimento, no século XIX, pela abençoada missão do apóstolo da Doutrina Espírita, Allan Kardec.

⁵ É notório, nessa frase ignaciana, o sentido eminentemente espiritual que os primeiros cristãos atribuíam ao corpo - fé - e sangue - caridade - de Cristo, muito distante dos dogmas eucarísticos surgidos depois no seio das igrejas cristãs.

CAPÍTULO LII

[1] Muitos estudiosos das letras ignacianas chegam a admitir que a carta aos romanos, pelo seu estilo, difere das demais. De fato, quem a escreveu foi Alexandre de Jesus, sob a orientação direta de Ignácio.

[2] A ideia corrente de que nessa carta Ignácio de Antioquia reconhece o primado da igreja de Roma sobre as demais congêneres é totalmente falsa. Ignácio a ditou a Alexandre de Jesus num clima de grande ansiedade e emoção, traduzidas no calor dos apelos direcionados aos cristãos de Roma. Nada mais do que isso.

[3] Atual Durazzo, na Albânia.

CAPÍTULO LIII

[1] Mateus, 11:25.

[2] Saturno era o deus romano da sementeira, semelhante ao Cronos grego, ou deus da agricultura. As festas em sua honra eram chamadas de Saturnálias e começavam em 17 de dezembro, durando uma semana. Era o carnaval romano, no qual as restrições morais eram levantadas, o trabalho regular era interrompido e os escravos gozavam de liberdade provisória. Em suma, a licenciosidade era geral. Também nas Saturnálias os patrícios trocavam presentes entre si.

[3] João, 18:36.

CAPÍTULO LIV

[1] Carros de quatro cavalos.

REFERÊNCIAS BIBLIOGRÁFICAS

BÍBLIA SAGRADA. A. T. *Mapas*. 3. ed. São Paulo: Ed. Vida Nova, 1976. p. 348-367.

DIAS, Paulo; TAVARES, Norma. O Cristo histórico e a redação original dos evangelhos. *Etimologia*. |s.d.t.| Disponível em: <www.espirito.org.br/portal/artigos/diversos/estudo/o-cristo-historico.html>. Acesso em: 8 jun. 2005.

EDITORA CULTURAL ESPÍRITA - Edicel. *Obras completas de Allan Kardec*.|Hippolyte Léon Denizard Rivail|. Tradução de Júlio Abreu Filho. São Paulo: Edicel, |19--|. v. 1.

JOSÈPHE, Flavius. *Guerre des juifs*. Tradução de André Pelletier S. J. Paris: Société d'Édition Les Belles Lettres, 1982. v. 1 a 6.

KARDEC, Allan | Hippolyte Léon Denizard Rivail |. *O livro dos médiuns*. 72. ed. São Paulo: Instituto de Difusão Espírita, 2004. 464 p.

KREMER, Ruy. *Paulo:* um homem em Cristo. Rio de Janeiro: ICEB, 2002. 388 p.

LELLO & IRMÃO EDITORES. *Dicionário prático ilustrado*. Porto: Artes Gráficas Porto, 1967. v. 3.

READER'S DIGEST BRASIL (Rio de Janeiro, RJ). *Atlas de história mundial*. Rio de Janeiro, 2001.

THE Doré bible illustrations. New York: Dover Publications, Inc., 1974.

THE times archaeology of the world. London: Times Book, 1999.

BIBLIOGRAFIA INDICADA

KARDEC, Allan | Hippolyte Léon Denizard Rivail |. *O livro dos médiuns*. 72. ed. São Paulo: Instituto de Difusão Espírita, 2004. 464 p.

MAIA, João Nunes. *Francisco de Assis*. Ditado pelo espírito de Miramez. 17. ed. Belo Horizonte: Ed. Espírita Cristã Fonte Viva, 2000. 437 p.

XAVIER, Francisco Cândido. *Ave, Cristo*. Ditado pelo espírito de Emmanuel. 5. ed. Rio de Janeiro: Federação Espírita Brasileira, 1954. 376 p.

XAVIER, Francisco Cândido. *Boa nova*. Ditado pelo espírito de Humberto de Campos. 17. ed. Rio de Janeiro: Federação Espírita Brasileira, 1941. 208 p.

XAVIER, Francisco Cândido. *Há 2000 anos...* . Ditado pelo espírito de Emmanuel. 17. ed. Rio de Janeiro: Federação Espírita Brasileira, 1939. 444 p.

XAVIER, Francisco Cândido. *Missionários da luz*. Ditado pelo espírito de André Luiz. 21. ed. Rio de Janeiro: Federação Espírita Brasileira, 1945. 350 p.

XAVIER, Francisco Cândido. *Paulo e Estêvão*. Ditado pelo espírito de Emmanuel. 18. ed. Rio de Janeiro: Federação Espírita Brasileira, 1941. 556 p.

XAVIER, Francisco Cândido. *50 anos depois*. Ditado pelo espírito de Emmanuel. 12. ed. Rio de Janeiro: Federação Espírita Brasileira, 1939. 352 p.

ANEXO A

A paz de Jesus seja entre vós, meus filhos!

Pedindo aos diletos irmãos, que atenciosamente nos escutam, o recolhimento, silêncio e pensamento firme no divino Nazareno, e dando por abertos os nossos trabalhos, transmito-vos a bênção do amado Mestre.

A luz inestimável da bendita regeneração ilumine-vos os arcanos, o íntimo de vossos espíritos!

Quando a atmosfera se carrega de nuvens, os vulcões se organizam. Quando enegrece o céu, agitam-se os arvoredos, movidos pela potente força do ar em vertiginosa carreira. Os habitantes da Terra dizem: *"Eis os prenúncios da dúvida!"* Cada qual, tomando medidas preventivas no sentido de pôr-se a salvo contra as intempéries, corre pressuroso aos domicílios.

Acaso esta mesma humanidade não vê augúrios que prenunciam, não as tempestades precípites a desabarem, porém anunciam que, no mundo moral, graves, extraordinários e insólitos fenômenos vão se realizar?

Acaso esta humanidade olvidara por completo a promessa que lhe foi feita por parte do insólito Espírito que preside os destinos deste mundo? Varrera-se de sua memória a mais fagueira e consoladora promessa do unigênito Filho de Deus? Assim feito, guardai meus mandamentos. A vós, apóstolos queridos, a vós, ó humanidade, enviarei o Consolador que, eternamente, entre vós ficará!

Acaso os humanos seres, na revolução moral que se opera neste momento na superfície terrena, não veem os indícios flagrantes da vinda d'Aquele que eternamente ficará entre os homens, porque como uma emanação d'Aquele para quem não se fez a morte, como eflúvios eternos, sendo esse espírito aquele que d'Ele procede espírito é. Logo, pode preencher os atributos d'Aquele que Jesus prometera aos homens habitantes da Terra!

Ei-lo! Explica, com toda a sua simplicidade ao alcance de todas as inteligências, as divinas parábolas de Jesus! Ei-lo disseminando por toda parte consolo, alívio e bênçãos!

E acaso, pergunto ainda, àqueles que beneficiados de tão celestiais dons podem formular em seus corações a dúvida de que a grata promessa não se realizara e nem realizar-se-á? Oh, se estes que enxergam não veem, eis também o que d'eles disseram os puros lábios de Jesus: *"Têm olhos e não veem, ouvidos e não ouvem!"* Como a inteligência humana reconhece os indícios da próxima borrasca e não tem conhecimento dos sinais que prenunciam o Espírito Consolador?

Volvei, caros irmãos, a vossa fé para o Deus de bondade! Alentai as acariciadoras esperanças que em vossos seios inoculara o Filho da doce Maria! A esperança da paz, da fraternidade e do amor, por esse mesmo Consolador vai ser, de fato, uma realidade!

Todo aquele que abrindo as páginas da obra imortal do gênio de Allan Kardec e nelas demorar os olhos sobre os ensinamentos que elas encerram, ensinamentos transmitidos pelos espíritos do Senhor, nela encontrará a página mais palpitante e traducente da verdadeira doutrina do meigo Nazareno. Encontrará respeito à mais alta, estupenda e sublime filosofia que há de, em dias bem próximos, abrir os braços a todos aqueles que residem neste presídio da dor e o mais memorável e sensacional sentimento de afeto fará com que a humanidade se cinja no mais doce, significativo e cristão amplexo!

Varrerá dos corações o ódio, expurgará da Terra a vingança, a maledicência, a inveja, o ciúme, o egoísmo, as calúnias - cancros do espírito humano!

Nesta mesma Terra estabelecer-se-á a harmonia, a concórdia, a paz, a caridade, o amor, a fé em Deus, a fé em um Deus que é espírito e verdade, que é perdão e misericórdia, clemência e doçura, em um Deus cuja bondade, em um sentimento de veneração, será sentida por todas as almas generosas! Os obreiros desse grande edifício delineado pelo divino arquiteto Jesus estão em franca atividade!

Os espíritos do Senhor, quebrando os mistérios escondidos sob a lápide dos túmulos, vêm dizer aos seres humanos: *"Homens, Deus convida-vos à verdadeira vida - a vida da pureza, a vida dos anjos!"*

Homens, escutai e segui os conselhos do Espírito Consolador! Ele vem ensinar as verdades que Jesus não vos pudera revelar, devido não suportá-las naquela época! É chegado o momento em que vós, por intercessões do Consolador Eterno, haveis de contrair aliança com o inefável sentimento da caridade!

Escutai, meus filhos, escutai as vozes do céu! Elas prenunciam o indício do reinado de Jesus entre vós! Elas formam, constituem e realizam o objeto da promessa que vos fizera o Redentor da humanidade!

Que sobre vós se estenda o alvo sudário da paz e do amor!

*B*ispo D'Argel

Mensagem psicografada por Eurípedes Barsanulfo
em 4 de junho de 1908, em Sacramento | MG,
constante do livro *Eurípedes – O médium de Jesus*.
(Editora Esperança e Caridade, 2001)

Nota do editor: conforme relatado à página 515, Adolfo, Bispo D'Argel, foi uma das reencarnações de Ignácio de Antioquia.

LEIA TAMBÉM

Réstia de luz

Primeiro livro editado pela Vinha de Luz Editora, lançado por ocasião do bicentenário de Allan Kardec (1804|2004) e dos 140 anos da primeira edição de *O Evangelho Segundo o Espiritismo* (1864|2004). Traz mensagens recebidas de espíritos diversos, psicografadas pelo médium Geraldo Lemos Neto, que interpretam as lições de *O Evangelho Segundo o Espiritismo*, nos indicando os caminhos mais certos da vida no permanente convite de nosso Mestre e Senhor Jesus.

Espíritos Diversos
Psicografia de Geraldo Lemos Neto

Sementeira de luz

Voltando à Terra no século XIX, Neio Lúcio encarna a personalidade de Arthur Joviano, cujo núcleo familiar, em missão redentora de um passado longínquo, conta com as presenças de personagens descritos nos romances *50 anos depois* e *Renúncia*. Desprendido em 1934, Neio Lúcio inicia sua comunicação com a família, através da mediunidade de Chico Xavier, em reuniões semanais de culto evangélico na casa de Rômulo Joviano, em Pedro Leopoldo | MG. As mensagens, repletas de sabedoria e amor extremado por todos aqueles com os quais conviveu, são bem a confirmação dos compromissos reparadores que assumimos na Espiritualidade, alicerçados nos ensinamentos de Jesus para nos tornarmos legítimos semeadores da Boa Nova.

Pelo Espírito Neio Lúcio
Psicografia de Francisco Cândido Xavier
Organização de Wanda Amorim Joviano

Deus conosco

Deus conosco é o livro que dá sequência às revelações espirituais inéditas da psicografia de Francisco Cândido Xavier, trazidas a lume pela prestimosa organização de Wanda Amorim Joviano, com a colaboração de Geraldo Lemos Neto. As mensagens, recebidas em sua maioria no culto doméstico do Evangelho no lar da família Joviano, nas décadas de 30 a 50, na Fazenda Modelo, em Pedro Leopoldo | MG, são de autoria de Emmanuel, o espírito responsável pela materialização da extensa bibliografia que tanto esclarecimento e consolação verteram da Vida Maior para a face da Terra, através das abnegadas mãos de Chico Xavier. Deus conosco nos traz de volta ao convívio os memoráveis discípulos do Cristo, ligados desde priscas eras, cuja missão foi a da revivescência do Cristianismo puro e simples dos tempos apostólicos, no coração humilde e generoso das terras pacíficas do Brasil.

Pelo Espírito Emmanuel
Psicografia de Francisco Cândido Xavier
Organização de Wanda Amorim Joviano e
Geraldo Lemos Neto

Militares no Além

Dentre os tesouros guardados por Wanda Amorim Joviano, MILITARES NO ALÉM, da lavra de Chico Xavier nos anos de 36 a 52, no mínimo surpreende pela atualidade das mensagens em torno da paz que a humanidade do século XXI tanto anseia. Fruto da sua ingente dedicação no desdobre das tarefas mediúnicas no culto do lar realizado durante muitos anos pelo *Grupo Doméstico Arthur Joviano*, na Fazenda Modelo, em Pedro Leopoldo | MG, esse livro relata, na perspectiva espiritual de muitos servidores da pátria, a realidade consoladora do *outro lado*, onde o trabalho pelo bem não cessa e a esperança é sentimento que inspira a vitória do amor preconizado por Jesus.

Espíritos Diversos
Psicografia de Francisco Cândido Xavier
Organização de Wanda Amorim Joviano

Iluminuras

ILUMINURAS é a primeira publicação de bolso da Vinha de Luz Editora. É composta de pensamentos e frases extraídos do livro *Deus conosco*, do venerável espírito Emmanuel, psicografado por Francisco Cândido Xavier nas décadas de 30 a 50, durante o culto cristão no lar do Dr. Rômulo Joviano, na Fazenda Modelo, em Pedro Leopoldo | MG. A riqueza dos ensinamentos evangélicos apresentados na obra fala por si só e atesta o amparo de nosso Senhor Jesus Cristo à divulgação da Doutrina Espírita, codificada pelo apóstolo Allan Kardec.

Pelo Espírito Emmanuel
Psicografia de Francisco Cândido Xavier
Organização de Cezar Carneiro de Souza

Sementeira de paz

Volume que dá sequência ao roteiro de revelações espirituais do espírito de Neio Lúcio, que em última romagem terrena envergou a personalidade de Arthur Joviano, pai de Dr. Rômulo Joviano, diretor da Fazenda Modelo em Pedro Leopoldo | MG, onde Chico Xavier trabalhou por largos anos. As mensagens nele contidas surgiram espontaneamente pela psicografia de Chico Xavier a partir de 1935, na residência da família Joviano, na própria Fazenda Modelo, durante o culto do Evangelho no lar do *Grupo Doméstico Arthur Joviano*, a que Chico prazerosamente se dirigia depois de findos os seus trabalhos diuturnos, dando a *Deus o que é de Deus* após dar a *César o que é de César*. Recebidas por Chico Xavier de 1946 a 1948, as mensagens de Neio Lúcio foram batizadas de SEMENTEIRA DE PAZ, sendo esse novo livro, organizado por Wanda Joviano, dedicado ao centenário de nascimento de Chico Xavier (1910-2010), o *medianeiro do amor*.

Pelo Espírito Neio Lúcio
Psicografia de Francisco Cândido Xavier
Organização de Wanda Amorim Joviano

Pérolas de sabedoria

Compulsados do livro *Sementeira de luz*, organizado por Wanda Amorim Joviano, as frases e os textos apresentados no livro *Pérolas de sabedoria* foram coletados e reunidos por Braz José Marques com o propósito de engrandecer o aprendizado de todos nós nos estudos evangélicos do dia a dia. As pérolas da Espiritualidade — aqui incrustadas na condição de joias valiosas — são fundamentais para o esclarecimento daqueles que delas se valerem, expositores ou não da Doutrina Espírita.

Pelo espírito Neio Lúcio
Psicografia de Francisco Cândido Xavier
Organização de Braz José Marques

Colheita do bem

A autoria deste livro pertence ao professor Arthur Joviano, o estimado benfeitor espiritual que todos nós conhecemos com o nome de Neio Lúcio, personagem do romance *50 anos depois*, de quem recebemos valiosos ensinamentos dirigidos ao espírito imortal que vai vencer a morte e transpor os séculos. Chico Xavier psicografou as mensagens do livro durante o culto do Evangelho no lar da família Joviano, na Fazenda Modelo em Pedro Leopoldo, onde trabalhava. No *Colheita do bem* estão as páginas recebidas nos anos de 1949 a 1952, sendo, portanto, as últimas psicografadas na Fazenda Modelo, uma vez que em 1952 a família Joviano transferiu definitivamente sua residência para a cidade do Rio de Janeiro. *Colheita do bem* finaliza a série iniciada com o livro *Sementeira de luz*, seguido pelo *Sementeira de paz* — formando uma verdadeira trilogia da luz, da paz e do bem maior, que a todos nos une no carreiro da evolução espiritual para Deus.

Pelo Espírito Neio Lúcio
Psicografia de Francisco Cândido Xavier
Organização de Wanda Amorim Joviano

Chico Xavier — O primeiro livro

EDIÇÃO ESPECIAL

Vinte anos antes de sua desencarnação, Chico Xavier revelou que sempre guardou no íntimo o desejo de publicar as belas produções mediúnicas que os amigos espirituais escreviam por seu intermédio, nos idos dos anos 20. Curiosamente, Chico confeccionava, com suas próprias mãos e com grande esforço, alguns exemplares com a finalidade de despertar os amigos para a possibilidade de um livro. Face à pobreza material com a qual vivia, ao médium restava a esperança de que algum desses amigos se interessasse pelo tema e, talvez, movimentasse os recursos necessários para uma publicação. De suas primeiras produções manuais, contendo, inclusive, a sua sensibilidade artística no desenho e na ilustração das mensagens, Chico conseguiu guardar durante toda a sua vida um único exemplar, que ao final de sua existência terrena entregou ao seu sobrinho-neto, Sérgio Luiz Ferreira Gonçalves, que no-lo apresentou para a devida divulgação. Esse é então, de fato e de direito, o primeiro livro de Chico Xavier, que a Vinha de Luz Editora da Casa de Chico Xavier de Pedro Leopoldo trouxe a lume, com a alegria de presentear o amado amigo Chico com a edição de seu *primeiro livro* no ano de 2010, ano de seu centenário de nascimento.

Espíritos Diversos
Psicografia de Francisco Cândido Xavier
Organização de Geraldo Lemos Neto e
Sérgio Luiz Ferreira Gonçalves

Luz na Escola —
Chico Xavier na Escola Jesus Cristo de Campos | RJ

Esse é um livro de Francisco Cândido Xavier, com mensagens psicografadas por ele durante visita de quatro dias à Escola Jesus Cristo, em Campos | RJ, em 1940. Contém comentários de seu organizador, Clóvis Tavares, testemunha ocular de todos os fenômenos ali ocorridos. Os textos desse volume representam uma reedição da sua primeira, pequena, única e esgotada edição, feita também em 1940, publicação de caráter doméstico da Escola Jesus Cristo, agora reeditada pela Vinha de Luz, que desempenha hoje um papel ímpar no resgate histórico da produção mediúnica de Chico Xavier.

Espíritos Diversos
Psicografia de Francisco Cândido Xavier
Organização de Clóvis Tavares e Flávio Mussa Tavares

Viajantes —
A Espiritualidade iluminando sua mente e seu coração através de Chico Xavier

Primeiro audiolivro da Vinha de Luz Editora, que reúne 20 mensagens de espíritos diversos, psicografadas por Chico Xavier ao longo de seus 75 anos de labor mediúnico. Com um sugestivo título-tema e trilha sonora de rara beleza, VIAJANTES, organizado e interpretado por Fernando Peron, é um incentivo ao estudo sério e aprofundado de tão extraordinário patrimônio filosófico, científico e religioso legado a nós pelas mãos operosas e abençoadas de Chico Xavier.

Espíritos Diversos
Psicografia de Francisco Cândido Xavier
Organização e interpretação de Fernando Peron

Lições para Angelita

Quando Chico Xavier tinha apenas 20 anos, dois personagens importantes surgiram para marcar a sua vida: a menina Angelita e sua mãe extremosa. Esse livro contém vinte mensagens repletas de ensinamentos preciosos, repassados de mãe para filha a partir do dia a dia que ambas vivenciam, e também das perguntas que a menina faz sobre os mais diversos temas acerca da existência. São lições para todas as pessoas. A receita segura para a construção do homem de bem – meta que todos nós devemos buscar.

Pelo Espírito João de Deus
Psicografia de Francisco Cândido Xavier
Organização de João Marcos Weguelin

Chico Xavier —
A aurora de uma vida entre o céu e a Terra

As mensagens aqui apresentadas foram psicografadas por Chico Xavier e publicadas no jornal espírita *Aurora*, dirigido por Inácio Bittencourt, entre julho de 1928 e abril de 1933. Nesses primeiros anos, Chico era ainda muito jovem, não sabia quem eram os espíritos que se comunicavam por meio dele, e era praticamente desconhecido fora das terras mineiras. A lucidez do jovem Chico Xavier ao comentar, ele mesmo, alguns trechos doutrinários sobre os postulados espíritas surpreende e seja em verso ou em prosa, sobre os mais variados temas, o leitor encontrará nesse livro preciosas lições de vida, ora nos ensinando a aceitar e a bendizer o sofrimento e as provas diárias, ora nos ensinando a viver uma vida verdadeiramente cristã e espírita, mostrando, por fim, quão breve é a existência terrena perante a eternidade do tempo.

Espíritos Diversos
Psicografia de Francisco Cândido Xavier
Organização de João Marcos Weguelin

Depois da travessia

Mais um volume da psicografia inédita de Chico Xavier, por espíritos diversos. A sua primeira parte é originária da fase do médium em Pedro Leopoldo, na Fazenda Modelo, na qual, após o serviço, frequentou o culto do Evangelho no lar do *Grupo Doméstico Arthur Joviano*, levado a efeito, semanalmente, pela família de Dr. Rômulo Joviano. Já a segunda parte é fruto da última fase da psicografia do médium em Uberaba, onde, nas sessões públicas do Grupo Espírita da Prece, recebeu o espírito da irmã, D. Luiza Xavier, em diversas oportunidades, a partir de 13 de julho de 1985. Permeando as comoventes mensagens desses espíritos sobre a própria sobrevivência além-túmulo, há fac-símiles de mensagens de Emmanuel e de Bezerra de Menezes, fotografias e escritos inéditos de Chico Xavier ilustrando as épocas e as personalidades citadas. A obra é, pois, instrutivo volume contendo valiosas informações sobre a vida espiritual depois da travessia dos umbrais da morte do corpo físico, a induzir-nos o espírito distraído no mundo a uma mais ampla reflexão sobre a imortalidade, patenteando-se-nos a real significação das palavras de Jesus, nosso Senhor e Mestre: "A cada um será dado segundo as próprias obras".

Espíritos Diversos
Psicografia de Francisco Cândido Xavier
Organização de Geraldo Lemos Neto e
Wanda Amorim Joviano

Militares com Jesus

As lições deste livro são de autoria de respeitáveis espíritos que passaram pela Terra na difícil experiência como militares. Portadores de grandes responsabilidades no dever, na disciplina, sobretudo integrados na justiça, propugnam, com amor, pela paz e pela felicidade dos povos, e do Brasil como pátria do Evangelho de nosso Senhor Jesus Cristo. São fragmentos extraídos do livro *Militares no Além*, psicografado por Francisco Cândido Xavier no período de 1936 a 1952 em Pedro Leopoldo, Minas Gerais, selecionados e organizados no presente volume como valiosos ensinamentos dos benfeitores da Vida Maior.

Por Espíritos diversos
Psicografia de Francisco Cândido Xavier
Organização de Cezar Carneiro de Souza

Registros imortais

Registros imortais resgata para a história da Doutrina Espírita o trabalho de desobsessão e de esclarecimento aos desencarnados levado a efeito no Centro Espírita Meimei, fundado por Chico Xavier na Pedro Leopoldo dos anos 50. Por meio da psicofonia, Chico Xavier e diversos outros médiuns receberam mensagens da Vida Maior assinadas por espíritos sofredores e em evolução, em cujo cerne encontramos o Evangelho de Jesus como alicerce seguro para a vida imortal. Complementando as obras *Instruções psicofônicas* e *Vozes do Grande Além*, editadas pela Federação Espírita Brasileira em 1955 e 1957, respectivamente, esse livro é mais um documento importante para o Espiritismo no Brasil e no mundo, testificando a ingente capacidade mediúnica e caritativa do maior médium de todos os tempos e a valiosa contribuição de todos aqueles que com ele conviveram nessas tarefas consoladoras.

Espíritos Diversos
Psicofonia de Francisco Cândido Xavier
Organização de Eugênio Eustáquio dos Santos

Obras da fé

A Vinha de Luz tem como missão maior a publicação e a divulgação de obras inéditas da lavra mediúnica de Francisco Cândido Xavier. Esse lançamento comemora seus 10 anos de trabalho e traz para o leitor uma seleção de mensagens de espíritos diversos, psicografadas pelo maior médium de todos os tempos, publicadas em 14 livros lançados por ela na última década. São mensagens de bênçãos. Uma obra de fé, que testifica a grandeza do compromisso para com a Doutrina dos Espíritos e para com o Evangelho do Cristo, respondendo ao chamado da tarefa abençoada com o livro espírita e com a preservação e a difusão da vida e da obra de Chico Xavier no Brasil e no mundo.

Espíritos Diversos
Psicografia de Francisco Cândido Xavier
Organização de João Marcos Weguelin

Palavras sublimes

A partir de 1930, a história de Chico Xavier começou a ser contada pelas páginas de *Reformador*, a mais antiga publicação voltada para a divulgação do Espiritismo no Brasil. Esse livro traz mensagens de Chico Xavier localizadas em suas edições de 1933 a 1950, psicografias assinadas por espíritos de vulto, como Emmanuel, Humberto de Campos, Bittencourt Sampaio, Abel Gomes, dentre outros, sendo este mais um título da bibliografia do médium mineiro que a Vinha de Luz Editora traz a lume, com a organização do jornalista João Marcos Weguelin, para a preservação da vida e da obra do maior brasileiro de todos os tempos.

Espíritos Diversos
Psicografia de Francisco Cândido Xavier
Organização de João Marcos Weguelin

A saudade é o metro do amor

Apresentação das seis comunicações mediúnicas de Clóvis Tavares por meio de Chico Xavier, com quem mantinha uma relação de amizade que não pode ser medida pelos padrões humanos. Na intimidade do lar, Clóvis sempre declarou que só se comunicaria mediunicamente através de Chico. Sua família manteve a fidelidade de sua amizade e reconhece nas cartas espirituais a integridade de sua personalidade. Que a obra possa transmitir a você, leitor, o valor doutrinário dessas comunicações, que não se resumem a cartas domésticas, mas a diretrizes para a vida.

Pelo Espírito Clóvis Tavares
Psicografia de Francisco Cândido Xavier
Organização de Flávio Mussa Tavares

Chiquito

CHIQUITO, da autora portuguesa Julieta Marques, conta um pouco da vida de Chico Xavier em linguagem acessível e direta, num convite ao amor, à humildade e à disciplina exemplificados pelo *médium do século*. Totalmente ilustrado, CHIQUITO é o segundo título da Vinha de Luz Editora voltado à evangelização infantil, que atende, sem dúvida alguma, às *crianças de todas as idades*.

Julieta Marques

Chico Xavier —
O médium dos pés descalços

Chico Xavier foi, durante toda a sua vida, a personificação do bem, do amor ao próximo e da humildade. Nesse livro, Carlos Baccelli relata casos pessoais em torno do médium mineiro e registra, por meio de cartas que agora torna públicas, sua amizade estreita com o maior representante do Espiritismo no Brasil e no mundo. O autor nos coloca em contato muito próximo com Chico Xavier. É como se estivéssemos frente à frente com ele, numa conversa intimista, repleta de ensinamentos. É quase uma conversa ao pé do ouvido — em que podemos sentir de novo, e mais uma vez, a sua insubstituível presença.

Carlos Antônio Baccelli

Chico Xavier com você

Chico, mais que médium, era sábio. Em seus lábios, tanto ecoavam lições dos espíritos amigos quanto ensinamentos de sua própria autoria. Aqui, nessas páginas, garimpando em obras, revistas e periódicos antigos, o autor organizou uma coleção de pérolas que, sem dúvida alguma, não figuram em nenhuma outra coleção do mundo. Por isso, certamente, com esse abençoado livro você estará de posse de um tesouro de valor incalculável. Um tesouro que fará de você uma das pessoas mais ricas entre todos os homens!

Carlos A. Baccelli

O voo da garça —
Chico Xavier em Pedro Leopoldo |
1910-1959

Esse trabalho histórico, do pesquisador pedroleopoldense Jhon Harley, que conviveu por 21 anos com Chico Xavier, é mais uma contribuição para compreender a figura humana do médium mineiro. Utilizando instrumentos e orientações do campo da História, principalmente no que diz respeito ao uso e à interpretação das fontes orais, escritas e iconográficas disponíveis, o autor transitou entre o acadêmico e o poético, fazendo uma analogia entre uma revoada de garças, ocorrida em 2 de abril de 1910, e a permanência de uma delas entre nós.

Jhon Harley

Pedro Leopoldo vista por
Chico Xavier — 1910 | 1959
49 anos da presença do
maior médium de todos os tempos

O que o menino, o jovem e o adulto Chico Xavier vislumbrou em seus primeiros anos de experiências humanas e durante o desabrochar de suas faculdades mediúnicas a serviço do Cristo e da Doutrina dos Espíritos? O que teria o seu cândido olhar registrado pela retina da convivência e da saudade? Esse livro reúne extenso material inédito sobre o maior médium de todos os tempos, com fotografias e documentos recuperados, classificados e arquivados pelo memorialista pedroleopoldense Geraldo Leão, do Arquivo Geraldo Leão, e por Geraldo Lemos Neto, da Casa de Chico Xavier, que retratam principalmente o ambiente socioeconômico e cultural de Pedro Leopoldo dentro do período em que Chico Xavier lá residiu, desde o berço, em 1910, até a sua mudança definitiva para Uberaba, em 1959.

Geraldo Leão e Geraldo Lemos Neto

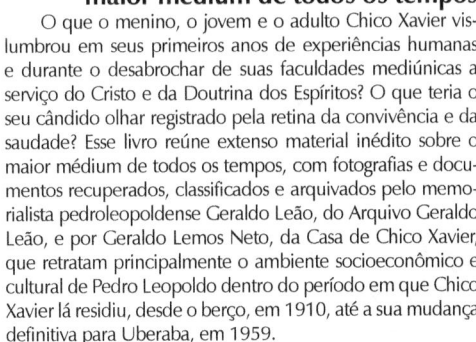

Célia Lucius, Santa Marina

—

Semelhanças entre as biografias católicas e o romance *50 ANOS DEPOIS* de Francisco Cândido Xavier e Emmanuel

CÉLIA LUCIUS, SANTA MARINA é a revivescência da vida daquela que Chico Xavier | Emmanuel descreveram no romance *50 anos depois* como *"o lírio que nasceu do lodo das paixões do mundo para perfumar a noite da vida terrestre"* e que a igreja católica canonizou no século V. Aqui, por meio do minucioso e irrefutável estudo biográfico realizado por Flávio Mussa Tavares, filho do saudoso Clóvis Tavares, de Campos | RJ, o leitor se deparará com diversos relatos sobre Célia, confirmando a veracidade da narrativa do médium mineiro nos idos dos anos 40, tal qual previra Emmanuel no prefácio da obra referenciada. Para os espíritas, a consolidação da interexistência de Chico no desdobramento do labor mediúnico a benefício da difusão da Doutrina e sua prática evangelizadora, exemplificando o amor e a humildade legitimamente cristãos. Para os demais, uma reflexão sobre as lutas transitórias da vida física e a realidade além-túmulo — a verdadeira vida de todos nós.

Flávio Mussa Tavares

Evangelho puro, puro Evangelho —
Na direção do Infinito

Seguidor inconteste da Boa Nova do Cristo, e espírita em sua mais pura essência filosófica, Martins Peralva deixou para os estudiosos da Doutrina textos de iluminada sabedoria e reflexão, que foram reunidos no livro *Evangelho puro, puro Evangelho — Na direção do Infinito*, organizado por Basílio Peralva, e que a Vinha de Luz Editora trouxe a lume numa homenagem ao centenário de nascimento do *médium do século*, Francisco Cândido Xavier (1910|2010). A obra, que congrega artigos publicados na imprensa de 1945 a 1999, é indispensável ao homem de boa vontade, abordando temas imprescindíveis a todos os corações que jornadeiam rumo ao progresso espiritual.

Martins Peralva
Organização de Basílio Peralva

Era uma vez para sempre

Voltado à evangelização infanto-juvenil, esse livro é um compêndio de mensagens de graciosa narrativa, que enfeixa os ensinamentos do Cristo sob a ótica do Espiritismo, correlacionados a diversos assuntos de ordem espiritual e humana. Suas personagens principais — crianças sedentas de amor e de conhecimento — encantam pela perseverança no bem, sempre amparadas pela nobre e sábia Vovó Angel, que, como o próprio nome já diz, é um anjo do Senhor em suas vidas de aprendizado rumo à luz.

Pelo Espírito Blandina
Psicografia de Carlos Malab

Isabel —
A mulher que reinou com o coração

Dois dias após psicografar as primeiras das milhares de páginas através das quais o mundo espiritual se comunicou por seu intermédio, Chico Xavier manteve um revelador encontro com uma ilustre senhora que lhe mudaria o curso de vida. Era D. Isabel de Aragão, mais conhecida como Rainha Santa Isabel, a célebre rainha de Portugal, para sempre associada ao milagre da transformação do pão em rosas. Embora em circunstâncias e contextos distintos, ambos experimentaram o poder, a riqueza, a fama e a adoração, contudo, optaram por viver uma intensa vida interior feita de humildade, perdão, tolerância, paciência, compaixão e caridade como expressões do amor. Esse trabalho avança para além da vida de Isabel de Aragão, apresentando outras duas figuras históricas: Santa Isabel da Hungria e Isabel de Portugal, duquesa da Borgonha. Colocadas as narrativas das vidas das três personagens lado a lado, emergem repetições e similitudes, nas quais encontramos a essência da reencarnação. Obviamente, caberá a cada leitor fazer o seu juízo de valor perante os fatos, porém, no conjunto das três, verificamos como uma personalidade se desenvolve e se amplia nas ações meritórias, exemplificando-se o progresso próprio e incessante pela condição moral que apresenta, pois sendo as almas iguais pela filiação são diferentes pela consciência espiritual que revelam. Segundo testificou o próprio Chico sobre D. Isabel de Aragão, *"ela é um dos gênios espirituais protetores da raça luso-brasileira em diversas partes do mundo para que os povos luso-brasileiros conservem a fraternidade cristã que Jesus nos legou"* (Adelino da Silveira, *Chico, de Francisco*, CEU).

Maria José Cunha

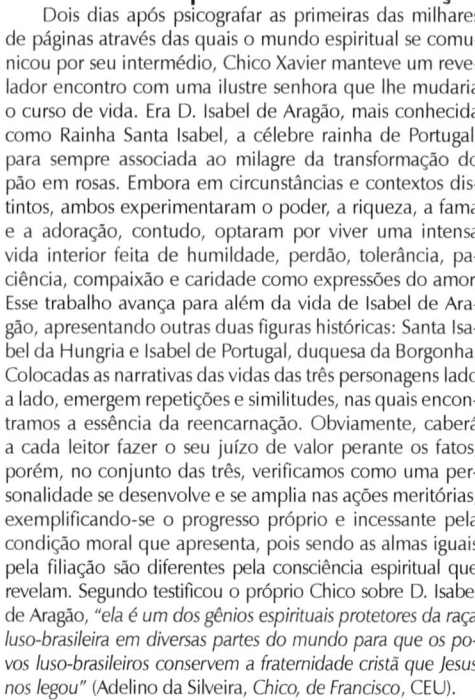

559

Departamento Editorial da Casa de Chico Xavier
Av. Álvares Cabral, 1777 — 20º andar — Sala 2006
Santo Agostinho | 30170-001 | Belo Horizonte | MG
(31) 2531-3200 | 2531-3300 | 3517-1573

www.vinhadeluz.com.br
informacoes@vinhadeluz.com.br

www.casadechicoxavier.com.br
informacoes@casadechicoxavier.com.br

Este livro foi composto em tipologia Zapf Humanist, corpo 11, predominantemente.
Capa impressa em papel Supremo 250g e miolo impresso em Chambril Avena 80g.
Viena Gráfica e Editora Ltda. | Santa Cruz do Rio Pardo | SP

www.ingramcontent.com/pod-product-compliance
Lightning Source LLC
Chambersburg PA
CBHW071657120626
46550CB00001B/13